本书受到 2017 年度国家社会科学基金重大项目"面向计算机人工智能的组合范畴语法研究"（项目批准号：17ZDA027）的资助

汉语组合范畴语法研究
——基于交叉学科的视角

陈鹏 ○ 著

A Study of Chinese Combinatorial Category Grammar:
from an Interdisciplinary Perspective

中国社会科学出版社

图书在版编目（CIP）数据

汉语组合范畴语法研究：基于交叉学科的视角／陈鹏著 . —北京：
中国社会科学出版社，2022.3
ISBN 978－7－5203－9195－5

Ⅰ.①汉…　Ⅱ.①陈…　Ⅲ.①汉语—语法—研究　Ⅳ.①H14

中国版本图书馆 CIP 数据核字（2021）第 187668 号

出 版 人	赵剑英
责任编辑	朱华彬
责任校对	谢　静
责任印制	张雪娇

出　　版	中国社会科学出版社
社　　址	北京鼓楼西大街甲 158 号
邮　　编	100720
网　　址	http://www.csspw.cn
发 行 部	010－84083685
门 市 部	010－84029450
经　　销	新华书店及其他书店

印刷装订	北京君升印刷有限公司
版　　次	2022 年 3 月第 1 版
印　　次	2022 年 3 月第 1 次印刷

开　　本	710×1000　1/16
印　　张	17.5
插　　页	2
字　　数	268 千字
定　　价	108.00 元

凡购买中国社会科学出版社图书，如有质量问题请与本社营销中心联系调换
电话：010－84083683
版权所有　侵权必究

献给我的导师邹崇理先生

序　言

在意大利画家拉斐尔·桑西创作的名画《雅典学院》中，柏拉图和亚里士多德位列学院正中央，其中柏拉图左手臂挟《蒂迈欧》，右手手指朝上指向天空，寓意"自然宇宙"。亚里士多德左手手拿《伦理学》，右手手掌朝向地面，寓指"世道人心"。千百年来，自然宇宙和世道人心成为人类认知世界的两个主要维度，并进而衍生出越来越细分的学科门类：致力于探索自然宇宙的天文、物理、化学等；从世道人心派生出的人类学、社会学、政治学等。

然而，正所谓"分久必合，合久必分"，当人类迈入 20 世纪以来，越来越多的科技创新孕育在学科的交叉与融合中，交叉学科也越发受到教育与科研领域的关注与重视。

自然语言的逻辑与计算便是一类典型的交叉学科研究，它涉及语言学、逻辑学与计算机科学等多个学科领域。从自然语言的逻辑与计算视角，以组合范畴语法为基础，研究分析汉语的语法现象、汉语的解析、生成与自动问答、汉语的语义理解等问题算是传统文科、理工与工科的深度交叉与融合。本书所介绍的内容就是我们针对这种学科交叉的一个实践。

首先，汉语组合范畴语法的研究方法涉及组合范畴语法研究，而组合范畴语法源于自然语言逻辑研究领域的范畴语法。其次，汉语组合范畴语法的研究对象本体是汉语，这属于语言学研究的范畴，采用形式语法研究语言，其关键在于对语言中一些复杂语法现象的精准刻画和描述。最后,汉语组合范畴语法研究的研究目标在于自然语言的机器解析、识别、生成与理解,这属于计算语言学和人工智能的研究范畴,其关键在于用于机器学习的大规模汉语语料和相关的各类算法。

目　　录

绪　论 …………………………………………………………… (1)

第一章　逻辑：组合范畴语法的源流 ………………………… (5)
1.1　古典范畴语法 ……………………………………………… (6)
　　1.1.1　范畴和运算 …………………………………………… (6)
　　1.1.2　形式化描述 …………………………………………… (8)
1.2　Lambek 演算 ……………………………………………… (11)
　　1.2.1　函项运算与逻辑演绎 ………………………………… (11)
　　1.2.2　对代词的分析获得新的推导规则 …………………… (12)
　　1.2.3　Lambek 句法演算（Syntactic calculus）…………… (14)
　　1.2.4　Lambek 演算的形式化表示 ………………………… (17)
1.3　蒙太格语法 ………………………………………………… (22)
1.4　组合范畴语法的创生 ……………………………………… (25)
1.5　组合范畴语法的构造与组合规则 ………………………… (27)
　　1.5.1　范畴 …………………………………………………… (33)
　　1.5.2　组合规则 ……………………………………………… (34)
　　1.5.3　组合投射原则 ………………………………………… (40)
　　1.5.4　自然语言的组合性 …………………………………… (41)
　　1.5.5　组合算子的普适性 …………………………………… (42)
　　本章小结　逻辑对于自然语言语法和处理的意义何在？ …… (43)

第二章　语言：汉语 CCG 的表述与演绎 ………………………… (45)
 2.1　基本语句 ……………………………………………………… (45)
 2.2　与名词短语相关的范畴分析 ………………………………… (46)
  2.2.1　单位词与数量短语 …………………………………… (46)
  2.2.2　形容词、量词与方位词短语 ………………………… (48)
  2.2.3　同位语 ………………………………………………… (49)
 2.3　与动词相关的范畴分析 ……………………………………… (51)
  2.3.1　动词短语 ……………………………………………… (51)
  2.3.2　控制动词与情态动词 ………………………………… (56)
  2.3.3　"被"字句 …………………………………………… (56)
  2.3.4　"把"字句 …………………………………………… (58)
 2.4　标点与并列的范畴分析 ……………………………………… (59)
  2.4.1　并列现象 ……………………………………………… (59)
  2.4.2　标点符号 ……………………………………………… (63)
 2.5　句子层面的范畴分析 ………………………………………… (65)
  2.5.1　代词脱落（pro-drop） ……………………………… (66)
  2.5.2　关系从句的范畴分析 ………………………………… (67)
  2.5.3　"的"字句 …………………………………………… (69)
 2.6　形式语义分析 ………………………………………………… (71)
  2.6.1　基于 CCG 的语法与语义界面理论 ………………… (72)
  2.6.2　CCG 的语法与语义并行推理举例 ………………… (81)
  本章小结　回归自然语言的研究 …………………………… (83)

第三章　计算：汉语 CCGBank 的构建 ………………………… (86)
 3.1　介绍 …………………………………………………………… (86)
  3.1.1　短语结构语法 ………………………………………… (88)
  3.1.2　宾州中文树库（PCTB） …………………………… (91)
  3.1.3　CCG 语料库 ………………………………………… (99)
 3.2　汉语 CCGBank 转换系统的架构与设计 …………………… (104)
  3.2.1　总体框架 …………………………………………… (104)

3.2.2　数据处理模块 …………………………………………… (105)
   3.2.3　转换模块 ………………………………………………… (109)
   3.2.4　应用模块 ………………………………………………… (112)
 3.3　汉语 CCGBank 核心转换算法 ………………………………… (113)
   3.3.1　预处理阶段 ……………………………………………… (113)
   3.3.2　标记阶段 ………………………………………………… (116)
   3.3.3　二分阶段 ………………………………………………… (123)
   3.3.4　赋范畴阶段 ……………………………………………… (129)
   3.3.5　修复阶段 ………………………………………………… (134)
   3.3.6　举例 ……………………………………………………… (137)
 3.4　汉语 CCGBank 的统计与分析 ………………………………… (143)
   3.4.1　范畴统计 ………………………………………………… (146)
   3.4.2　词例统计 ………………………………………………… (147)
   3.4.3　规则例统计 ……………………………………………… (149)
 本章小结　语言学的数字化发展 ……………………………………… (192)

第四章　应用：CCG 应用述评 …………………………………… (193)

 4.1　面向大规模自然语言处理的形式文法综述 …………………… (193)
   4.1.1　语法形式化 ……………………………………………… (193)
   4.1.2　大规模 NLP 中的典型形式语法 ……………………… (195)
 4.2　CCG 适用于计算语言学中的特性 …………………………… (199)
   4.2.1　词汇形式化以及适度上下文相关特性 ………………… (203)
   4.2.2　组合性以及句法与语义接口的融洽性 ………………… (207)
 4.3　CCG 的应用 …………………………………………………… (210)
   4.3.1　生成和实现（Generation and realization） ………… (210)
   4.3.2　问答（question answering） ………………………… (211)
   4.3.3　OpenCCG ……………………………………………… (211)
   4.3.4　语义计算 ………………………………………………… (219)
 4.4　人工智能时代 CCG 的处境与发展 …………………………… (222)
   4.4.1　钟摆再一次摆向经验主义 ……………………………… (222)

4.4.2 深度学习的软弱性 ·· (229)
4.4.3 CCG 的未来之路 ·· (231)
本章小结 CCG 对语言本质的探索 ································ (233)

结　语 ·· (234)

参考文献 ·· (236)

附录 A　宾州中文树库（PCTB）的标记集 ···················· (245)
A.1 词性标记 Part-Of-Speech tags（33）···················· (245)
A.2 句法标记 Syntactic tags（23）······························ (246)
A.2.1 短语标记 Tags for phrase（17）···················· (246)
A.2.2 复合动词标记 Tags for verb compounds（6） ·········· (247)
A.3 功能标记 Functional tags（26）··························· (248)
A.4 空范畴标记 Empty categories（null elements）（7）········ (249)

附录 B　"的"在汉语 CCGBank 中的范畴 ···················· (250)

附录 C　斯蒂德曼访谈 ··· (254)

绪 论

莱布尼茨曾经提出过一个非常伟大的设想：

"我们可以为一切对象指派其文字数字（everything can be assigned its characteristic number），这样便能够构造一种语言或者文字，它能够服务于发现和判定的艺术，犹如算术之于数，代数之于量的作用。我们必然会创造出一种人类思想的字母，通过对字母表中字母的对比和由字母组成的词的分析，我们可以发现和判定万物。"①

这个伟大的设想，被很多学者称为"莱布尼茨之梦"，几百年来众多科学家和思想家为之努力奋斗。

在莱布尼茨本人看来，要实现这个伟大的设想，有两个关键部分：一是"普遍文字"，另一个是"理性演算"。而无论是普遍文字，或是理性演算，其实都离不开自然语言、逻辑与计算三个方面。普遍文字是期望用一种人工符号的方法，来表达人类思想（迄今为止，能够接近做到这一点的，只有人类的自然语言）。理性演算是一种逻辑机制，通过理性演算，可以进行自动的发现和判定（人类和其他高等生物所具备的一种能力，现代计算机最为接近地模拟了这一种机制）。

曾有不少学者，依据哥德尔不完全性定理，认为莱布尼茨之梦已逝。② 无论这种推论正确与否，不可否认的是，正是在莱布尼茨之梦的启示下，诞生了现代数理逻辑：布尔把逻辑变成代数，弗雷格创立谓词逻

---

① Leibniz, Zur allgemeinen Charakteristik. Hauptschriften zur Grundlegung der Philosophie, *Philosophische Werke Band 1*, trans., Artur Buchenau. Hamburg: Felix Meiner, 1966, pp. 30 – 31.

② 参见 ［美］ 戴维斯《逻辑的引擎》，张卜天译，湖南科学技术出版社2005年版。

辑以及皮尔斯、施罗德、埃尔布朗、珀斯特、罗素等人对逻辑的创新；也正是在莱布尼茨之梦的启示下，图灵用"自动机"和"指令表语言"去契合莱布尼茨的"普遍文字"和"理性演算"，构造出现代计算机的理论原型——图灵机。

自从现代计算机诞生以来[①]，语言、逻辑与计算的交叉与互动进入一个新的阶段，在逻辑学研究中，出现了从人为主体到计算机为主体的转向，以自然语言的形式语法和语义的计算机信息处理为旨趣，产生了一系列重大的理论创新：

①20世纪70年代，蒙太格认为自然语言与人工语言并不存在本质的差异，提出了普遍语法思想，开创了自然语言形式语义学研究的新思路。

②20世纪80年代初，巴威斯（Jon Barwise）和库珀（Robin Cooper）依据自然语言中的量化句，创立广义量词理论。

③汉斯·坎普（H. Kamp）通过递增的动态方式，处理自然语言的语义，并在自然语言语句结构分析树和语义模型之间，插入一个成为话语表征结构（Discourse Representation Structure）的中间层次作为语义表达式，构造了话语表征理论。

④巴威斯和佩里（J. Perry）在对蒙太格语法的批判下，将"意义"视为情境类型之间的关联，通过强调"信息流动"，从而创立了情境语义学。

⑤20世纪80年代末90年代初，莫特盖特（Michael Moortgat）基于类型逻辑的方法（type-logical approach），通过对自然语言的形式与语义组合开发一个统一的演绎阐释，发展出了范畴类型逻辑。

⑥斯蒂德曼（Steedman）在范畴语法的基础上，通过增加函子范畴的组合运算，产生了组合范畴语法（Combinatory Categorial Grammar）。

在计算机科学的研究中，逻辑作为"计算机科学的演算"[②]，极大地促进了计算机科学的创新发展：

---

① 以1936年图灵的《论可计算数及其在判定问题中的应用》和1946年第一台电子计算机ENIAC的诞生为标志。

② Manna Z. and Waldinger R., *The Logical Basis for Computer Programming*, Boston: Addison-Wesley, 1985, pp. 67–72.

①布尔逻辑成为集成电路设计的一个核心理论，正如赫尔曼·戈德斯坦（Herman Goldstine）所说："正是通过它［布尔逻辑］，使得电路设计从一门艺术变成一门科学。"① 同时，也正是由于布尔逻辑的思想融汇在开关电路的设计中，才会在集成电路领域形成著名的摩尔定律②，才使得集成电路和技术的创新发展得以实现。

②一阶逻辑、逻辑类型论和 Lambda 演算与编程语言的深度交叉，形成了程序设计理论的核心。形式语法（formal syntax）、类型系统（type system）和形式语义（formal semantics）成为程序设计语言的基础。

③逻辑的证明论模型论思想与计算机软硬件系统的互动，构成了计算机系统正确性验证理论，利用霍尔逻辑、分离逻辑、Isabelle、Coq 等理论与工具，验证大型软硬件系统的正确性。

然而，从现状而言，语言、逻辑与计算之间的交叉融合仍然过于"温和"，正如在粒子对撞机中所发生的一样，只有能量足够高，粒子对撞才能产生巨大的相互作用反应率，从而发现新粒子。而语言、逻辑与计算之间的碰撞还远不够"激烈"，无论是重温"莱布尼茨之梦"，或者是研究现代的"人工智能"难题，都离不开语言、逻辑与计算之间的"高能"交互与深度融合。

本书的研究正是从"语言、逻辑与计算"的互动视角，以组合范畴语法为主要的研究对象，一方面从语言与逻辑的互动视角，研究组合范畴语法如何形式化描述汉语的语法，并将汉语的分析转化为逻辑的演绎。另一方面从逻辑与计算的视角，从宾州中文树库转换生成汉语 CCG 树库，并给出汉语 CCG 在计算语言学中的应用价值。本书的主要内容如下：

第一，从逻辑本身的发展角度，研究组合范畴语法的发展脉络（第一章）。组合范畴语法是从范畴语法发展而来，在古典范畴语法中，主要刻画的是自然语言的毗邻，在此基础上，兰贝克演算形成句法演算，最

---

① Goldstine and Herman H., *The computer from Pascal to von Neumann*, NewJersey: Princeton University Press, 1972, p.365.
② 摩尔定律是由英特尔（Intel）创始人之一戈登·摩尔（Gordon Moore）提出来的。其大致内容为：当价格不变时，集成电路上可容纳的元器件的数目，约每隔 18—24 个月便会增加一倍，性能也将提升一倍。

后通过增加组合规则，形成组合范畴语法。

第二，从语言与逻辑的互动视角，研究组合范畴语法如何形式化描述汉语的语法，并将汉语的分析转化为逻辑的演绎（第二章）。除了表述汉语的基本词序和名词短语、动词短语以及语句，而且形成对基本组合范畴规则的补充。

第三，从逻辑与计算的视角，从宾州中文树库转换生成汉语CCG树库（第三章）。宾州中文树库转换过程中，主要通过预处理、标记、二分、赋范畴和修复阶段进行转换。

第四，总结了CCG的应用价值（第四章）。从语法理论视角看，CCG是一种词汇形式化的方法；从计算语言学视角看，CCG属于一类适度上下文相关文法；从逻辑语义学视角看，CCG在句法与语义的接口方面非常融洽。无论是CCG语言的、计算的、还是逻辑的特征，都使得CCG非常适用于自然语言信息处理，对于自然语言的处理与语义理解具有很好的理论和实际价值。

第一章

逻辑:组合范畴语法的源流

如果从自然语言出发，现代数理逻辑学的发展完全可以按照以下脉络展开：

(1) 从自然语言的命题出发，引申出数理逻辑中的命题逻辑。

(2) 通过分析自然语言中的量词，从而发展出谓词逻辑（一阶逻辑），这项工作主要归功于弗雷格的概念文字研究。

(3) 从自然语言的词汇出发，对词汇赋予相应的范畴，从而发展出范畴语法。

"范畴语法"（categorial grammar）这一术语由美国语言学家巴-希勒尔（Bar-Hillel）[①]引入，旨在区别于那种建立在短语结构语法（phrase structure grammars）基础上的语言分析方法。范畴语法主要涵盖在爱裘凯维茨（Ajduciewicz）的基础上开展的工作，其主要表现形式如下：

(1) 如果 A 是一个原子范畴公式，那么 A 是一个范畴公式；

(2) 如果 A 和 B 是范畴公式，A \ B 和 B/A 也是范畴公式。

AB 范畴语法的形成规则如下：

$$A, A \backslash B \Rightarrow B$$

$$B/A, B \Rightarrow B$$

范畴语法是一种使用运算和推演的手段描述语言的形式化工具。运算的概念与数学相关，推演的思想涉及逻辑。范畴语法的一个基本原则

[①] Bar-Hillel, Yehoshua, Chaim Gaifman and Eliyahu Shamir, "On Categorial and Phrase Structure Grammars." In Yehoshua Bar-Hillel, ed., *Language and Information*, MA: Addison-Wesley, 1964, pp. 99–115.

是：语言认知就是数学计算，语法分析就是逻辑推演。荷兰逻辑学家和计算语言学家莫特盖特（M. Moortgat）用三个等式概括出范畴语法的思想精髓：

$$认知 = 计算$$
$$语法 = 逻辑$$
$$分析 = 演绎$$

从上述概括不难发现，范畴语法是一个语言、逻辑和计算交叉创新的产物，也是经验主义和理性主义相融合的产物。

1.1 古典范畴语法

古典范畴语法简称范畴语法，它是一种体现运算思想的描述语言的形式化工具。范畴语法的基本做法是从不同层次的语言表达式中抽象出句法范畴，并通过范畴的运算去刻画语言由小到大逐层逐级的毗邻生成。范畴语法的思想来源于弗雷格的语句函项观点以及罗素和列斯尼维斯基提出的分层思想，由爱裘凯维茨开创，巴-希勒尔推广。

1.1.1 范畴和运算

范畴语法的函项运算思想根源来自弗雷格。弗雷格把数学的函项概念扩展到语言研究，把语句看作函项运算的产物，而不像语言学家那样，把语句分析成主语与谓语。在弗雷格看来，一个自然语言表达式能够被分析成函项与论元的关系。其中哪部分是函项，哪部分是论元，取决于满足所谓恒定不变性质。恒定不变的部分就是函项，可变的部分就是其论元。例如，"John walks" 可以分成两部分："John" 和 "walks"。从某种角度来讲，可以把第二部分看作恒定不变的，具有"不饱和"（unsaturated）性质，包含一个空位，只有空位中填上一个专名，才能获得完整句子。据此，第二部分就可以看成函项，而第一部分是一个专名，两部分联结在一起就是一种函项运算，"walks" 所代表的函项对 "John" 所代表的论元进行运算，这就是范畴语法的基本思想。

自然语言具有生成毗连性，这是范畴语法的切入点，在范畴语法看来，这种毗连生成就是一种函项运算。为了展现这种函项运算，需要确立自然语言表达式的类别，有些类别作为函项，而另一些类别则是函项运算的主目。这些不同类别需要相应的标记，范畴就是这样的标记。例如，范畴 S 表示句子，范畴 NP 表示名词短语或者专名。范畴语法的任务就是通过范畴之间的运算来刻画自然语言的毗连生成。

自然语言的毗连性和类别性类似语言学家索绪尔的双轴理论所说的语言的组合关系和聚合关系，毗连性就是组合关系的体现，而语言的类别则是聚合关系的产物。通常语言学在讨论词法句法的分类时，也使用句法范畴的概念。范畴是对若干特列抽取概括的结果，如名词范畴是对若干具体名词的抽象。

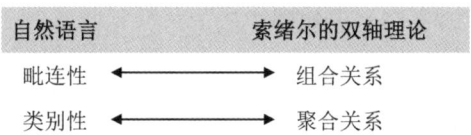

类似"共时语言学"的做法，范畴语法具有体现哲学家胡塞尔所谓互相置换思想的定义：

表达式α和表达式β属于同一个句法范畴，当且仅当，把某个合法的句子中的α替换β所获仍是一个合法的句子。

范畴运算必须涉及函项和论元的概念。通常把 NP 和 S 看作原子范畴，带斜线"\"和"/"的范畴是派生范畴。派生范畴也叫函子范畴（factor category），用 B/A 和 A \ B 表示。相对 B/A 和 A \ B 而言，A 是论元范畴（argument category），B 是取值或者结果范畴（range or result category）。

函子范畴与通常函项算子不同之处包括：

（1）函子范畴具有运算的方向性。B/A 称作前向（forward）的函子范畴，其主目范畴 A 在右边出现，函子范畴从左到右向前对论元范畴进行运算。A \ B 称为后向（backward）的函子范畴，其主目范畴 A 出现在左边，这时候函子范畴从右到左向后运算。

（2）函子范畴的写法表明其论元范畴和取值范畴分别是什么。

1.1.2 形式化描述

定义 1-1 范畴语法 $\mathcal{L}$ 为一个六元组:

$$\mathcal{L} = (V, Cat, B, R_c, R_o, I)$$

其中:

V 是词库。

Cat: 范畴集合。

B: {S, NP} 是基本范畴。

R_c: 范畴递归生成规则。

R_o: 范畴运算规则。

I: $V \to Cat$ 是对词的范畴指派(这种指派并不唯一)。

定义 1-2 范畴递归生成规则(R_c)

1. S, NP 是原子范畴
2. 如果 A, B 是范畴,那么 A \ B 和 B/A 也是范畴

定义 1-3 范畴运算对应语言表达式毗连的句法规则(R_o)

1. B, B \ A ⇒ A
2. A/B, B ⇒ A

假设我们进行一个范畴指派,其具体指派如表格 1 所示。

表格 1　　　　　古典范畴语法中的范畴指派

词	范畴
John	NP
Mary	NP
walks	NP \ S
talks	NP \ S
tall	NP/NP
poor	NP/NP
lucky	NP/NP
the	NP/ (NP \ S)

续表

词	范畴
a	NP/ (NP \ S)
an	NP/ (NP \ S)
apple	NP \ S
loves	(NP \ S) /NP
quickly	(NP \ S) \ (NP \ S)
gives	((NP \ S) /NP) /NP
in	(NP \ S) \ (NP \ S) /NP

按照上述规则和指派，我们可以得出以下的示例。

(1-1) John walks quickly.

```
John    walks      quickly
─────   ─────    ───────────────
 NP     NP\S     (NP\S)\(NP\S)
        ──────────────────────
                NP\S
        ──────────────────────────
                    S
```

(1-2) Poor John walks.

```
Poor    John    walks
─────   ────   ─────
NP/NP    NP    NP\S
─────────────
     NP
─────────────────────
         S
```

(1-3) John loves Mary.

```
John    loves       Mary
────   ─────────    ────
 NP    (NP\S)/NP    NP
       ──────────────────
              NP\S
       ──────────────────────
                S
```

(1-4) John gives Mary an apple.

John	gives	Mary	an	apple
NP	((NP\S)/NP)/NP	NP	NP/(NP\S)	NP\S

| | (NP\S)/NP | | NP | |

| | | NP\S | | |

| | | S | | |

(1-5) Poor John loves lucky Mary.

Poor	John	loves	lucky	Mary
NP/NP	NP	(NP\S)/NP	NP/NP	NP

| NP | | | NP | |

| | | NP\S | | |

| | | S | | |

从自然语言的类别和毗连现象出发,即在自然语言的聚合和组合关系的基础上,概括出范畴和运算的思想。古典范畴语法主要关注自然语言句法层面的情况,给自然语言的词条指派一定的范畴,通过函子范畴对主目范畴的运算,展现了自然语言由小到大逐层逐级的句法生成。从逻辑的视角,古典范畴语法可以在以下两个方面有进一步的发展。一方面,从自然语言抽象出的范畴及其运算规律可以构成类似蕴含命题逻辑那样的形式系统,甚至可以给这样的系统建立可能世界语义理论。另一方面,通过句法范畴和逻辑类型的对应,把自然语言句法层面的表达式翻译成高阶逻辑式,从而在自然语言的语义层面建立一种形式语义解释。

与乔姆斯基学派的理论相比较,范畴语法显示出自己独有的特点,从结构角度看和逻辑类型论有严格的对应关系,并且适合计算机自动分析。

1.2 Lambek 演算

按照定义 1-1 所述古典范畴语法的描述：
$$\mathcal{L} = (V, Cat, B, R_c, R_o, I)$$
如果去掉 V 和 I，即抛去词库和对词的范畴指派，割断范畴与自然语言词条的联系，专注于范畴自身的运算，便构成一个代数系统，这就是 Lambek 句法演算。
$$\mathcal{L}_L = (Cat, B, R_c, R_o)$$
Lambek 演算是古典范畴语法的进一步深化，不仅继承范畴运算的思想，还把范畴的运算当作逻辑推演，用逻辑系统的定理来展示范畴运算的句法规则。

1.2.1 函项运算与逻辑演绎

兰贝克沿着数学方向，通过引入一种类型演算（a calculus of types），对爱裘凯维茨和巴-希勒尔的技术理论进行发展，提出了 Lambek 演算。按照兰贝克自己的说法，他旨在提出一种有效区分句子与非句子的能行规则（算法），不只适用于形式化语言，同时也适用于自然语言。

兰贝克的方法可以被应用于多个领域。对于语言教学来说，他们为过去常用到的图表与解析传统教学方法提供了一种严谨的版本。对于逻辑介绍课程来说，该方法提供了一种能行的合式公式定义。对于语言的机器翻译来说，它们有助于分析输入语料的句法以及组织目标语言的输出结构。对于构造一种辅助语言，则可以得到一种完全规则的语法。

Lambek 演算最为重要的一个思想在于"函项运算即逻辑推演"，其核心是通过逻辑来解读范畴语法。古典范畴语法包括原子范畴和由左右斜线算子递归构造而成的复合范畴，在 Lambek 演算中，将左斜线（\）和右斜线（/）视为逻辑常项，同时确立公理和推导规则以刻画逻辑联结词性质。这样，Lambek 演算将范畴的函项运算转换成了逻辑演绎。

1.2.2 对代词的分析获得新的推导规则

兰贝克对 Lambek 演算的目标定位是:"区分自然语言和形式化语言中的合法句子。"因此,在兰贝克的论文《句子结构的数学》[①] 中,兰贝克通过分析自然语言中的代词,给出古典范畴语法规则的不足,并进行了丰富和完善。

在古典范畴语法中包括两对演算规则:

(LK I)　　(x/y) y ⇒ x,　y (y \ x) ⇒ x

(LK II)　　(x \ y) /z ⇒ x \ (y/z),　x \ (y/z) ⇒ (x \ y) /z

为了展现代词的应用问题,兰贝克定义两种原子类型(primitive types):

范畴原语	含义
S	指代句子
N	指代名词

首先看语句(1-6)。

(1-6) He works, he likes Jane.

He	works,	he	likes	Jane
S/(N\S)	N\S	S/(N\S)	N\S/N	N

因为单词 he 把类型为 N \ S 的 works, likes Jane 等转变为了句子,he 的类型是 S/ (N \ S)。

再看一下宾格的代词(1-7)(1-8)。

(1-7) That's him, Jane likes him.

That's	him,	Jane	likes	him
S/N	(S/N)\S	N	N\S/N	(S/N)\S

---

① Lambek J., "The Mathematics of Sentence Structure", *American Mathematical Monthly*, Vol. 65, No. 3, 1958, pp. 154 – 170.

(1-8) Jane works for him.

Jane	works	for	him
N	N\S	S\S/N	(S/N)\S

在上例中，"that's"，"Jane likes"和"Jane works for"都属于类型 S/N，因此 him 的类型是（S/N）\S。

这样，我们便得出以下的范畴指派：

$$he \vdash S/(N \backslash S)$$
$$him \vdash (S/N) \backslash S$$

那么，考察句子（1-9）

(1-9) He likes him.

He	likes	him
S/(N\S)	N\S/N	(S/N)\S

我们发现不能通过规则（LK I）（LK II）将（1-9）化到更简单的形式，便引入一对新规则：

(LK III)　　（x/y）（y/z）⇒ x/z，（x \ y）（y \ z）⇒ x \ z

这样，上面句子（1-9）便实现两种等价的解析：

(He likes)	him
S/N	(S/N)\S

与

He	(likes him)
S/(N\S)	N\S

另外，由于名字 John 跟代词 he 有相同的类型。同理，它跟单词 him 也有同样的类型。我们把这种情况记作：

$$N \Rightarrow S/(N \backslash S)$$

$$N \Rightarrow (S/N) \backslash S$$

或再泛化一下，我们可以得到另一对新规则：

$$(\text{LK IV}) \quad x \Rightarrow y/(x \backslash y), \quad x \Rightarrow (y/x) \backslash x$$

基于自然语言中的代词的分析，兰贝克发现如果需要能够处理代词，至少应该能够在演算过程中构建（LK III）和（LK IV）这种规则，这些规则应该在 Lambek 演算中都能够推导出来。

1.2.3 Lambek 句法演算（Syntactic calculus）

基于上述分析，兰贝克从逻辑的角度，给出 Lambek 句法演算。在 Lambek 句法演算中，最为重要的组成是推导规则。

假设对于一串单词已经预先赋值类型。词与类型对应关系如下：

（1）如果 A 是类型 x，B 是类型 y，那么表达式 AB 就是类型 xy，也可以记作 x·y。

（2）如果我们指定所有的表达式 A 都有类型 z/y，那么对于任意的类型为 y 的 B 来说 AB 就有类型 z。

（3）如果 AB 的类型是 z，那么对于类型为 x 的 A 来说，B 的类型就是 x\z。

此外，类型演算记作"$x \Rightarrow y$"，我们表达的意思是对于类型为 x 的表达式来说也同时属于类型 y。如果 $x \Rightarrow y$ 同时 $y \Rightarrow x$，那记作 $x \Leftrightarrow y$。

基于此，我们可以很容易地得出以下推演规则：

(a) $x \Rightarrow x$

(b) $(xy)z \Rightarrow x(yz)$

(b′) $x(yz) \Rightarrow (xy)z$

(c) If $xy \Rightarrow z$ then $x \Rightarrow z/y$

(c′) if $xy \Rightarrow z$ then $y \Rightarrow x \backslash z$

(d) If $x \Rightarrow z/y$ then $xy \Rightarrow z$

(d′) if $y \Rightarrow x \backslash z$ then $xy \Rightarrow z$

(e) If $x \Rightarrow y$ and $y \Rightarrow z$ then $x \Rightarrow z$

基于上述规则，我们可以推演出许多新的规则，例如：

(f) $x \Rightarrow (xy)/y$

(g) (z/y) y ⇒ z

(h) y ⇒ (z/y) \ z

(i) (z/y) (y/x) ⇒ z/x

(j) z/y ⇒ (z/x) / (y/x)

(k) (x \ y) /z ⇔ x \ (y/z)

(l) (x/y) /z ⇔ x/ (zy)

(m) If $x \Rightarrow x'$ and $y \Rightarrow y'$ then $xy \Rightarrow x'y'$

(n) If $x \Rightarrow x'$ and $y \Rightarrow y'$ then $x/y \Rightarrow x'/y$

我们给出其中几个规则的证明。

定理 1-1 （规则 f 的证明） $x \Rightarrow (xy) /y$

证明：

$$1 \quad xy \Rightarrow xy \quad (a)$$
$$2 \quad x \Rightarrow xy/y \quad (c), 1$$

依据规则（a）：

$$x \Rightarrow x$$

我们有：

$$xy \Rightarrow xy$$

再依据规则（c）：

$$\text{If } xy \Rightarrow z \text{ then } x \Rightarrow z/y$$

作用在 xy→xy 上，我们便得出：

$$x \Rightarrow xy/y$$

规则（f）成立。

定理 1-2 （规则 g 的证明） (z/y) y ⇒ z

证明：

$$1 \quad z/y \Rightarrow z/y \quad (a)$$
$$2 \quad (z/y) y \Rightarrow z \quad (d), 1$$

依据规则（a），我们有：

$$z/y \Rightarrow z/y$$

再依据规则（d）：

$$\text{If } x \Rightarrow z/y \text{ then } xy \Rightarrow z$$

我们有：

$$(z/y) \, y \Rightarrow z$$

规则（g）成立。

定理 1-3　（规则 h 的证明）$y \Rightarrow (z/y) \backslash z$

证明：

　　1　$(z/y) \, y \Rightarrow z$　　　　（g）

　　2　$y \Rightarrow (z/y) \backslash z$　　（c'），1

依据规则（g），我们有：

$$(z/y) \, y \Rightarrow z$$

再依据规则（c'）：

$$\text{if } xy \Rightarrow z \text{ then } y \Rightarrow x \backslash z$$

我们有：

$$y \Rightarrow (z/y) \backslash z$$

规则（h）成立。

定理 1-4　（规则 m 的证明）If $x \Rightarrow x'$ and $y \Rightarrow y'$ then $xy \Rightarrow x'y'$

证明：

$$
\cfrac{\cfrac{x \Rightarrow x' \quad \cfrac{x'y \Rightarrow x'y}{x' \Rightarrow (x'y)/y}\,(c)}{x \Rightarrow (x'y)/y}\,(e)}{xy \Rightarrow x'y}\,(d) \quad \cfrac{\cfrac{y \Rightarrow y' \quad \cfrac{x'y' \Rightarrow x'y'}{y' \Rightarrow x'\backslash(x'y')}\,(c')}{y \Rightarrow x'\backslash(x'y')}\,(e)}{x'y \Rightarrow (x'y')}\,(d')
$$

$$xy \Rightarrow x'y' \quad (e)$$

定理 1-5　（规则 n 的证明）If $x \Rightarrow x'$ and $y \Rightarrow y'$ then $x/y \Rightarrow x'/y$

$$\frac{\begin{array}{c}\dfrac{x/y'\Rightarrow x/y'}{(x/y')\ y'\Rightarrow x}\ (d)\\ \ (c')\end{array}}{}$$

$$\cfrac{y\Rightarrow y' \qquad \cfrac{\cfrac{x/y'\Rightarrow x/y'}{(x/y')\ y'\Rightarrow x}(d)}{y'\Rightarrow (x/y')\backslash x}(c')}{\cfrac{y\Rightarrow (x/y')\backslash x}{\cfrac{(x/y')y\Rightarrow x}{x/y'\Rightarrow x/y}(c)}(d')}(e)$$

$$\cfrac{\cfrac{x/y\Rightarrow x/y}{(x/y)y\Rightarrow x}(d) \qquad x\Rightarrow x'}{\cfrac{(x/y)y\Rightarrow x'}{x/y\Rightarrow x'/\ y}(d)}(e)$$

$$\dfrac{}{x/y'\Rightarrow x'/\ y}(e)$$

证明：兰贝克的工作开创了古典范畴语法的新篇章，通常把兰贝克的演算系统算作范畴语法的代数理论。兰贝克从自然语言的范畴分析出发，把范畴演算归结为逻辑推演，从抽象的角度展开了范畴推演的系统研究。

1.2.4 Lambek 演算的形式化表示

1. Lambek 演算的根茎表示

Lambek 演算语法：

$$C_L := B \mid C_L \backslash C_L \mid C_L / C_L \mid C_L \cdot C_L$$

Lambek 演算规则：

（1）左斜线消去规则

$$\frac{\Gamma \vdash C1 \quad \Delta \vdash C1\backslash C2}{\Gamma, \Delta \vdash C2}\ \backslash e$$

（2）左斜线引入规则

$$\frac{C1, \Gamma \vdash C2}{\Gamma \vdash C1\backslash C2}\ \backslash i \quad \Gamma \neq \varepsilon$$

（3）右斜线消去规则

$$\frac{\Gamma \vdash C1/C2 \quad \Delta \vdash C2}{\Gamma, \Delta \vdash C1}\ /e$$

（4）右斜线引入规则

$$\frac{\Gamma, C1 \vdash C2}{\Gamma \vdash C2/C1} /i \ (\Gamma \neq \varepsilon)$$

(5) 积算子消去规则

$$\frac{\Gamma \vdash C1 \cdot C2 \quad \Delta, C1, C2, \Delta' \vdash C3}{\Delta, \Gamma, \Delta' \vdash C3} \bullet e$$

(6) 积算子引入规则

$$\frac{\Gamma \vdash C1 \quad \Delta \vdash C2}{\Gamma, \Delta \vdash C1 \cdot C2} \bullet i$$

(7) 同一公理

$$\frac{}{C \vdash C} \text{axiom}$$

2. 模型：余半群和自由群模型

定义1-4 结构 (M, ○, \\, //, ⊂)

其中，M是一个集合，○是M上的可交换组合，(M, ○) 是一个半群，\\和//是M上的二元组合规则，⊂是M上的序。

该结构满足以下属性，我们称之为RSG：

下面的序关系或者都为真，或者都为假。

(1) a⊂ (c//b)

(2) (a○b) ⊂ c

(3) a⊂ (b\\c)

命题1-1 在一个余半群 (M, ○, \\, //, ⊂)，对于所有a, b, x, y∈M，有：

(1) a⊂b ⇒ (a○x) (b○x)

(2) a⊂b ⇒ (x○a) (x○b)

(3) a⊂b, x⊂y ⇒ (a○x) (b○y)

给定一个余半群，一个解释 […] 是一个从原始类型到M中的元素的映射，它扩展为类型和类型的序列：

[A, B] = [A] ○ [B]

$$[A \setminus B] = [A] \setminus\setminus [B]$$
$$[A \cdot B] = [A] \bigcirc [B]$$
$$[A/B] = [A] // [B]$$

一个后承 $\Gamma \vdash C$ 在一个余半群中是有效的，只有当：
$$[\Gamma] \subset [C]$$

余半群的特例是原始类型的自由群。L 的自由群解释如下：

(1) (M, ·) 是命题变元的自由群

(2) $a \setminus\setminus b$ 是 $a^{-1}b$

(3) $b//a$ 是 ba^{-1}

(4) $a \subset b$ 是 $a = b$

我们很容易观察到三个等式：
$$ab = c$$
$$a = cb^{-1}$$
$$b = a^{-1}c$$

等价。

3. Lambek 演算可靠性与完全性的证明

定理 1-6　Lambek 演算的可靠性

一个可证的后承在每一个余半群是有效的，对于每一个原始类型的解释。

证明：

我们使用归纳法进行证明

(1) 如果证明包括一个公理
$$C \vdash C$$
那么结果正确
$$[C] \subset [C]$$
无论半群或者解释是什么。

(2) 如果最后一个规则是引入规则 $\setminus i$：
$$\frac{C1, \Gamma \vdash C2}{\Gamma \vdash C1 \setminus C2} \setminus i \quad \Gamma \neq \varepsilon$$

通过归纳假设，我们有 [C1] ○ [Γ] ⊂ [C2]，这样我们便有：

$$[\Gamma] \subset ([C2] \backslash\backslash [C1])$$

因此后承 Γ ⊢ C1 \ C2 是有效的。

(3) 如果最后一个规则是消去规则 \ e：

$$\frac{\Gamma \vdash C1 \quad \Delta \vdash C1\backslash C2}{\Gamma, \Delta \vdash C2} \backslash e$$

通过归纳假设，我们知道 [Γ] ⊂ [C1]，根据命题 1-1 有：

$$[\Gamma] \circ [\Delta] \subset [C1] \circ [\Delta]$$

同样地，还有 [Δ] ⊂ [C1] \\ [C2]，

$$([C1] \circ [\Delta]) \subset [C2]$$

因此：

$$[\Gamma, \Delta] = [\Gamma] \circ [\Delta] \subset [C1] \circ [\Delta] \subset [C2]$$

\ e 和 \ i 规则的证明同上。

(4) 如果最后的规则是积算子的消去规则 · e

$$\frac{\Gamma \vdash C1 \cdot C2 \quad \Delta, C1, C2, \Delta' \vdash C3}{\Delta, \Gamma, \Delta' \vdash C3} \cdot e$$

通过归纳假设，我们知道

$$[\Gamma] \subset [C1 \cdot C2] = [C1] \circ [C2]$$

根据命题 1-1 有：

$$[\Delta] \circ [\Gamma] \circ [\Delta'] \subset [\Delta] \circ [C1] \circ [C2] \circ [\Delta']$$

根据另一个归纳假设：

$$[\Delta, C1, C2, \Delta'] = [\Delta] \circ [C1] \circ [C2] \circ [\Delta'] \subset [C3]$$

那么：

$$[\Delta, \Gamma, \Delta'] = [\Delta] \circ [\Gamma] \circ [\Delta'] \subset [\Delta] \circ [C1] \circ [C2] \circ [\Delta'] \subset [C3]$$

(5) 如果最后的规则是积算子引入规则 · i

$$\frac{\Gamma \vdash C1 \quad \Delta \vdash C2}{\Gamma, \Delta \vdash C1 \cdot C2} \cdot i$$

根据归纳假设，我们知道有：

$$[\Gamma] \subset [C1] \text{ 和 } [\Delta] \subset [C2]$$

那么：

$$[\Gamma, \Delta] = [\Gamma] \bigcirc [\Delta] \subset [C1] \bigcirc [C2] = [C1 \cdot C2]$$

定理 1-7　Lambek 演算的完全性

每一个余半群有效的后承都是可派生的。

证明：

令 F 是公式结合，令 $M = F/\dashv\vdash$ 是通过等价关系 $\dashv\vdash$ 的公式商。关系 $\dashv\vdash$ 的定义是：如果 $A \vdash B$ 且 $B \vdash A$

我们很容易地观察到 \、/、· 和 $\vdash$ 可以在等价类上进行定义，即，只要 $A \dashv\vdash A'$ 且 $B \dashv\vdash B'$，那么我们便有：

$$(A \diamond B) \dashv\vdash (A' \diamond B')$$

（$\diamond$ 是 \、/、· 和 $\vdash$）

让我们将 $\bigcirc$、\\、//、定义为等价类 $\dashv\vdash$ 上的相似操作。

$$A^H \bigcirc B^H = (A \cdot B)^H$$

$$A^H \backslash\backslash B^H = (A \backslash B)^H$$

$$A^H // B^H = (A/B)^H$$

最后，我们令 $\subset$ 是等价类上定义的：

如果 $A \dashv\vdash A'$ 且 $B \dashv\vdash B'$，那么：

$$A \vdash B \text{ 等价于 } A' \vdash B'$$

属性 RSG 可满足，那也就是说，下面三个等价：

$$A^H \subset (C^H // B^H)$$

$$(A^H \bigcirc B^H) \subset C^H$$

$$A^H \subset (B^H \backslash\backslash C^H)$$

事实上，$A \vdash A$，$B \vdash B$，得出 $A, B \vdash A \cdot B$，

这样，根据 $A \cdot B \vdash C$，我们得出：

$$A, B \vdash C$$

从而依据 $/i$ 和 $\backslash i$ 分别得出：

$$A \vdash C/B$$
$$B \vdash A \backslash C$$

根据 $B \vdash A \backslash C$（$A \vdash B/C$），使用 $A \vdash A$（$B \vdash B$），我们依据 $\backslash e$（$/e$）

$$A, B \vdash C$$

假定对于每一个原始类型 B，都有：

$$[\![B]\!] = B^H$$

那么，对于每个公式 C，都有：

$$[\![C]\!] = C^H$$

这样的话，一个后承 $H_1, \cdots, H_n \vdash C$ 在这个解释下是有效的，等价于说：

$$[\![H_1, \cdots, H_n]\!] \subset [\![C]\!]$$

对应于乔姆斯基的形式语法体系，潘塔司（Mati Pentus）通过使用非交换线性逻辑的自由群解释和 Craig 插值属性证明以及组合技术，证明 Lambek 语法是一类上下文无关语法。① 他得出的主要结论包括：

第一，基于 Lambek 演算、允许空前提的 Lambek 演算、循环线性逻辑的乘积片段的范畴语法所生成的语言都是上下文无关的。

第二，所有 Lambek 演算的基本片段都具有 Craig 插值属性。

第三，在句法类型上的结合性关系是可判定的，在自由群的解释下，它是完全的。

1.3 蒙太格语法

也许，语言最为重要的一个秘密就隐藏在德国著名语言学家威廉·

---

① Pentus M., "Lambek grammars are context free", Logic in Computer Science, Proceedings of Eighth IEEE Symposium on. 1993, pp. 429–433.

冯·洪堡（Wilhelm von Humboldt）的一句论述中："语言是'有限方法的无穷应用'"（language is 'the infinite use of finite means'）。语言中的语句集合显然是无穷的①，然而生成语句的方法是有限的，几乎我们每一个人都能掌握这些有限的方法。要想研究语言，从这些有限的方法入手进行研究是比较有效的途径。

根据所理解的"有限的方法"（finite means）的不同，人类对语言结构的认识产生了分野。其中最为重要的两次关于语言结构的认识变革发生在乔姆斯基（Noam Chomsky）和蒙太格（Richard Montague）那里。在乔姆斯基看来，"有限的方法"就是句法规则，乔姆斯基用递归的形式文法体系揭示出"有限方法的无穷应用"的本质。蒙太格对语言认识的基本理论立足点可以追溯到弗雷格，弗雷格对于语言的意义给出过一个非常重要的原则，我们通常将之称为组合性原则："复杂表达式的意义依赖于其组成部分的意义及其组成方式。"基于弗雷格组合性原则，蒙太格将对语言的认识从语法层次穿透到语义层次，通过运用 Lambda 演算、内涵高阶逻辑等工具，将"有限的方法"从仅仅的句法规则层次扩展到包括句法和语义两个层次的规则，同时以同构的方式限定两个层次之间的和谐关系。

从某种意义上来讲，乔姆斯基和蒙太格对待语言的方式可以视为两次语言结构认识革命。正如埃蒙·巴赫（Emmon Bach）在其著作《形式语义学的通俗演讲》（*Informal Lectures On Formal Semantics*）② 一书中所总结的那样，巴赫认为乔姆斯基的工作和蒙太格的工作可以冠之于"乔姆斯基论题"和"蒙太格论题"，其中乔姆斯基论题为："一门自然语言，例如汉语或者英语，能够被描述为一个形式系统"（a natural language, a language like Chinese or English, can be described as a formal system），从语言结构的认识角度，我们将其称为"语言结构的句法规则转向"。而蒙太格论题为："自然语言能够被描述为被解释的形式系统"（Natural langua-

---

① 当然，究竟语句集合是哪一类无穷？是可枚举的吗？这些问题都还存在争论。
② Emmon Bach, *Informal Lectures on Formal Semantics*, New York: State University of New York Press, 1989.

ges can be described as interpreted formal systems），从语言结构的认识角度，我们将其称为"语言结构的形式语义转向"。

蒙太格在《语用学和内涵逻辑》（*Pragmatics and intensional logic*）①、《英语作为一种形式语言》（*English as a Formal Language*）②、《普遍文法》（*Universal Grammar*）③、《日常英语中的量化词的合理对待》（*The Proper Treatment of Quantification in Ordinary English*）④ 等系列论文中，形成了我们所称的"蒙太格语法"体系。

在蒙太格的语言世界观中，自然语言与形式语言并不存在本质的差异，在《普遍文法》一文的开篇，蒙太格就说道："从我的观点来看，在自然语言和逻辑学家的人工语言之间并不存在实质的理论差异，事实上，我认为我们可以使用一种自然且数学上精确的理论来理解两种语言的语法和语义。"

基于此，沿着逻辑学的传统，尤其是塔尔斯基的模型论语义学传统，蒙太格认为自然语言的语义是必不可少的部分，此外语义还应该遵从弗雷格的组合性原则。蒙太格为语法和语义进行了分工。语言 L 的语义的任务是为 L 中的每一个合式公式提供真值条件，并以组合的方式给出。这项任务要求为语句的每个部分都提供合适的模型论解释，包括词项。语言 L 的语法的任务是给出 L 的合式表达式及其范畴的集合，同时以支持组合语义的方式给出。

如果抽去一些细节性、烦琐性的描述，蒙太格语法的结构总体包括：

（1）句法范畴和语义类型。对于每个句法范畴，必定存在统一的语义类型。这使得组合句法 – 语义关系更容易实现。

（2）基本词法表达式及其解释。对于基本表达式，语义必须指派一

---

① Montague R., "Pragmatics and intensional logic", *Dialectica*, Vol. 22, No. 1, 1970, pp. 68 – 94.

② Montague R., "English as a formal language", in B. Visentini, eds., *Linguaggi Nella Società E Nella Tecnica*, Rome: Edizioni Di Comunita, 1970, pp. 188 – 221.

③ Montague R. "Universal grammar", *Theoria*, Vol. 36, No. 3, 1970, pp. 373 – 398.

④ Montague R. "The Proper Treatment of Quantification in Ordinary English", in Hintikka K. J. J., Moravcsik J. M. E. and Suppes P. eds., *Approaches to Natural Language*, Dordrecht: Springer, 1973, pp. 141 – 162.

个合适类型的解释。

（3）句法和语义规则。句法和语义规则是成对出现的，彼此的同构关系如图 1 所示。

①句法规则：如果 α 是范畴 A 的表达式，β 是范畴 B 的表达式，那么 $F_i(α, β)$ 是范畴 C 的表达式（F_i 是表达式上的句法操作）。

②语义规则：如果 α 被解释为 α′，β 被解释为 β′，那么 $F_i(α, β)$ 被解释为 $G_k(α′, β′)$，G_k 是语义解释上的语义操作。

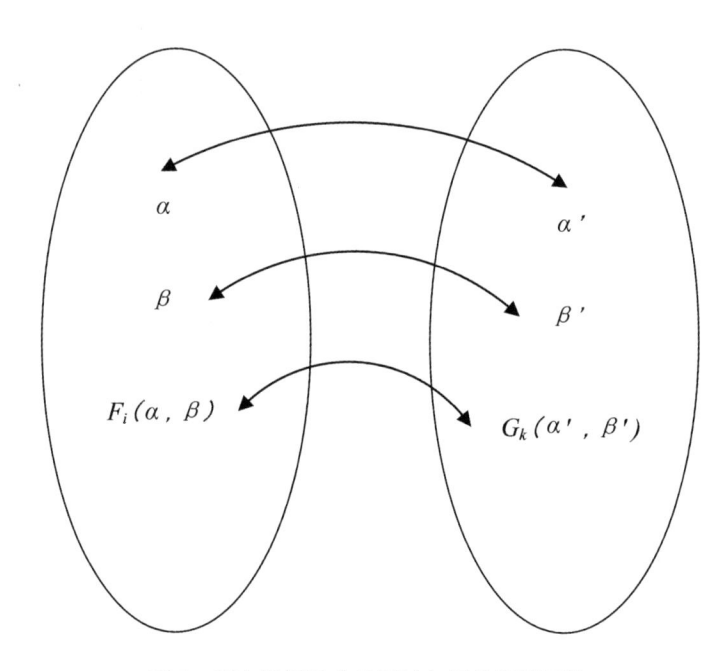

图 1　蒙太格语法中的语法与语义代数同构

在蒙太格语法的视角下，语言的结构可以理解为两个代数结构，一是语法代数，另一是语义代数，而且这两个代数结构之间存在着同构。

1.4　组合范畴语法的创生

众所周知，20 世纪 60 年代末，在乔姆斯基的转换生成语法的感召下，理论语言学家、心理学家和计算语言学家第一次团结在一起，进入一个语言学研究的伊甸园时期。在那个时候，他们都相信，无论是语言习得或者是语言处理，无论是语言进化或者是语言解析，都可以统一在转换生成理论之下。

然而，好景不长。这种幻想很快就破灭了。首先，从转换生成理论自身而言，虽然转换规则从描述性上而言是很有揭示性的，然而它们的表达力过强从而使得其解释力很弱，需要太多任意的约束。其次，从心理学视角而言，心理学家意识到语句的处理难度的心理学测度几乎与它们的转换生成复杂性无关。最后，从计算视角而言，计算语言学家在尝试将转换生成语法实现为解析器的时候，他们意识到为了限制由于过度生成所引发的搜索，他们需要花费大量的时间去实现对规则的约束。

经过一个短暂的蜜月期，理论语言学家、心理学家和计算语言学家彻底地分道扬镳。语言学家声明放弃他们的语法对语言处理所承担的任何责任，换言之，他们认为语言能力（Competence）与语言运用（Performance）无关。基于此，忠实于语言运用的心理学家开始对语法产生敌意，他们重新撤回到上下文无关的浅层语法，或者乐观地相信语法模型源于神经模型。计算语言学家同样地发现语言学家和心理学家所关注的现象和理论在大规模尺度上而言都是无关紧要的。相比较简单的上下文无关方法或者有限状态方法而言，他们所研究的复杂模型都不能显著改进计算语言处理的整体性能。尽管语言学家认为上下文无关语法显然是不能够足以表达自然语言。此外，从事语音、机器翻译和信息检索的计算语言学家认为真正的问题并不在于语法，而是歧义以及通过世界知识对歧义的消解。因此，对于这些计算语言学家而言，概率模型才是王道。

然而，语言能力与语言运用真的可以一分为二吗？儿童的语言习得唯一合理的解释是儿童将与语言相关的语法与普遍概念关系或者所谓的"思维的语言"进行关联。因此，表层句法与深层语义或者概念表征之间必须是紧密关联的。将语言能力与语言运用割裂是毫无意义的。试想一下，一个我们不能够处理的语法又有什么样的进化优势呢？语法及其解析器必须是彼此螺旋发展的。

正因如此，语言的交叉学科研究呼唤全新的语法理论。正是对语言学伊甸园的美好向往，出现了词汇功能语法、中心语驱动短语结构语法和词汇化树邻接语法等各种语法形式。当然，组合范畴语法［Combinatory Categorial Grammar（CCG）］的诞生也是其中一个理性主义的智慧成果。

1.5 组合范畴语法的构造与组合规则

总体而言，Lambek 演算奠定了范畴语法的逻辑学基础，构筑了范畴语法发展的理论，而蒙太格语法则为范畴语法中相关的形式语义描述铺垫了技术基础。自 Lambek 演算和蒙太格语法之后，范畴语法可以分成两大发展方向：

一是侧重逻辑学本身的研究，即使用逻辑推导刻画自然语言中语法之间的推演、生成并注重于逻辑系统的构造以及元定理的证明，这个方向的研究包括范畴类型逻辑、类型逻辑语法等。

二是侧重语言与计算特性的发展方向，尤其是以语言学中的知识背景为主，以计算语言学作为应用背景，其中典型的便是组合范畴语法。

相对于以往的范畴语法而言，组合范畴语法不仅受到逻辑学者的关注，而且在语言学和计算机科学的学者中，组合范畴语法也备受关注。究其原因是以往的范畴语法对语言的研究，往往是基于片段式的研究，而组合范畴语法在描述能力上却可以覆盖更为广泛的语言现象，形成一种"覆盖式"的语言生成能力。与此同时，它在大规模工程化方面有着许多良好的特性，这为它在计算语言学中的应用奠定了基础。

目前，在利用组合范畴语法进行研究的资料中，对土耳其语和荷兰语的研究为多数，这两种语言较之英语都具有更加灵活的语序。在对这两种语言考察的过程中，人们发现，古典范畴语法以严谨的代数结构对语言（包括形式语言和自然语言）进行分析，使其具有了可计算的突出优势，但是，也产生了对自然语言的描写能力较弱的不利方面。即使是对英语这一语法型的语言进行刻画，古典范畴语法也有不便处理的例子，比如它不可刻画像宾语抽象、非外围抽象、无约束依存、词序灵活性、重成分 NP - 移位、动词毗连、主目毗连、寄生语缺和直接成分的非连续性等现象。比如，在处理自然语言中的句法提取现象时，有一些比较关系从句，如（1-10）所示。

（1-10）

a. team$_i$ that t$_i$ defeated Germany

b. team$_i$ that Brazil defeated t$_i$

对于（1-10）a，我们通常分析为在表达式主语位置抽取一个范畴为 NP 的前提，表示为"NP defeated Germany"。而对于（1-10）b，我们习惯分析为在表达式宾语位置提取了一个范畴为 NP 的前提，表示为"Brazil defeated NP"。按照古典范畴演算的规则，我们可以对提取主语和提取宾语的关系代词分别赋予以下范畴，如（1-11）所示。

（1-11）

a. 提取主语的 that ⊢ (n \ n) ／ (S \ np)

b. 提取宾语的 that ⊢ (n \ n) ／ (S/np)

在古典范畴演算中，我们可以得到对关系从句的分析：

（1-12）

```
    a.  team      that         defeated      Germany
        n      (n\n)/(s\np)    (s\np)/np       np
                                        ─────────────>
                                            s\np
                               ──────────────────────>
                                        n\n
               ───────────────────────────────────────<
                                    n
    b.  team      that         Brazil       defeated
        n      (n\n)/(s\np)      np         (s\np)/np
                                       ─────────────
                                              ?
```

英语中，及物动词的范畴为 (s \ np) /np，需要先向右寻找一个范畴为 np 的表达式，与之结合，得到表达式范畴为 s \ np，再进行下一步的运算。因此，在通常的古典范畴演算中，我们无法对宾语位置的关系进行提取。

尽管巴-希勒尔提出，一个语言成分能够被指派一个或多个范畴，在实际操作中选择哪种范畴，要看哪个范畴在运算中能生成合适的句法成分，只通过简单的、类似乘法中的分母消去规则，就可以计算给定语言符号串在上下文中的句法特征。但是多范畴的指派实际上增加了范畴的模糊性，这种情况恰恰是范畴语法本身尽量避免发生的。比如，在（1-12）中，我们可以考虑在对（1-12）b 进行处理时，为及物动词再指派一个范畴（s/np）\ np，令其可以先向左寻找一个论元，这样就可以进行下一步的范畴推演。但是在无约束依存现象中，任何数量的干涉语料都能够插入关系词和它所依赖的表达式之间，如（1-13）所示，这种处理再次失去了解释力。

（1-13）

a. team that I thought that Brazil defeated

b. team that I thought that you said that Brazil defeated

c. team that I thought that you said that John knew that Brazil defeated

形如"team that I thought that Brazil defeated"这样的短语，其中充当补语从句的补足语成分"that"的范畴一般被认为是"s′/s"（与一个句子结合，得到另一个句子）。在古典范畴演算中，即使我们为及物动词赋予了可供选择的范畴，也依旧无法从"I thought that Brazil defeated"推演得到 s/np 范畴，因此无法与前面范畴为"(n \ n) / (s/np)"的关系代词结合。

我们还可以比较（1-14）中所示的关系从句。

（1-14）

a. the team that Brazil defeated

b. which Brazil defeated yesterday

对于（1-14）a，我们通常由表达式之外的位置抽取一个范畴为 np 的前提，表示为"Brazil defeated np"。而对于（1-14）b，我们习惯提取关系代词所对应的范畴为"np"的成分的位置却不在表达式之外，而是"Brazil defeated np yesterday"。因此对（1-14）b 的处理需要考察将其前面的动词与后面的时间副词连接起来，在古典范畴语法的系统里，我们无法找到相应的解决办法。如果想要对这个从句进行处理，无疑，我们可以继续为自然语言中的词条指派针对特定句型的范畴，以满足生成合法表达式的需要，但这无疑加重了语法的负担，也违背了范畴语法力图以简洁的规则体系把握语法可计算特征的初衷。在这种情况下，我们希望能够对语言推演的前提进行进一步刻画，以前提的敏感获取对生成能力的限制，同时获得对自然语言描述力的增强。

另一个问题来源于自然语言的灵活语序造成的非连续现象，一个小品词可以相对于一个直接宾语发生移位，如（1-15）所示。

(1-15)

a. Marcos picked up the ball.

b. Marcos picked the ball up.

在古典范畴语法中，必然要为"picked"提供额外的范畴来处理。

在自然语言语句中，某些句法成分常常会离开它们的规范位置，英语中典型的例子是重成分 NP-移位，即一个副词插入一个动词和它的直接宾语之间，使这个宾语离开了它的规范位置，如（1-16）所示。

(1-16)

Kahn [blocked]$_{(s \backslash np)/np}$ [skillfully]$_{(s \backslash np) \backslash (s \backslash np)}$ [a powerful shot by Rivaldo]$_{np}$.

基于标准的词汇范畴，在古典范畴语法中也无法生成相应的句法推演。

虽然古典范畴语法可以处理很多并列组合现象，但是对于某些涉及复杂动词的并列组合问题，它却无能为力，如（1-17）所示。

(1-17)

John met and might marry Mary.

在标准分析中，模态动词被指派从不及物动词范畴到不及物动词范畴的函项范畴。然而，为了能对此语句实施并列组合，"marry"先要与"might"合并，然后才可与 met 进行并列组合。而古典范畴语法唯一可用的规则是函项应用规则，无法执行这个合并，简约表述如（1-18）所示。

(1 – 18)

[might]$_{(s\backslash np)/(s\backslash np)}$ [marry]$_{(s\backslash np)/np}$

在句法推演中，有时需要使双宾语动词的直接宾语和间接宾语进行毗连，并给它指派范畴，但是古典范畴语法对此无可奈何，如（1 – 19）所示。

(1 – 19)

I gave [Mary]$_{np}$ [an apple]$_{np}$ [and]$_{(x\backslash x)/x}$ [John]$_{np}$ [a flower]$_{np}$

还有，古典范畴语法也无法处理（1 – 20）所示的寄生语缺结构。

(1 – 20)

a. John copied and filed without reading these articles

b. These articles that John copied without reading

在这两个符号串中，一个成分作为"copied"和"without reading"的共同宾语。如果使用标准的范畴指派，显然古典范畴语法给不出相应的推演，如（1 – 21）所示。

(1 – 21)

These articles that John [copied]$_{(s\backslash np)/np}$ [without reading]$_{((s\backslash np)\backslash(s\, np))/np}$

古典范畴语法处理上述现象时的无力，主要在于其范畴运算的方向十分有限，这些有限的范畴运算规则不允许结合，也不允许交换。古典范畴语法无法在单一的范畴赋值条件下处理宾语提取和无约束依存。一个简单的解决办法，我们在对关系从句进行描述时已经提及，就是增加古典范畴语法的复合范畴形成规则。但是，这种无止境地构造范畴本身是缺乏系统性的。自然语言本身具有多样性，比形式语言要灵活得多，任意添加的范畴之间很难建立起联系，这对于按照递归定义来构造理论系统来说是一个大问题。此外，作为上下文无关语法的一种，古典范畴语法解释力比较弱，我们前面提到的无约束依存现象由于要求受限交换作为处理的前提条件，因此古典范畴语法不能给出合适的解释。

无论是范畴运算方面的问题，还是解释力方面的问题，归根结底在于古典范畴语法是一种上下文无关语法。对关系从句的处理会引起大量范畴存在，从而导致歧义，其中的主要原因在于古典范畴语法是非结合且非交换的，在处理非标准成分并列结构时，即使能够给联结词两边的成分赋予新范畴，古典范畴语法却无法显示给不同语言表达式中同样的成分赋予不同范畴的内在原因。自然语言中，语序往往是灵活多变的，这种灵活性体现在逻辑系统中就是结合律和交换律的应用，古典范畴语法却是非结合也非交换的。

对范畴语法的扩充有两种方法：一种是扩大古典范畴语法的规则图式以获取更大的组合能力。这种方法更符合语言学研究的方式，吉奇①和斯蒂德曼②等采用的就是这种方法，他们对逻辑理论采用实用主义的观点，旨在找出适于计算机处理自然语言的实际办法。此外，另一种是将古典范畴语法重写为具有充分蕴含推理能力的逻辑系统。这是一种基于推演的逻辑传统方向，Lambek 演算和莫特盖特③所采取的是这一方式，均着眼于逻辑系统的构造。

对古典范畴语法进行扩充的两个基本方法目的都是为了把握刻画自然语言现象所具有的结合与交换的性质。组合范畴语法属于范畴语法的现代化扩张方向中的前者。它对古典范畴语法的扩充是通过增加规则图式来增加古典范畴语法的规则，从而获得更强的组合能力，将古典范畴语法扩展成一种具有更充分推理能力的逻辑体系。这一扩充最初是由吉奇以及斯蒂德曼进行的，他们的工作成果分别为基于合一的广义范畴语法（Unification – Based Generalized Categorial Grammar）和原生态组合范畴语法（CCG）。

斯蒂德曼使用基于组合逻辑④的组合子规则的扩充古典范畴语法，创立了原生态 CCG，旨在解决自然语言中大量存在，却在上下文无关语法

---

① Geach, P., "A program for syntax", in D. Davidson and G. Harman, eds., *Semantics of Natrual Language*, Dordrecht: Springer, 1972, pp. 483 – 497.

② Steedman, Mark, "Combinators and grammars", In Richard T., Oehrle, Emmon Bach and Deirdre Wheeler, eds., *Categorial Grammars and Natural Language Structures*, Dordrecht: Springer, 1988, pp. 417 – 442.

③ Moortgat M., "Categorial Type Logics", Johan van Benthem and Alice ter Meulen, eds., *Handbook of Logic and Language*, North Hollan: Elsevier, 1997, pp. 93 – 177.

④ Curry, H. B. and Feys, R., *Combinatory Logic*, volume I, Amsterdam: North – Holland, 1958.

中不太容易得到解决的现象，如宾语提取、非外围抽象、词序灵活性、重成分 NP-移位、动词毗连、主目毗连、直接成分的非连续性现象和多动词句、无约束依存和寄生语缺（parastic gapping）①② 等涉及有约束或者无约束依存关系的自然语言表达式结构。

1.5.1 范畴

在 CCG 中，范畴指的是这样一个简洁描述：它能够和什么样的论元组合以及与该论元组合之后会生成什么，换言之，就是它的函项类型。

词汇便成了从词汇条目到范畴的映射，意味着每个词汇条目寻求论元的行为。兰贝克这样描述过词汇化的益处："一个形式化语言的句子结构完全是由它的类型列表［词汇］决定的。"

范畴的构造起点是原子范畴。在经典的 AB 范畴语法中，原子范畴集仅仅由 S（在蒙太格的术语中，即表示真值类型 t）和 N（表示实体的类型 e）构成。有了这两个基本原子范畴，我们能够通过递归利用原子生成更复杂的范畴来建造词库，如（1-22）所示。

(1-22)

John ⊢ N

never ⊢ (S \ N) / (S \ N)

walks ⊢ S \ N

范畴的正式集合是由一个原子类集合组合而成的：

定义 1-5　范畴集合 C

给定一个有限的原子范畴类 F，集合 C 是满足下列条件的最小集合：

1. F ⊆ C

2. 如果 X，Y ∈ C，那么 X/Y，X \ Y ∈ C

例如，如果 F = {S, NP}，那么 C 的元素例中包括原子范畴 S 和原子范畴 NP，以及 (S \ NP) 和 (NP \ NP) \ (NP \ NP)。由原子范畴

---

① Steedman, Mark, "Combinatory grammars and parasitic gaps", *Natural Language and Linguistic Theory*, Vol. 5, No. 4, 1987, pp. 403-439.

② Steedman. Mark, "Gapping as constituent coordination", *Linguistics and Philosophy*, Vol. 13, No. 2, 1990, pp. 207-263.

不断递归生成的对象被称为函子或复合范畴。

在任何一种复合范畴 X/Y 或 X \ Y 中,我们将 Y 称为论元范畴,X 为结果范畴。对任何 X 范畴来说,其修饰范畴的形式为 X/X 或 X \ X,被修饰成分不做变化。在汉语中,词类如形容词和副词拥有修饰功能,这是因为形容词和副词分别修饰名词和动词,如(1 - 23)所示。

(1 - 23)

a. 法规性 ⊢ NP/NP

b. 然后 ⊢ (S \ NP) / (S \ NP)

范畴声明它们的论元获取行为(argument - seeking),而组合规则作用于范畴之上使两个范畴依据其规定形成新的范畴。

组合范畴语法通过词汇逻辑形式将所有约束依存都词汇化,例如被动、提升、控制、例外格标记。所有与语言相关的信息都存在词汇中,所有的论元,例如主语与宾语在词汇上都可以类型提升为谓词上的函项,就如同在拉丁语中一般,谓词与论元的角色可以交换。

1.5.2 组合规则

组合规则给多个标记(token)赋予主要类型(principled types),并基于输入符号的范畴来限制组合的类型。由于组合规则与柯里等人所提出的组合子(combinators)之间紧密相关,每个组合规则都有一个语义解释,这在语法分析过程中,允许语法派生同时构建谓词 - 论元结构(predicate - argument structure)。

在 CCG 中,组合规则是非常灵活并可扩充的,但是常见的 CCG 规则如表格 2 所示。

表格 2　　　　　　　　　　CCG 的规则

规则类型	范畴规则	缩写
应用	X/Y Y ⇒ X	(>)
	Y X \ Y ⇒ X	(<)

续表

规则类型	范畴规则	缩写
函项组合	X/Y Y/Z⇒X/Z	(>B)
	X/Y Y\Z⇒X\Z	(>B$_\times$)
	Y\Z X\Y⇒X\Z	(<B)
	Y/Z X\Y⇒X/Z	(<B$_\times$)
类型提升	X⇒T/ (T\X)	(>T)
	X⇒T\ (T/X)	(<T)
替换	(X/Y) /Z Y/Z⇒X/Z	(>S)
	(X/Y) \Z Y\Z⇒X\Z	(>S$_\times$)
	Y\Z (X\Y) \Z⇒X\Z	(<S)
	Y/Z (X\Y) /Z⇒X/Z	(<S$_\times$)

1. 函数应用规则（ >，<）

$$X/Y\ Y \Rightarrow X \quad (>)$$
$$Y\ X\backslash Y \Rightarrow X \quad (<)$$

函数应用规则适用于标准的函项范畴与其所寻找的论元范畴相毗连的情况。只包含这两条函项应用规则的范畴语法就是著名的 AB 语法，这是以最先提出该语法的两位语言/逻辑学家爱裘凯维茨和巴－希勒尔的首字母命名的。这样的一种语法就等同于将生成规则整合在词汇中的短语结构语法。AB 语法和上下文无关文法的等价性由巴－希勒尔等人证明，这种范畴语法的形式化因为只包含两条函项应用规则，因此具有一定的局限性。

2. 组合规则 Composition（B）

$$X/Y\ Y/Z \Rightarrow X/Z \quad (>B)$$
$$Y\backslash Z\ X\backslash Y \Rightarrow X\backslash Z \quad (<B)$$
$$X/Y\ Y\backslash Z \Rightarrow X\backslash Z \quad (>B_\times)$$
$$Y/Z\ X\backslash Y \Rightarrow X/Z \quad (<B_\times)$$

CCG 中的四条组合规则分为调和规则（harmonic rules：$>B$，$<B$）和交叉规则（crossed rules：$>B_x$，$<B_x$）。

(1-24) C B\C A\B ⇒?

a.

$$\frac{\dfrac{C \quad B\backslash C}{B} < A\backslash B}{A} <$$

b.

$$\frac{C \quad \dfrac{B\backslash C \quad A\backslash B}{A\backslash C} <B}{A} <$$

针对（1-24），可以使用后向应用规则（<）派生，如（1-24）a 所示。也可以使用后向调和组合（<B）实现另一种括法，如（1-24）b 所示。

(1-25) A/B B/C C ⇒?

a.

$$\frac{\dfrac{A/B \quad B/C}{B} >\quad C}{A} >$$

b.

$$\frac{\dfrac{A/B \quad B/C}{A/C} >B \quad C}{A} >$$

针对（1-25），使用前向应用（>）的规范派生，如（1-25）a 所示。也可以使用前向调和组合（>B）实现另一种括法，如（1-25）b 所示。

(1-26)

a. B/C B/C C ⇒?

b. B/C A \ B C ⇒?

针对（1-26）a，使用应用的规范派生：

$$\cfrac{\cfrac{B/C \quad C}{B} > \quad A\backslash B}{A} <$$

针对（1-26）b，似乎 B/C 的函项和论元范畴 C 之间间隔了另外一个函项范畴 A \ B，这种情形就需要使用交叉组合规则，具体采用后向交叉组合（<B$_\times$）：

$$\cfrac{\cfrac{B/C \quad A\backslash B}{A/C} <B_\times \quad C}{A} >$$

（1-27）

a. A/B C B \ C ⇒?

b. C A/B B \ C ⇒?

针对（1-27）a，使用应用的规范派生：

$$\cfrac{\cfrac{A/B \quad C \quad B\backslash C}{B} <}{A} <$$

针对（1-27）b，与（1-26）b 类似，范畴顺序进行了重新排列，这种情形就需要使用交叉组合规则，具体采用前向交叉组合（>B$_\times$）：

$$\cfrac{\cfrac{C \quad A/B \quad B\backslash C}{A\backslash C} >B_\times}{A} <$$

交叉组合规则允许一个函项 A | B 介于另外一个函项 B | C 和它的参数 C 之间。在这种意义下，交叉组合是一种能顺序置换的操作。斯蒂德曼表明，正是组合规则，包括调和组合和交叉组合，将 CCG 的生成能力由上下文无关提升到适度上下文相关，使之能够识别语言

$\{a^n b^n c^n d^n \mid n > 0\}$[①]。

3. 类型提升（T）

$$X \Rightarrow T/ (T \backslash X) \quad (>T)$$
$$X \Rightarrow T\backslash (T/X) \quad (<T)$$

在只有应用规则的情景中，只有函项（functor）才能消耗它们的论元。而类型提升规则允许论元反过来消耗函项。

类型提升对于捕捉非规范论元获取行为（non-canonical argument-taking）是必要的，同时对于生成所谓的并列或者和相对位（relativisation）这样的"非成分"（non-constituent）构造也同样必要。

(1-28)

a. A/B B $\Rightarrow$ A

b. B A\B $\Rightarrow$ A

(1-28) a 的派生可以有两种方式：一种方式是范畴 A/B 可直接通过向前应用（forward application）消耗 B，如图 2（a）所示。另一种方式是范畴 B 提升到 A\(A/B)，然后从左边消耗范畴 A/B，如图 2（b）所示。

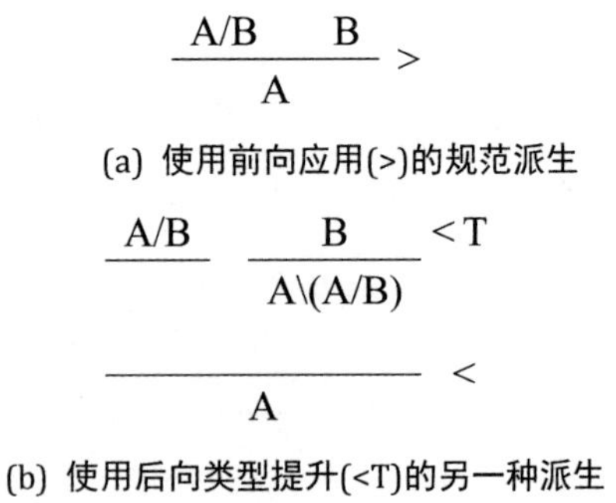

$$\frac{A/B \quad B}{A} >$$

(a) 使用前向应用(>)的规范派生

$$\frac{A/B \quad \dfrac{B}{A\backslash(A/B)}<T}{A} <$$

(b) 使用后向类型提升(<T)的另一种派生

图 2　A/B B $\Rightarrow$ A 的两种派生方式

[①] Steedman M., "ON 'THE COMPUTATION'", in Gillian Ramchand and Charles Reiss, eds., *The Oxford Handbook of Linguistic Interfaces*, Oxford: Oxford University Press, 2007, p. 592.

与之类似,(1-28)b 的派生也有两种方式。一种方式是范畴 A \ B 直接使用后向应用(<)的规范派生,如图 3(a)所示。另一种方式是范畴 B 提升到 A/(A \ B),然后从右侧消耗范畴 A \ B,如图 3(b)所示。

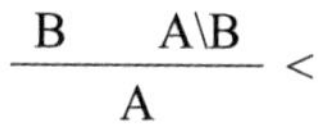

$$\frac{B \quad A\backslash B}{A} <$$

(a) 使用后向应用(<)的规范派生

$$\frac{\dfrac{B}{A/(A\backslash B)} >T \quad A\backslash B}{A} >$$

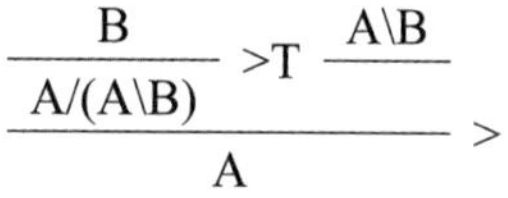

(b) 使用前向类型提升(>T)的另一种派生

图 3　B A \ B ⇒ A 的两种派生方式

图 2 和图 3 展现了因为类型提升所导致的伪歧义派生,之所以称之为"伪歧义",原因在于虽然其形式不同,但却会得到相同逻辑形式的派生。伪歧义起初让人认为 CCG 在语法分析中是不可行的,直到杰森·艾斯纳(Jason Eisner)证明了只要对输入范畴的组合规则进行约束,就能确保解析器对每个等价的类只生成一个相应的成员[①],从而杜绝由类型提升和组合规则所导致的"伪歧义"。

4. 替换规则(S)

$$
\begin{array}{l}
(X/Y)\ /Z \quad Y/Z \Rightarrow\ X/Z \quad (>S) \\
Y\backslash Z \quad (X\backslash Y)\backslash Z \Rightarrow\ X\backslash Z \quad (<S) \\
(X/Y)\backslash Z \quad Y\backslash Z \Rightarrow\ X\backslash Z \quad (>S_x) \\
Y/Z \quad (X\backslash Y)/Z \Rightarrow\ X/Z \quad (<S_x)
\end{array}
$$

---

① Jason Eisner, "Efficient Normal-Form Parsing for Combinatory Categorial Grammar", Proceedings of the 34th Annual Meeting of the ACL, Santa Cruz, June 1996, pp. 79-86.

替换组合规则主要用来分析寄生间隙构造（parasitic gap constructions），一个寄生间隙常常出现能够组成供提取的孤岛（island）位置上。替换规则的意义在于让一个范畴可以作为另外两个范畴的论元，这也是寄生间隙分析所期望的行为。

按照乔姆斯基的语言普遍性（linguistic universals）理论，语言普遍性包括两种类型，一类是实质普遍性（substantive universals）。例如，某些固定的句法范畴如名词、动词等，可在任何语言的句法表现中找到。另一类普遍性是形式普遍性（formal universals），它们反映语法规则的性质以及语法规则相互联系的原则。毫无疑问，组合范畴语法规则中的范畴规则捕获的就是语言普遍性中的形式普遍性。

1.5.3 组合投射原则

组合范畴语法基于组合子可以构建更多的组合规则，表格2中所展现的规则是最为常见的组合规则，我们通常称之为一阶组合规则。实际上，我们可以在此基础上形成更多的规则。例如，基于前向交叉函项组合规则，可以构建其二阶版本：

X/Y (Y\Z) | W ⇒　 (X\Z) | W 　　　　($>B_x^2$)

其中 | 指的是 \ 或者 / 皆可以，不过在输入和输出端保持一致即可。

同样地，其他的函项组合规则也有其对应的二阶版本。

如此说来，那组合规则是否是可以任意构建呢？并非如此，在组合范畴语法中，组合规则必须遵从组合投射原则（Combinatory Projection Principle）。

所谓组合投射原则，其实质是约束组合规则的表达能力，简而言之，组合投射原则指的是句法必须投射，但不能忽略词汇中所刻画的方向性信息，反之，词汇也不能做句法所行的无约束投射。组合投射原则包括邻接性原则、一致性原则和继承性原则等几个子原则。

1. 邻接性原则（The Principle of Adjacency）

组合规则可能仅适用于有限多语音实现和字符相邻的实体。

2. 一致性原则（The Principle of Consistency）

所有句法组合规则必须与主要函项的方向保持一致。

3. 继承性原则（The Principle of Inheritance）

如果应用组合规则产生的范畴是函项范畴，那么该范畴中给定论元的斜杠类型将与输入函项中对应论元的斜杠类型相同。

这些原则只是关于组合子自身。其他的原则主要阐释组合规则能够忽略，但必须"投射"词汇中所刻画的方向性。

一致性原则排除（1-29）所示的规则。

(1-29) X \ Y Y ⇏ X

继承性原则排除（1-30）所示的组合规则。

(1-30) X/Y Y/Z ⇏ X \ Z

1.5.4 自然语言的组合性

在理论语言学中有一个初步的共识，即语法理论的核心问题是谓词与其论元的不连续性或者非毗邻依存。（1-31）给出了一个汉语中典型的非连续性问题。

(1-31)

北海已成为中国对外开放中升起的一颗明星。

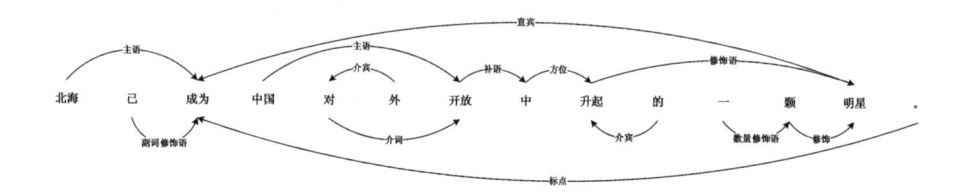

针对这一类非连续性问题，尤其包括多远距离依存和交叉依存等语言现象，转换生成语法采用了合并（Merge）与移位（Move）两个核心算子进行应对。其中 Merge 算子主要处理直接成分的替换，而 Move 算子主要处理非直接成分的位移。从理论或者计算的视角，两个算子是异构的，在实际语言信息处理中存在着很大的问题与困难。组合范畴语法实质上就是将 Move 算子归约为各种形态的局部 Merge 算子。

另外，从语义上而言，语言是一个应用系统。所谓应用系统，它必须支持两个对偶的概念。一个概念是"应用"（Application），即函数

（概念）应用到论元（实体）。另一个概念是"抽象"（Abstract），即就已存在的函数或者概念定义一个新的函数或者概念。λ 演算中的 λ 算子便是一种非常常见的"抽象"。

举例而言，系统中已经定义了一个"父亲"的函项（一元函项）F，假设：

$$F（"大禹"）= "鲧"$$
$$F（"启"）= "大禹"$$

基于 F，我们便可以定义一个"祖父"的函项（一元函项）G，令：

$$G \equiv \lambda x. F F x$$

那么：

$$G（"启"）= "鲧"$$

可以看出，λ 演算中处理抽象的方法是通过 λ 算子和变量。另外一种处理抽象的方式便是采用组合子，以严格毗邻的方式就一系列算子定义抽象。例如：

$$G \equiv B F F$$

其中，B 是组合算子。

应该说，CCG 揭示语言本质奥秘的工具是"组合子"。在 CCG 中，核心的组合子有四类，即 A（应用操作）、B（组合操作）、T（类型提升操作）和 S（替换操作）。斯蒂德曼认为通过这四个组合子就可以很好地刻画人类的自然语言。

1.5.5 组合算子的普适性

从生物进化的视角而言，生物的活动规划本质上是组合性的。动物实际上都使用组合算子来规划行为与活动序列。例如，鸽子这样的鸟类使用应用（Applicaiton）算子对所见到的食物进行"啄它"操作。许多哺乳动物可以使用组合（Composition）算子进行活动的序列化，譬如老鼠可以咬住其幼崽，将其从外面拖回到鼠窝中。再如猕猴能够形成以下的概念：在吃某种食物之前需要进行清洗。灵长类动物还可以使用类型提升（Type-Raising）算子进行活动策划。譬如当大猩猩够不着挂在高处的香蕉时，它会从旁边处搬来箱子，踩在箱子上去取香蕉。当进化到人类的时候，人类可以使用二阶组合子（Composition^2）在任意数量的实体上进行规划，甚至包括不在现场的实体。此外，还可以通过二阶算子与其他主体进行合作。

更一般地，规划问题能够被视为在一个可能状态栅格上行为序列的搜索问题。这种搜索与解析器搜索具有相同的递归特征。例如，有基于图的动态规划和基于栈的移位－归约算法。后者似乎从进化视角是一个更可行的候选，和对于语义解释和解析都是通用的机制，而不是需要类似 CKY 算法独立的进化。规划因此提供语言运用的基础设施，也提供语言能力的语法算子。CCG 允许语言运用与语言能力融合在一起，从而作为一个进化的"一揽子解决方案"。

本章小结　逻辑对于自然语言语法和处理的意义何在？

我们从组合范畴语法的发展路线入手，对古典范畴语法、Lambek 演算直到组合范畴语法进行了阐述，厘清了组合范畴语法的发展脉络。

应该说，无论是最初的 AB 演算，或者是发展至现在的组合范畴语法，或者是范畴类型逻辑，其主要想法都是通过逻辑的方式去描述自然语言，包括自然语言的语法和语义，众所周知，逻辑对于描述自然语言中的寓言、隐喻和诗词歌赋而言都比较乏力。或许有人会问，用逻辑去描述自然语言的语法是一个有前途的方向吗？换言之，逻辑对于描述自然语言而言，是不是有效的？

对于这种将语法视为逻辑，将处理视为演绎的方法而言，莫里尔（Glyn Morrill）曾经从两个视角做出解释，一个是针对语言工程的工程视角，一个是针对认知科学的科学视角。

从工程视角而言，语言的形式化只是构造形式语言的一种工具，形式语言可以看作自然语言的一个片段。自然语言的语法和语义的刻画是一项大规模的信息工程工作，逻辑对于此是一种辅助性的工具或者组织性的原则。实际上，如果映射策略不是逻辑的，那么它会基于何种基础呢？

自动语言处理主要分成解析和生成两部分。但语法是逻辑时，这个计算任务便可以将解析和生成视为演绎。这种配置似乎更便于验证，处理的正确性对于语法而言是透明的。

从认知科学角度来看，通常将认知过程看作计算，至少无意识的、自动的认知视为如此，例如，自然语言处理。我们希望使用最终由神经元来实现的算法、表征和处理来表达我们的认知理论。但是要进行这类理论化的工作存在巨大的鸿沟。如果脱离计算模型的特征，我们根本都不知道如何定义算法、表征和处理。我们认为这样的理解最终会基于逻辑。逻辑与计算有着很深的渊源，包括和知识与语义亦是如此。消去规则、逻辑编程、消解、计算作为证明搜索、函数式编程、计算作为证明规范化等都充分地表明了这一点。算法、表征和处理的一个理论应该是近似于逻辑的。

当然，从范畴语法家族自身的演进方向而言，在如何对待语言和逻辑的关系方面，组合范畴语法（CCG）和类型逻辑语法（Type Logical Grammar，TLG）出现了分野，逐步形成了范畴语法的两大分支。TLG 是逻辑本位主义的，它的目的是构造逻辑系统，在理论中呈现自然语言结构。TLG 所展示的是很宏伟的视角，很多结果在数学上也很漂亮，但是对语言事实的观照没有放在理论的核心。反之，CCG 是语言本位主义的，它更加关注语言现象，透过语言现象来推测存在哪些算子，再调整、使它们与语言数据相契合。正是基于这种调和，CCG 可以解释英语的关系从句、荷兰语的动词提升以及很多语言中复杂的结构与现象。

第二章

语言:汉语 CCG 的表述与演绎

目前,针对汉语的 CCG 表述研究相对较少,即使有,更多地也只是使用 CCG 描述汉语的一些片段,并没有对覆盖更广范围的汉语语法现象的全面分析。

2.1 基本语句

汉语从根本上来说是一个孤立型的主语 – 动词 – 宾语(SVO)语言,汉语动词类的形状和方向性如表格 3 所示。

表格 3　　　　　　　　汉语的基本动词类

汉语实例	范畴	动词类型
走	S [dcl] \ NP	不及物动词
探索	(S [dcl] \ NP) /NP	及物动词
给	((S [dcl] \ NP) /NP) /NP	双及物动词

一个典型的汉语语句如(2-1)至(2-3)所示。

(2-1)甘肃省积极探索高风险业务。

```
   甘肃省         积极            探索           高风险业务
    NP       (S\NP)/(S\NP)   (S[dcl]\NP)/NP        NP
                                   ─────────────────────── >
                                         S[dcl]\NP
             ───────────────────────────────────────────── >
                              S[dcl]\NP
   ──────────────────────────────────────────────────────── <
                              S[dcl]
```

(2-2) 张三在看书。

(2-3) 李四走出门口。

显然,任何一种自然语言都不会仅仅遵从最为简单和规范的词序,作为形式语法,关键在于能够准确地描述自然语言中各种灵活的词汇、句法等各类现象。使用 CCG 分析自然语言过程中,遇到一些特殊的语法现象时,通常会有两种做法:一种是"范畴法",根据所出现的特殊类型的词汇,建立与之对应的原子范畴或者赋予特定的范畴。另一种是"规则法",在遵循组合投射原则的基础上,增加一些特殊的规则。这两种方法的取舍要看具体的问题和相关的应用场景。

2.2 与名词短语相关的范畴分析

2.2.1 单位词与数量短语

单位词应该赋予什么范畴?能否与一般性的名词共享相同的范畴?仔细分析一下单位词,我们发现单位词在组合方式方面与一般性的名词有着比较明显的区别:

(1) 单位词能够重叠使用来达到个别指称效果,而名词则不可以,例如:

(2-4) 层层浪

与此类似的还有,"朵朵""条条""片片"和"堆堆"等。

(2) 与名词不同,单位词仅仅接纳一个很小集合的修饰语,例如(2-5)所示。

(2-5)

a. 一大套道理

b. 一整块鱼肉

c. 一大张纸

d. 两杆枪

基于单位词的特殊性和修饰语行为,我们引用了一个附加的原子范畴 M:

$$[单位词] \vdash M$$

这样的话,修饰单位词的数词便具有(NP/NP)/M 的范畴,即:

$$\text{两} \vdash (NP/NP)/M$$

这就有了类似（2-6）的 NP 结构。

(2-6)

$$\frac{\dfrac{\text{两}}{(NP/NP)/M} \quad \dfrac{\text{杆}}{M} \quad \dfrac{\text{枪}}{NP}}{\dfrac{NP/NP}{NP}}$$

当一个数词修饰一个名词时，单位词必须出现。然而，当语句中的数为"一"且量词为具体（concrete）时（如"一句"），该数词可以省略，例如（2-7）所示。

(2-7)

a. 我去给你买一朵花。

b. 我去给你买朵花。

显然（2-7）b 是符合语法的，那么如果采用之前的分析：

$$\dfrac{\text{朵}}{M} \quad \dfrac{\text{花}}{NP} \, ?$$

显然，这在范畴派生上出现了问题。对这个现象的分析，存在两种方式。

（1）范畴法，可以对单位词指派另一个范畴。

（2）规则法，构建一个一元规则，如下所示。

规则 1（单位词规则 ML）

$$M \Rightarrow NP/NP$$

具体选择哪一种方案，需要结合具体的应用环境，在我们汉语 CCG-Bank 构建中（见第三章），考虑到数据的稀疏性以及相关问题，我们采取的是规则法，示例如（2-8）所示。

(2-8) 姚明是个 NBA 球员。

$$\dfrac{\dfrac{\text{姚明}}{NP} \quad \dfrac{\text{是}}{(S[dcl]\backslash NP)/NP} \quad \dfrac{\dfrac{\dfrac{\text{个}}{M}}{NP/NP} \quad \dfrac{\dfrac{\text{NBA}}{NP/NP} \quad \dfrac{\text{球员}}{NP}}{NP}>}{NP}>}{\dfrac{S[dcl]\backslash NP}{S[dcl]}<}$$

需要提一下的是，在汉语中，有些单位词，例如"层层"，不仅仅可以作为单位词，如（2-9）所示，还会作为其他语法成分，如（2-10）和（2-11）所示。

(2-9)

年后的新竹镇西堡部落，下午三点，由远处而来的层层云朵，已悄悄越过绫线，掩盖了整座桧木山坡。

$$层层 \vdash M$$

(2-10)

层层摆列的史前陶，象征着不同时期的文化层。

$$层层 \vdash (S \backslash NP) / (S \backslash NP)$$

(2-11)

这则新闻从组长、经理、总经理层层审核过才播出。

$$层层 \vdash ((S \backslash NP) / (S \backslash NP)) / (S \backslash NP)$$

2.2.2 形容词、量词与方位词短语

在汉语中，一些形容词只能作为名词修饰语，一些只能作为谓语，还有一些两者皆可。这些只能够直接修饰名词的形容词只携带名词修饰范畴 NP/NP，那些作为谓语的携带范畴 S［dcl］\ NP，同时它能够实现携带两个范畴的角色。

(2-12) 蓝天

$$\frac{\frac{蓝}{NP/NP} \quad \frac{天}{NP}}{NP} >$$

(2-13) 澡堂的水滚烫。

$$\frac{\frac{澡堂的水}{NP} \quad \frac{滚烫}{S[dcl]\backslash NP}}{S[dcl]} <$$

还包括：

(2-14) 天是蓝的。

$$蓝 \vdash S［dcl］\backslash NP$$

(2-15) 天蓝水清的自然背景和欣欣向荣的经济发展交相辉映。

蓝 ⊢ (S/S) \ NP

在汉语中，许多动词的次范畴化为 QP（量词短语——一个由数字修饰的 NP）和 LCP（Localiser phrase 方位词短语），因此，我们为汉语的原子范畴添加 QP 和 LCP，如（2 – 16）所示。

(2 – 16)

a. 福建省乡镇企业总产值已［达二千三百八十一点五亿元人民币］$_{V\ QP}$。

b. 福州、厦门、泉州、漳州、莆田五地市乡镇企业经济总量［占全省百分之七十以上］$_{V\ LCP}$。

2.2.3 同位语

在汉语中，名词作为同位语主要有两种情况。一种是 NP – NP 同位，两个 NP 组成一个同位关系，其中两个同位语都指代同一实体（这与并列是有区别的）。另一种是 S – NP 同位，NP 和 S 的同位。如（2 – 17）和（2 – 18）所示。

(2 – 17)［咱们］$_{NP}$［工人］$_{NP}$有力量。

(2 – 18)［他什么都没说］$_S$［这一事实］$_{NP}$让我们所有人都很惊讶。

要分析以上两种同位现象，以前的规则是不够的，需要增加一些新规则。

规则 2（NP – NP 同位 NNA）

$$NP\ NP \Rightarrow NP$$

规则 3（S – NP 同位 SNA）

$$S\ NP \Rightarrow NP$$

显然，通过上面两个规则，便能有效分析类似（2 – 19）这一类的同位语法。当然，其中带来的一个问题就是这种规则引发的大量派生歧义。

(2 – 19)

第一天的话可能还需要小朋友自己带水来，那是因为外面还有一些没有整理干净的地方。

小结一下，涉及名词短语的 CCG 范畴分析中，我们增加了 M、QP、

LCP 三个原子范畴，具体情况如表格 4 所示。

表格 4　　　　　涉及名词短语的原始范畴补充

原子范畴	含义	举例
M	单位词	杆
QP	量词短语	二千三百八十一点五亿元人民币
LCP	方位词短语	全省百分之七十以上

与此同时，与名词短语相关的一些词性也指派了相应的范畴，具体情况如表格 5 所示。

表格 5　　　　　与名词相关词性的范畴指派

词性	指派范畴	举例
形容词	NP/NP	蓝天
	S［dcl］\ NP	澡堂的水滚烫
数词	（NP/NP）/M	两

此外，为了处理数词省略和同位语现象，额外补充的规则如表格 6 所示。

表格 6　　　　　数词省略与同位语现象的规则

增加的规则	分析的现象
M $\Rightarrow$ NP/NP	数词省略现象
NP NP $\Rightarrow$ NP	NP – NP 同位
S NP $\Rightarrow$ NP	S – NP 同位

2.3 与动词相关的范畴分析

2.3.1 动词短语

1. 体态助词

汉语的词缺乏形态方面的变化,因而体态助词如"着""了""过"等在汉语的谓语系统中起相当重要的作用,所以称之为"体态助词",是因为这类助词主要表示的是"体〔态〕",而非"时〔态〕"。"时〔态〕"主要是把所谈及的动作或行为与说话的时间联系起来,而"体〔态〕"则表示动作或行为的类型和进行的方式,它与参考时间有关。

一般的研究认为大多数汉语都缺乏词形或者语法的时标记,依赖于语境或者时间附加语来进行时区分。然而,尽管如此,汉语却具有丰富的体态标记,作为附于动词的标记。汉语中主要的体态标记包括:

(1)"了",通常用来表示完成。

(2)"着",通常用来表示进行中。

(3)"过",通常用来表示过去。

具体的语句示例如(2-20)所示。

(2-20)

a. 我看了一本书。

b. 我看着这本书。

c. 我看过那本书。

体态助词通常紧跟着动词,我们对体态助词指派范畴 (S\NP) \ (S\NP),即:

$$[体态助词] \vdash (S \backslash NP) \backslash (S \backslash NP)$$

这样的话,(2-20) a 的 CCG 分析如下:

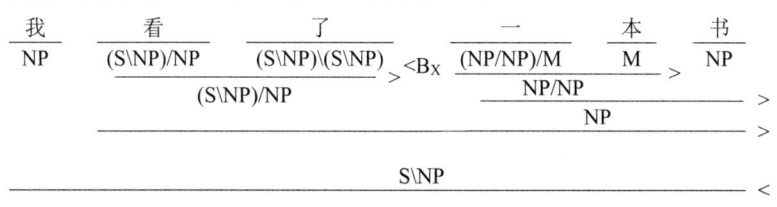

```
  我         看              了              一            本      书
  NP    (S\NP)/NP     (S\NP)\(S\NP)    (NP/NP)/M        M       NP
        ─────────────────────────── <Bx  ──────────────────── >
              (S\NP)/NP                      NP/NP
                                      ──────────────────────────── >
                                                  NP
        ──────────────────────────────────────────────────────── >
                              S\NP
  ──────────────────────────────────────────────────────────────── <
                              S
```

尽管该体态助词范畴足以修饰及物动词（(S\NP)/NP）和不及物动词（S\NP），但是当遇到双及物动词时，范畴派生就出现了问题，如（2-21）所示。

（2-21）他给了我那本书。

$$\frac{\overset{给⊢\ (((S[dcl]\backslash NP)/NP)/NP)}{\underline{给}}\quad \underset{(S\backslash NP)\backslash(S\backslash NP)}{\underline{了}}}{?}$$

可以发现，要进行范畴分析，必须对原有的组合规则进行泛化，允许组合能够作用不止一个论元的函子，例如双及物动词范畴。这种泛化的后向交叉组合（$<B_\times^n$）允许任意数量和类型的右向参数传递到结果范畴。

规则4（高阶后向交叉组合规则 $<B_\times^n$）

$$(Y/Z)\ /\ \$_1 \quad X\backslash Y \Rightarrow (X/Z)\ /\ \$_1$$

高阶后向交叉组合规则允许体态助词构成函子，能够吸收任意数量的右向论元。针对（2-21），可以形成（2-22）所示的派生。

（2-22）

$$\frac{\dfrac{\underline{给}}{((S[dcl]\backslash NP)/NP)/NP}\quad \dfrac{\underline{了}}{(S\backslash NP)\backslash(S\backslash NP)}}{((S[dcl]\backslash NP)/NP)/NP}<B_\times^2$$

2. V+O 离合词

在汉语中的 V+O 离合词从概念上讲，似乎应该看成词，表达了一个比较固定的、完整的概念。从用法上讲，V+O 离合词常作为一个词使用，即两个字挨着出现（这是所谓"合"），但也可以拆开来不紧挨着出现（这是所谓"离"）。（2-23）展现了一个典型的 V+O 离合词。

（2-23）

a. 吃饭

b. 饭吃了吗？

c. 吃了两顿饭。

在 CCG 分析中，为了区分 V+O 离合词和 V+N 短语组合，我们引入一个新的原子范畴 O，来表征 V+O 构造中的 O 元素。

$$[O] \vdash O$$

3. 复合动词

汉语中常见的复合动词如表格 7 所示。

表格 7　　　　　　　　　　动词复合策略

标记	例子
VRD verb resultative/directional	煮熟
VCD verb coordination	投资设厂
VSB verb subordination	规划建设
VPT verb potential	离得开
VNV verb – 不 bu/得 de – verb	去不去
VCP verb – copula	确认为

（1）动词能性构造 Verb potential construction VPT

在动词能性构造中，一个复音动词收到中缀"得"或者"不"，产生动词复合含义。具体情形如（2-24）所示。

（2-24）

a. 打得开局面。

b. 吃得准政策。

针对动词能性构造，CCG 可能有两种分析方式。

①中缀助动词"得"或者"不"收集两边的动词论元。这种方式会导致词根裂解为两个符号，词法变得更稀疏。每个被裂解的部分形成与原始词根不同的词项。

②将整个复合动词看作一个原子词项。我们采取这种分析方式，避免了第一种方法的词法歧义性问题。

（2）The V – 不 – V 构造（VNV）

V – 不 – V 构造通过对动词应用中缀"不"，从而将陈述句构造为一个问句。VNV 构造是析取问题构造的词法化。(2-25) 是 VNV 的典型示例。

(2-25)

a. 你吃不吃馒头？

b. 你看不看书？

c. 你玩不玩游戏？

d. 要不要再往下？确定？

双音节动词 V1V2 参与构造，通过裂口和拷贝，形成"V1 不 V1V2"。V-不-V 构造与 VPT 构造都涉及中缀，然而两者的区别如下：

①V-不-V 牵头一个极性问句，而 VPT 仍牵头一个陈述句。

②V-不-V 涉及拷贝，然而 VPT 中 V2 的元素是补足语。

我们认为融合 V-不-V 的内部结构到原子词项是最合适的分析，紧跟着同样的论元。在这种分析下，融合的 V-不-V 词项携带极性问句特征 [q]：

$$吃不吃 \vdash (S [q] \backslash NP) / S [dcl]$$

4. 动补结构（VRD）

汉语中的动补结构指的是有动词和动结/方向补足语，它们可以给出动词行为的结果状态和位置。(2-26) 是典型的动补结构示例。

(2-26)

a. 建设成

b. 保存完整

此外，(2-27) 是一类动结复合动词。

(2-27)

a. 难死

b. 叫哑

(2-27) b 中的"叫哑"的 CCG 派生示例如 (2-28) 所示。

(2-28)

```
宝宝      嗓子      叫           哑               了
─────    ────    ────────   ──────────────      ───
 NP       NP     S[dcl]\NP   (S\NP)\(S\NP)      S\S
─────                    ──────────────────── <
 S/S                          S[dcl]\NP
                 ──────────────────────────── <
                            S[dcl]
        ──────────────────────────────────── <
                            S[dcl]
──────────────────────────────────────────── <
                            S[dcl]
```

5. 动词并列 VCD

汉语中的动词并列，主要指的是光杆动词的直接并列，中间没有介入并列词。(2-29) 是一个典型的动词并列。

(2-29) 西北首家乡镇企业大厦建成开业。

要想在 CCG 中分析动词并列，涉及获取两个同类动词范畴，产生相同的动词范畴。这要求构建一个新的规则模式。

规则 5 (光杆动词并列规则模式 BVP)

$(S[dcl] \backslash NP) \$_1 \, (S[dcl] \backslash NP) \$_1 \Rightarrow (S[dcl] \backslash NP) \$_1$

由于在汉语中许多词项类具有动词意义，包括许多介词和名词，规则 5 的应用成本比较高。例如，在 (2-30) 中的每对词语都包含动词和名词的含义，因此具有 V-V、V-N 和 N-N 的解读。

(2-30)

a. 批准同意

b. 推介宣传

除了引入规则 5 之外，还可以将光杆动词并列看作一个词形操作。但这种方法的缺点是，所产生的序列复合动词带来稀疏性。

6. 动词从属 (VSB)

动词从属 (VSB) 与光杆并列动词 (VCD) 不同，其中 VCD 中动词之间存在明显的并列，而动词从属的两个动词展现一个清晰的修饰语-中心语关系，例如 (2-31) 是一个典型的动词从属。

(2-31) 介绍说

在汉语的 CCG 分析中，我们将动词从属 (VSB) 看作修饰语，其中第一个动词的范畴是 VP/VP，用来修饰第二个动词。

2.3.2 控制动词与情态动词

在一个嵌套的从句中，控制动词的次范畴化（subcategories）指的是主语和控制动词的论元是同指（coindex）的。对于主语控制动词的情形（如"鼓励"），嵌套从句中的主语和控制动词的主语指代同一个对象，对于宾语控制动词的情形（如"批准"），而嵌套从句的主语是与控制动词的补足语指代同一个对象。

一些主语控制动词，例如"准备"，仅是嵌套从句的次范畴。另外的词，例如"鼓励"，除了是嵌套从句的次范畴，也是 NP 的次范畴。

在组合范畴语法的分析中，主语和宾语控制是完全不同的构造，它们之间依赖关系相去甚远，仅仅通过中心词范畴建立起联系。这些依赖性通过中心词属于控制动词的那部分生成。

宾语控制从属于这个范畴：

鼓励 ⊢ ((S [dcl]$_n$ \ NP$_y$) / (S [dcl]$_n$ \ NP$_z$)) / NP$_z$

根据次范畴不同，主语控制动词从属于下列两个范畴之一：

准备 ⊢ (S [dcl]$_n$ \ NP$_y$) / (S [dcl]$_n$ \ NP$_y$)

批准 ⊢ ((S [dcl]$_n$ \ NP$_y$) / (S [dcl]$_n$ \ NP$_z$)) / NP$_y$

情态动词和双位置主语控制动词并不具有同一依赖性，根据基础理论，情态动词被视作 VP 的次范畴，在我们的分析中，情态动词和二价主语控制动词属于同一范畴：

应当 ⊢ (S [dcl]$_n$ \ NP$_y$) / (S [dcl]$_n$ \ NP$_y$)

2.3.3 "被"字句

被字句分为两种结构。一种结构是长"被"字句结构，如（2-32）a 所示。另一种结构是短"被"字句结构，如（2-32）b 所示。

(2-32)

a. 张三被李四打了。

b. 张三被打了。

1. 长"被"字句结构

在长"被"字句结构中，被字句的 NP 补足语与它的 VP 补足语的主语之间是共指的,这形成远距离依存。参考冯胜利对"被"字句的分析,被字句是 S 的次范畴,"被"的次范畴是一个宾语-空位的成分:

[空位 长被] ⊢ (S [dcl] \ NP$_p$) / (S [dcl] /NP$_p$)

[非空位 长被] ⊢ (S [dcl] \ NP) /S [dcl]

针对(2-32)a 所示的长"被"字句的 CCG 分析如(2-33)所示。

(2-33)张三被李四打了。

```
张三         被                   李四              打             了
──   ──────────────────      ──────        ─────────────   ───────────
NP   (S[dcl]\NP)/(S[dcl]/NP)    NP          (S[dcl]\NP)/NP   (S\NP)\(S\NP)
                              ───────  >T
                              S/(S\NP)
                              ──────────────────────────  >B
                                       S[dcl]/NP
             ─────────────────────────────────────────── >
                          S[dcl]\NP
             ────────────────────────────────────────────────────────── 
                                    S[dcl]\NP                             <
──────────────────────────────────────────────────────────────────────── <
                                   S[dcl]
```

2. 短"被"字句结构

短"被"字句结构和长"被"字句结构表面上很类似,前者只是后者将施事 NP 删去的版本。

"被"的范畴在组合范畴语法中归于及物动词的次范畴,有着共同的中心语索引和及物动词的源主语。

<空位 短被> ⊢ (S [dcl] \ NP$_p$) / ((S [dcl] \ NP) /NP$_p$)

(2-34)给出了一个空位的短"被"字句的 CCG 分析示例。

(2-34)张三被打。

```
张三           被                              打
──   ──────────────────────────      ───────────────
NP   (S[dcl]\NP$_p$)/((S[dcl]\NP)/NP$_p$)   (S[dcl]\NP)/NP$_y$
     ──────────────────────────────────────────────── >
                         S[dcl]\NP$_p$
──────────────────────────────────────────────────── <
                           NP
```

除了空位的短"被"字句,还有非空位的短"被"字句,如(2-35)所示。

(2-35)张三被打断了一条腿。

非空位短"被"字句结构的范畴是:

<非空位短被> ⊢ (S [dcl] \ NP$_p$) / (S [dcl] \ NP)

2.3.4 "把"字句

"把"字句结构的特征是通过引入助动词"把",将受事论元提升到动词之前的位置。例如,在(2-36)中的"把"字句中,受事论元"垃圾"成为"把"的补足语。

(2-36)
a. 我扔掉了垃圾。
b. 我把垃圾扔掉了。

不像"被"字句结构,"把"没有短句的形式。但是,"把"字句和长"被"字句结构都有空位和无空位的情形。在有空位的"把"字句中,就像是在被字句中,"把"和"被"的补足语与从句的空位都指代同一个对象,如(2-37)所示。

(2-37) 我把垃圾$_i$扔掉了 t_i。

在无空位的情形下,在从句补足语部分没有空位,但是在"把"字句的补足语和从句动作的补足语部分之间的有着"关旨"的关系,如(2-38)所示。

(2-38) 把目光投向香港

上述情形使得我们反对将"把"字句中的"把"+NP 作为短语成分分析,否则就会制造(2-39)这样的不自然语句。

(2-39) 我把垃圾和把白纸扔在一起

我们将"把"字句赋予两种范畴指派:

<空位 把> ⊢ ((S [dcl] \ NP$_a$) /TV$_{a,p}$) /NP$_p$

<非空位 把> ⊢ ((S [dcl] \ NP$_a$) / (S [dcl] \ NP$_a$)) /NP

小结一下,涉及动词的 CCG 范畴分析中,我们增加了一个原子范畴,如表格 8 所示。

表格 8   涉及动词短语的原始范畴补充

原子范畴	含义	举例
O	离合词中的宾语	饭

此外，为分析双及物动词和光杆动词并列等现象，增加了一些派生规则，如表格 9 所示。

表格 9 涉及动词短语相关的派生规则

增加的规则	分析的现象
$(Y/Z) /\$_1 \quad X \backslash Y \Rightarrow (X/Z) /\$_1$	双及物动词
$(S[dcl] \backslash NP) \$_1 \ (S[dcl] \backslash NP) \$_1 \Rightarrow (S[dcl] \backslash NP) \$_1$	光杆动词并列

2.4 标点与并列的范畴分析

2.4.1 并列现象

CCG 非常适合描述类似非成分并列和论元簇并列等并列现象。

1. 并列的语法

并列结构约束（CSG）认为并列在同种类型成分中是可能的。CSG 反映到 CCG 中便可以演绎为在同类型范畴之间是可并列的。

规则 6（右分支二分并列 RBC）

$$X \ X[conj] \Rightarrow X$$
$$Conj \ X \Rightarrow X[conj]$$

2. 并列词汇化

另外一种分析并列的方式并不是添加规则 6 这样的组合规则，而是为并列词指派一个形如 $(X \backslash_* X) /_* X$ 的范畴，我们将这种方式称为"并列词汇化"。并列词汇化除了规则最小化之外，另外的一个作用是通过词汇，可以表达不同的并列词之间的区别。例如，在英语中，并列词"and"能够并列任意类型的并列项，然而，有些语言，类似日语这样的语言，则要求用不同的并列词并列不同的类型。在汉语中，一些并列词，例如"并"，只能够并列 VP，情形如（2-40）所示。

（2-40）在世界上率先研究成功，并具有国际先进水平。

汉语中主要的并列词如表格 10 所示。

表格 10　　　汉语中主要的并列词及并列项类型

并列词	能并列的词类
和	所有
与	所有
及	所有
以及	所有
并	VP、IP
或	所有
至	NP、QP
而	VP、IP
到	QP、NP
并且	VP、IP
又	VP
也	VP
跟	NP

在词法化并列词分析中，指派到每个并列词的范畴编码所能够并列的并列项的类型，这种方式允许对词汇进行精细区分。

汉语中具有两个析取并列词，"还是"和"或者"。由"或者"分割的析取被解释为逻辑析取，而由"还是"分割的析取只能够被解释为选择问句，哪一个析取项使得命题为真，或者作为"无论"从句的补语。具体情形如（2-41）所示。

(2-41)

a. 你喜欢绿色或者蓝色吗？喜欢。

b. 我喜欢绿色或者蓝色。

c. 你喜欢绿色还是蓝色？喜欢蓝色。

d. *我喜欢绿色还是蓝色？

e. 无论贫穷还是富有，健康还是疾病。

"还是"强迫句子成为一个问句。并列词"还是"可以赋予其并列项一个特征 [whc]。这样，动词必须携带范畴（s [q] \ NP）/NP [whc]，如（2-42）所示。

(2-42) 你喜欢绿色还是蓝色？

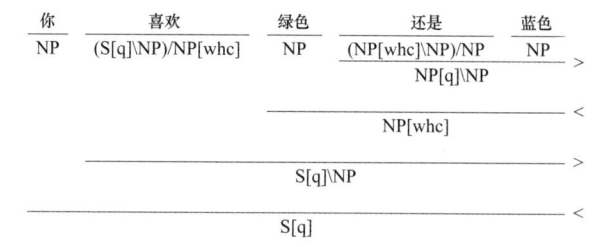

```
你         喜欢                  绿色      还是                  蓝色
NP    (S[q]\NP)/NP[whc]          NP   (NP[whc]\NP)/NP          NP
                                              NP[q]\NP              >
                                      ─────────────────────────
                                              NP[whc]               <
                                ─────────────────────────────────
                                              S[q]\NP               >
                      ───────────────────────────────────────────
                                              S[q]                  <
```

这样类似"无论"这样的词，引入一个无论-从句，其范畴为（S/S）/NP［whc］。

类似汉语这样的语言，由于并列词对于不同并列项选择不同类型，其中的并列词语义有所不同，因此更适合采用并列的词汇法进行分析。

3. 右节点提升

"右节点提升（RNR）"指的是在多个函项之间共享一个右论元。具体情形如（2-43）所示。

(2-43)

a. 草案也提出国家要禁止、限制出口珍贵木材。

b. 武装森林警察部队执行预防和扑救森林火灾的任务。

在（2-43）a中，"禁止"与"限制"两个动词共享同一个论元，即"出口珍贵木材"。在（2-43）b中，"预防"与"扑救"两个动词共享同一个论元，即"森林火灾"。

右节点提升受到"全面"（across-the-board）条件的约束，所谓"全面"条件，指的是并列节点所连接的元素必须出现在每个并列项中。CCG通常是在相类似范畴的单元中进行并列操作。（2-43）b的右节点提升部分的CCG分析如（2-44）所示。

(2-44)

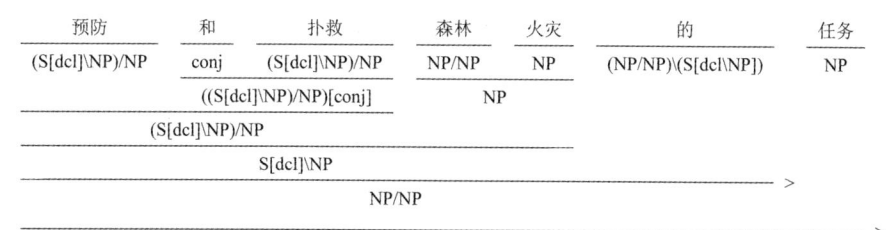

```
预防            和            扑救           森林    火灾      的              任务
(S[dcl]\NP)/NP  conj  (S[dcl]\NP)/NP   NP/NP    NP   (NP/NP)\(S[dcl]\NP)    NP
                      ((S[dcl]\NP)/NP)[conj]          NP
                ─────────────────────────────
                      (S[dcl]\NP)/NP
                ─────────────────────────────────
                          S[dcl]\NP
        ──────────────────────────────────────────────────────────────                  >
                                      NP/NP
        ──────────────────────────────────────────────────────────────────────          >
                                        NP
```

4. 论元簇并列（Argument cluster coordination）

汉语中论元簇并列的构造如（2-45）所示。

（2-45）开发油田三百五十个，气田一百一十个。

```
开发         油田              三百五十个                     气田              一百一十个
QDTV         NP                QP                      conj  NP                QP
         QTV(QTV/NP)   <T   VP\QTV   <T                  QTV\(QTV/NP)       VP\QTV
                 VP\QDTV              <B                         VP\QDTV                <B
                                                VP                                         <
```

在（2-45）中，我们将（S［dcl］\ NP）/QP 缩写为 QTV，将 QTV/NP 缩写为 QDTV。由于两个论元簇具有相同的范畴，即 VP\QDTV，它们是并列的。论元簇同时消耗不及物动词 QDTV。

5. 不同类并列短语

不同类并列是一种在句法上类型不同的并列项之间的并列，如（2-46）所示。

（2-46）中国经济和利用外资

在（2-46）中，"利用外资"具有动词谓语形式，同时也与"中国经济"并列，其范畴应该为 NP。为了解决这个范畴指派的问题，可以采用二元类型变更规则。

规则 7（不同类并列规则模式 DCC）

$$\text{conj } Y \Rightarrow X［conj］$$

其中 X 和 Y 是可以并列的不同类型。

基于规则 7，（2-46）的 CCG 分析如（2-47）所示。

（2-47）

```
中国      经济         和         利用              外资
N/N       N          conj      (S[dcl]\NP)/NP      NP
     N            >                 S[dcl]\NP                  >
     NP                                NP
                                   NP[conj]
                        NP
```

2.4.2 标点符号

在 CCG 中，我们通常使用吸收分析来将标点符号附着在派生层次上，使得修饰的范畴不变。

规则 8（标点符号吸收规则）

对于任何吸收的标点符号范畴 a，和任意范畴 X：

$$a\ X \Rightarrow X\ (LRB\ 左吸收规则)$$

$$X\ a \Rightarrow X\ (RRB\ 右吸收规则)$$

汉语中常用的吸收标点如表格 11 所示。

表格 11　　　　　汉语中常用的吸收标点

符号	描述
，	逗号
。	句号
"	左　双引号 Open double quote
"	右　双引号 Close double quote
：	冒号
（	左　圆括号 Open round bracket
）	右　圆括号 Close round bracket
》	右　书名号 Close double chevron
《	左　书名号 Open double chevron
；	分号
？	问号
！	感叹号
'	左　单引号
'	右　单引号

1. 逗号作为语句修饰符

在汉语中，两个完整语句的并列蕴含着第一个和第二个语句之间的因果关系，这种因果关系可能是反事实的，如（2-48）所示。

（2-48）没有和平环境，任何建设事业都无从谈起。

当两个语句由一个逗号隔开，我们能够将逗号分析为引入语句修饰符的函子。针对（2-48）的语句，其 CCG 分析如（2-49）所示。

(2-49)

$$\frac{\frac{\text{没有和平环境}}{S[dcl]} \quad \frac{,}{(S/S)\backslash S[dcl]}}{\frac{S/S}{S[dcl]}} < \quad \frac{\text{任何事业都无从谈起}}{S[dcl]}$$

2. 括号

汉语中的括号表达式可以视为一个短语范畴，且有对偶的标点符号封装的短语。典型的括号表达式如（2-50）所示。

(2-50) 一千一百九十四个县（市）

我们将右括号采用规则 8 中的右吸收规则，而左括号的范畴指派（NP \ NP）/NP：

）⊢ 右吸收规则

（⊢ （NP \ NP）/NP

(2-50) 中的标点范畴的 CCG 分析如（2-51）所示。

(2-51)

$$\frac{\text{县}}{NP} \quad \frac{(}{(NP\backslash NP)/NP} \quad \frac{\frac{\text{市}}{NP} \quad)}{NP} \text{RRB}$$

$$\frac{NP\backslash NP}{NP} >$$

$$\frac{}{NP} <$$

小结一下，为分析并列和标点等语言现象，在汉语 CCG 分析中增加规则如表格 12 所示。

表格 12　　　　　　分析并列与标点所增加的规则

增加的规则	分析的现象
X X [conj] ⇒ X conj X ⇒ X [conj]	右分支二分并列
conj Y ⇒ X [conj]	不同类并列规则模式
a X ⇒ X X a ⇒ X	标点符号吸收规则

2.5 句子层面的范畴分析

在汉语的句子层面，我们考虑"是与否（极性）问题""直接引用语句"及其他的 CCG 分析。

1. 是与否疑问句

在汉语中，通过在句子结尾处增加一个疑问词"吗"，便可以从一般陈述句构造一个是与否的疑问句。汉语极性问题并不影响词序变化，也不作为嵌套短语，因此我们分析助动词"吗"作为从陈述语句到极性语句的函项。一个典型的是与否疑问句的 CCG 分析如（2-52）所示。

（2-52）孩子们累吗？

```
孩子们      累         吗         ?
─────   ─────────   ──────────   ─
  NP    S[dcl]\NP   S[q]\S[dcl]  .
        ─────────────────── <
              S[dcl]
        ──────────────────────────── <
                    S[q]
        ────────────────────────────────── <
                    S[q]
```

2. 直接引用的语句

针对前置直接引语的 CCG 分析，我们可以应用话题化组合规则。

规则 9（话题化组合规则 TZC）

$$S[dcl] \Rightarrow S/(S/S[dcl])$$

（2-53）是一个典型的前置直接引语。

（2-53）总之不是台湾，喻肇青说。

```
  总之不是台湾      喻肇青             说
  ──────────     ─────────    ──────────────────
    S[dcl]       S/(S\NP)     (S[dcl]\NP)/S[dcl]
  ──────────                  ──────────────────
   S/(S/S)                        S[dcl]/S[dcl]
                ──────────────────────────────
                            S[dcl]
```

除了前置直接引语之外，还存在一类不连续的引语，如（2-54）所示。

（2-54）"我相信，"张三说，"你们会成功"。

$$\frac{\underline{\text{我相信}}\quad \underline{\text{张三说}} \quad \underline{\frac{\text{你们会成功}}{S[dcl]_{成功}}}>T}{S[dcl]_{相信}/S[dcl]_w \quad S[dcl]_{说}/S[dcl]_z \quad \overline{S[dcl]_y\backslash(S[dcl]_y/S[dcl]_{成功})}}>B_\times$$

$$\frac{\qquad\qquad\qquad S[dcl]_{说}\backslash(S[dcl]_y/S[dcl]_{成功})\qquad\qquad\qquad}{S[dcl]_{说}}<y=z>$$

2.5.1 代词脱落（pro-drop）

代词脱落（pro-drop）指的是在论元位置中省略代词，在某些语言中它是符合语法的，例如土耳其语、意大利语、阿拉伯语、日语与汉语，而在另外一些语言中则不符合语法，例如英语、法语、荷兰语、德语。允许出现代词脱落的语言对允许代词脱落的论元位置有不同的限制。意大利语不允许间接代词和宾语代词的脱落，而阿拉伯语只允许主语的代词脱落。

在汉语中有不少代词脱落现象，具体如（2-55）所示。

(2-55)

a. 下雨了。

b. 张三经常吹嘘。

c. 每个人都希望健康。

汉语中代词脱落有两个特征：

（1）它在脱落的论元类型上是非常自由的，因为潜在的候选集合受语篇而非语法因素的限制。

（2）因为汉语并不展现一致性，通常只需要从句的主语和本身的主语指代一致。

从汉语CCG的分析来看，需要注意以下两点：

（1）汉语中描述性语句合适程度并不取决于动词，所有的动词都是候选者。

（2）所有动词的论元，并不仅是主语，都可以脱落。

第一点指出只能预测特定动词的论元脱落的转换可能生成不足，第二点指出，被选择的描述论元脱落机制必须有能力去除任何动词的论元。

分析代词脱落现象，我们仍然可以采取范畴法和规则法。

1. 范畴法

范畴法会根据动词脱落的论元来为动词指派不同的范畴。例如，一般的及物动词的规范范畴是（S［dcl］\ NP）/NP，汉语主语脱落的及物动词的范畴是 S［dcl］/NP，如（2-56）所示。

(2-56)

$$\frac{\overline{下}\quad \overline{雨}}{\underline{S[dcl]/NP\quad NP}}>$$
$$S[dcl]$$

当然，这里只是针对一个具体的范畴进行歧义变化，我们也可以建立从动词的规范范畴转换为代词脱落的动词范畴的变换模式：

$$(S[dcl] \backslash NP)\$1 \Rightarrow S[dcl]\$1$$

这种变换模式会导致数据稀疏问题，即一个动词如果没有在语料库中涉及代词脱落结构，它将永远不会被指派代词脱落范畴。另外的问题是，在这种分析下，任何动词的任何论元都允许有代词脱落，对于有 n 个论元的动词将会有 2^n 种不同的范畴。

2. 规则法

分析代词脱落，也可以采取增加规则的方法，我们允许动词范畴在解析时候用它们代词脱落的对应形式进行重写。

规则 10（主语脱落规则 SD）

$$(S[dcl] \backslash NP)/NP \Rightarrow S[dcl]/NP$$

使用类似规则 10 这样的一元规则将会增加分析器的歧义，因为每当分析器考虑一个规范动词范畴时，它就会产生代词脱落范畴。

2.5.2 关系从句的范畴分析

关系从句在汉语中较为普遍，如（2-57）就是一个典型的关系从句。

(2-57) 我买的书

修饰名词的从句（adnominal clause）　　　中心名词

我买　t_i　　　　　　　的　　　　　　书$_i$

　　　gap　　　关系词（relativiser）

汉语关系从句的构造是中心词后置的。在（2-57）中，中心词"书"同指修饰从句中的论元位置 t_i。特别地，关系从句的构造在汉语中也不排除多个层次，如（2-58）所示，书有两个修饰语，即"我买的"和"那本"，关系从句并不需要是最外层的。

（2-58）我买的那本书很好看

除了上述的情况，依据空位的有无和关系词的出现与否，共有四种可能的关系从句构造方式，如表格13所示。

表格13　　　　　　　　关系从句的构造

空位	关系词不出现	关系词出现
有	政府利用贷款	政府利用的贷款
无	政府利用贷款情况	政府利用贷款的情况

1. 无空位与有空位的"的"的构造

在汉语中，关系词"的"可以有空位，也可以无空位，如（2-59）所示。

（2-59）

a. 交流便利的两地

b. 俄军最后撤离德国的仪式在柏林举行。

$$[无空位关系词] \vdash (NP/NP) \backslash S[dcl]$$

2. 关系词出现与关系词不出现

汉语的关系从句也可以不出现显性关系词，如（2-60）所示。

（2-60）全省利用外国政府贷款。

为了描述（2-60）所示的情形，我们增加一种变更规则。

规则11（空关系词类型变更规则 TC）

$$S[dcl] \mid NP_y \Rightarrow NP_y \mid *$$

其中，"|"代表"\"或者"/"两种情形。$NP_y \mid *$ 代表一个集合 $\{NP_y \mid NP_y, (NP_z \mid NP_z)_y \mid (NP_z \mid NP_z)_y, \cdots\}$

基于规则11，针对（2-60）的示例，其范畴语法分析如（2-61）

所示。

(2-61)

全	省	利用	外国	政府	贷款
whole	province	utilise	foreign	government	loan
NP/NP	NP	(S[dcl]\NP)/NP	(NP/NP)/(NP/NP)	(NP/NP)/(NP/NP)	NP/NP

```
     NP                                                              >
─────────── >T
  S/(S\NP)
─────────────────────── >B                             NP/NP               >
        S[dcl]/NP
───────────────────────────── TC        ─────────────────────────────── >
        (NP/NP)/(NP/NP)                        NP/NP
─────────────────────────────────────────────────────────── >
                          NP/NP
```

2.5.3 "的"字句

"的"字结构是汉语中最为复杂、最为灵活的表达。除了前面提及的关系从句中的使用,"的"字在其他句子层面也有相应的使用。

1. 句尾助词"的"

将"的"字置于句尾,用于强调句子此前陈述的部分,这种"的"字通常视为句尾助词,具体示例如(2-62)所示。

(2-62) 有很多的意见大家要讨论的

```
  有很多的意见大家要讨论     的
  ───────────────────    ─────
          S              S\S     <
  ─────────────────────────────
                S
```

正如(2-62)所示,在这种情形下,为"的"指派的是一个 S\S 的句子补足语范畴。

2. 其他形式的助词"的"

除了作为句尾助词,"的"还可以出现在句子中间的位置,也用于强调句子之外的成分。这一类助词的典型示例如(2-63)所示。

(2-63) 同样的,在整容整型方面,男士也似乎被女性推着跑,许多男士就是被太太逼着去割双眼皮、抽脂。

```
    同样         的
  ──────────   ─────
  (S/S)/(S/S)   S/S   >
  ───────────────────
         S/S
```

正如(2-63)所示,在这种情形下,为"的"指派的是一个 S/S 的句子补足语范畴。

CCG 与其他范畴语法相比，尤其是与类型逻辑语法相比，其显著的特点在于对语言现象的关注。针对汉语中的一些特殊现象的分析，我们在原生 CCG 的基础上，对原子范畴和组合规则进行了扩展，构建了汉语组合范畴语法体系。

针对汉语中的量词、量词短语、方位词以及离合词中的宾语，增加了相应的原子范畴，具体情形如表格 14 所示。

表格 14　　　　　　　　汉语 CCG 中增加的原子范畴

原子范畴	含义	举例
M	量词	杆
QP	量词短语	二千三百八十一点五亿元人民币
LCP	方位词短语	全省百分之七十以上
O	离合词中的宾语	饭

针对汉语中的数词省略、同位语、并列、标点符号、话题化以及关系从句等现象，增加了对应的一些规则，具体情形如表格 15 所示。

表格 15　　　　　　　　汉语 CCG 中增加的规则

规则缩写	规则	分析的现象
ML	$M \Rightarrow NP/NP$	数词省略现象
NNA	$NP\ NP \Rightarrow NP$	NP – NP 同位
SNA	$NP \Rightarrow NP$	S – NP 同位
$<B_\times^n$	$(Y/Z)\ /\$_1\ \ X \backslash Y \Rightarrow (X/Z)\ /\$_1$	双及物动词
BVP	$(S\ [dcl]\ \backslash NP)\ \$_1$ $(S\ [dcl]\ \backslash NP)\ \$_1 \Rightarrow (S\ [dcl]\ \backslash NP)\ \$_1$	光杆动词并列
RBC	$X\ X\ [conj] \Rightarrow X$ $conj\ X \Rightarrow X\ [conj]$	并列
DCC	$conj\ Y \Rightarrow X\ [conj]$	不同类型的并列
LRB	$a\ X \Rightarrow X$	标点符号
RRB	$X\ a \Rightarrow X$	标点符号

续表

规则缩写	规则	分析的现象
TZC	S [dcl] ⇒ S/ (S/S [dcl])	话题化
SD	(S [dcl] \ NP) /NP ⇒ S [dcl] /NP	主语脱落
TC	S [dcl]	NP_y ⇒ NP_y	*	空关系词

2.6 形式语义分析

组合范畴语法（CCG）被广为推崇的一个优点便是语法与语义的透明性，即通过 CCG，能够实现语法与语句的并行推演。范畴组合规则和语义规则实质上是一一对应的，如表格 16 所示。

表格 16　　　　CCG 中范畴与语义规则严格对应

规则类型	范畴规则	对应的语义规则	缩写
应用	X/Y Y ⇒ X	$fa \to fa$	(>)
	Y X\Y ⇒ X	$af \to fa$	(<)
函项组合	X/Y Y/Z ⇒ X/Z	$fg \to \lambda x.f(gx)$	(>B)
	X/Y Y\Z ⇒ X\Z	$fg \to \lambda x.f(gx)$	$(>B_\times)$
	Y\Z X\Y ⇒ X\Z	$gf \to \lambda x.f(gx)$	(<B)
	Y/Z X\Y ⇒ X/Z	$gf \to \lambda x.f(gx)$	$(<B_\times)$
类型提升	X ⇒ T/ (T\X)	$a \to \lambda f.fa$	(>T)
	X ⇒ T\ (T/X)	$a \to \lambda f.fa$	(<T)
替换	(X/Y) /Z Y/Z ⇒ X/Z	$fg \to \lambda x.fx(gx)$	(>S)
	(X/Y) \Z Y\Z ⇒ X\Z	$fg \to \lambda x.fx(gx)$	$(>S_\times)$
	Y\Z (X\Y) \Z ⇒ X\Z	$gf \to \lambda x.fx(gx)$	(<S)
	Y/Z (X\Y) /Z ⇒ X/Z	$gf \to \lambda x.fx(gx)$	$(<S_\times)$

CCG 通常可以进行句法与语义并行推演，如（2-64）所示。

(2-64) Utah borders Iaho

Utah：= NP：utah

Idaho：= NP：idaho

borders：= (S \ NP) /NP：λx. λy. borders (y, x)

Utah	boders	Idaho
NP:utah	(S\NP)/NP:λx.λy.borders(y,x)	NP:idaho
	(S\NP):λy.borders(y, idaho)	
	S:borders(utah,idaho)	

2.6.1 基于CCG的语法与语义界面理论

语法与语义界面的问题与对语言结构的认识有着紧密的关系。在早期，人类对自然语言的理解是一体的，并不很严格地区分语法与语义。尤其是在乔姆斯基提出句法结构之前，语法与语义界面的问题并没有显露出来，也并没有作为一个严肃的科学主题受到过关注。在乔姆斯基的句法结构革命之后，语法与语义界面如同冰山一般逐渐露出了海平面。

乔姆斯基的转换生成语法通过形式语法工具，将散落在盘子中的语言珍珠用形式语法这根金线穿起来。通过语法的表层结构和深层结构的划分，人类似乎找到了理解语言的钥匙。基于转换生成语法，通过将否定和疑问语素加入深层结构中，杰罗德·卡茨（Jerrold Katz）和杰里·福多（Jerry Fodor）认为只需要通过深层结构便可以确定句子的意义。在1965年左右，人们普遍对卡茨－珀斯特假说持有乐观的态度，所谓卡茨－珀斯特假说是："语义解释依赖于深层结构，即使我们对语义的本质还不深了解，但是语法与语义界面是相当直接的。"

卡茨－珀斯特假说让人类对语言的理解进入一个伊甸园时期，用简洁而优美的句法形式就能勾画出如此丰富美妙的自然语言，无论是其形式或者其意义都完全在人类的掌握之中。

然而，很快地，量词辖域歧义问题就暴露出转换生成与语义之间的问题，并击破了卡茨－珀斯特假说。这里的量词辖域歧义问题涵盖反身代词、等名消除（Equi－NP Deletion）和并列缩略（Conjunction Reduction）等不同情形，具体如（2－65）至（2－70）所示。

(2－65)

a. 张三投了自己一票。

b. 张三投了张三一票。

（2-66）

a. 每个人都投了自己一票。

b. 每个人都投了每个人一票。

（2-65）表明反身代词的转换规则在应用到专名（"张三"）的情况下是意义保持的，然而当应用到（2-66）量化名词短语（"每个人"）的时候却并不是意义保持的。

（2-67）

a. 张三想要获胜。

b. 张三想要张三获胜。

（2-68）

a. 每个人都想要获胜。

b. 每个人都想要每个人获胜。

（2-67）表明对于专名而言，等名消除的转换规则应用后，意义保持不变，然而在（2-68）中等名消除的转换规则应用到量化名词短语时意义却发生变化。

（2-69）

a. 3既是偶数又是奇数。

b. 3是偶数，并且3是奇数。

（2-70）

a. 没有数既是偶数又是奇数。

b. 没有数是偶数，并且没有数是奇数。

（2-69）和（2-70）展示出并列缩写缩略规则的意义保持性应用在专名和量化短语中有所不同。

（2-65）至（2-70）所展现的问题核心是转换生成与语义之间的问题，语义的问题已经不能完全由深层结构所确定。这个时候，原本在卡茨-珀斯特假说中明晰的语法-语义界面又变得模糊起来了。由于这个问题，引发了语言学史上著名的一场语言学战争[①]，其中一派是生成语义学派，另一派是解释语义学派。战争的结果并不是一派战胜另一派，而

[①] Harris Randy Allen, *The Linguistics Wars*, Oxford: Oxford University Press, 1995, p. 105.

只是将人类从由卡茨－珀斯特假说所构筑的语言伊甸园中驱逐出来。人类又一次被语法与语义之间模糊而难以琢磨的界面所困扰。

蒙太格语法使得人类又一次重新认识语言，相比于乔姆斯基的句法结构革命，这一次的认识转向对语义有了一个全新的认知。蒙太格提出语法实际上是一种"形式"的代数，语义是一种"意义"的代数，且在句法代数和语义代数之间存在着一种同构关系。这种语言观重塑了语法与语义的界面。

此外，蒙太格语法对与语法与语义界面研究的最主要的贡献是技术层面。蒙太格语法对于语法与语义的界面提供了两个至关重要的技术工具：一个是 Lambda 演算，另一个是将内涵视为高阶函项。

在蒙太格语法之前，通常采用一阶逻辑来描述自然语言。然而，一阶逻辑的表达能力与自然语言相比实在是差距甚远。通常，我们使用一阶逻辑与自然语言的照应如表格 17 所示。一阶逻辑通常主要能够刻画一般的动词、通用名词、形容词、专名等，然而对于限定词、量词、介词、副词以及相关的一些短语，一阶逻辑都不能很好地进行刻画。

表格 17　　　　　　　一阶逻辑与自然语言之间的照应

一阶逻辑		自然语言
公式		语句
谓词		动词、通用名词、形容词
项	常量	专名
	变量	代词
		动词短语、名词短语、通用名词短语、形容词短语、限定词、介词、介词短语、副词

然而，当有了 Lambda 演算和高阶函项，刻画自然语言的方法丰富了很多。Lambda 演算为函项表示提供了重要的基础，在以往的函项中，有一些复杂语句是不能给出其组合语义。

通过 Lambda 演算，可以在不依赖于论元的前提下，提供指称函项的一种方法，因此可用于为类似量化限定词设计合理的语义。以（2－71）

为例，我们可将"每个"翻译为一个二阶二价函项，并通过与"人"这个通用名词组合产生广义量词指称。Lambda演算为分离复杂表达式的意义提供了方法，明确了一个从自然语言语法到语义翻译的组合式过程，为语法树的每一个节点都指派一个合适的意义。

(2-71) 每个人都在读书。

‖每个‖ = λPλQ∀x [P(x)→Q(x)]

‖每个人‖ = λQ∀x [MAN(x)→Q(x)]

‖每个人‖(‖在读书‖) = λQ∀x [MAN(x)→Q(x)]
(λx. reading(x))

= ∀x [MAN(x)→reading(x)]

蒙太格语法无疑是里程碑式的，其影响也极为深远。实际上，蒙太格语法并没有完全地实现蒙太格为形式语法和自然语言构筑一个统一文法的梦想，然而它却对逻辑学，尤其是数理逻辑和语言学的融合起到了奠基性的作用。① 对于语法与语义界面的问题，蒙太格语法也并没有给出最终的答案，然而它将语法和语义分别视为两个自治的系统，且彼此存在着紧密关联（同构）的这一观点为后人对待语法与语义提供了非常关键的启示。虽然语法与语义界面的问题犹如荆棘一般，仍布满在人类通往语言理解的路途中，然而人类手上已经持有数理逻辑的利刃，一路披荆斩棘。

在蒙太格语法之后，如果我们认为语法和语义都是自治的，那么语法与语义的界面问题突出地表现在语法与语义的不匹配。而语法与语义的界面理论本质上都是对这些不匹配的消解方法。比较常见的语法与语义界面的现象包括论元识别、量化、歧义等。

1. 论元识别问题

在一般情形下，在语态和逻辑语义词汇之间存在一个非常清晰的照应。我们可以将一个专有名词翻译或者解释为一个个体，将带有一个主体和n个补语的动词翻译或者解释为带有n+1个论元的函项，如（2-

---

① 在蒙太格语法之后，国际上逐步形成了一门名为"形式语义学"的逻辑与语言的交叉学科。

72）所示。

（2-72）张三喜欢王芳。

喜欢（张三，王芳）

句法结构与语义结构非常不同。即使我们能够标识出词与其意义之间的映射，我们知道整个语句的真值条件，我们仍然没有谓词-逻辑公式的子表达式，照应动词短语节点的意义。语法与语义的界面需要确保直接宾语的指称与谓词"喜欢"的第二个语义论元槽关联，同时主语指称必须与第一个论元槽相关联。

论元标识的另一个问题是当谓词的语义元并不对应句法价，如（2-73）所示。

（2-73）张三看上去很疲惫。

看上去（疲惫（张三））

从表层而言，张三是看上去的主语，然而张三又不是谓词看上去的语义论元。

2. 量化问题

一般情形下，动词的句法依存成分被翻译为动词的语义论元。然而，当依存成分是量化的，如（2-74）所示。

（2-74）每个人都在读书。

a. Forall（reading）

b. $\forall x\ [man\ (x) \rightarrow reading\ (x)]$

其中，动词的翻译被视为主语的语义论元。因此我们可以假设"每个人"翻译为高阶谓词 Forall，它将一个一阶谓词"reading"作为其论元。在（2-74）b 这个标准的谓词逻辑翻译中，主语的语义贡献分散在整个表达式中。然而，主语的一部分被视为"reading"的论元，同时 reading（x）这一公式却处于量化词 $\forall$ 的辖域中。

3. 辖域歧义

在自然语言中，歧义现象是比较普遍的。（2-75）是一个典型的辖域歧义。

（2-75）每个学生都在编写某个程序。

a. $\forall x\ (\lambda x.\ student\ (x) \rightarrow \exists y\ (\lambda y.\ (program\ (y) \land wrote\ (x, y)))$

b. $\exists x\ (\lambda x.\ program\ (x)\ \wedge\ \forall y\ (\lambda y.\ student\ (y)\ \rightarrow\ wrote\ (y,\ x)))$

对于同样一句话,由于量词所采用的辖域宽窄不同就产生了不同的解读。(2-75) a 中 "每个学生" 中的 "每个" 采取了宽辖域,而 "某个程序" 中的 "某个" 处于 "每个" 的辖域范围内。这样的解读表明每个学生可能都在编写完全不同的程序。(2-75) b 中 "某个程序" 中的 "某个" 采取了宽辖域,而 "每个学生" 中的 "每个" 处于 "某个" 的辖域范围内。这样的解读表明所有学生都在编写同一个程序(比方说求 100 的阶乘)。

量词辖域歧义问题是语法与语义界面中普遍存在的一个重要现象,我们还可以列举一些相关的例子,如(2-76)所示。

(2-76)

a. 大多数语言学家会讲两种语言。

b. 所有男生都喜欢某个篮球运动员。

c. 所有程序员都会用一种程序语言进行编程。

任何的语法与语义界面理论都是一种将语法分析与语义分析关联的理论。在乔姆斯基和蒙太格的工作后,对于语法与语义界面的研究蓬勃发展。然而,总体而言,在语法与语义界面的理论有两条比较主要的进路:一条是以词汇为中心的词汇主义路线,另一条是以句法为中心的句法主义路线。

词汇主义路线的代表是范畴语法。莫特盖特(Moortgat)对范畴语法的语法与语义界面观做过总结:"范畴类型逻辑对于形式与语义之间的关系给出一个高度透明的观点:语义解释能够直接通过证明获取,同时证明也构建了表达式的良型(可生成)。组合性原则以一种特别严格、纯粹演绎的形式实现,没有为规则到规则所规定的意义指派遗留任何空间。"[1]

组合范畴语法就是其中一个典型的基于词汇的形式化理论。

句法主义路线的代表是乔姆斯基学派的转换生成语法以及 LF,采用透明逻辑形式。在 LF 方法中,句法被视为句法表征集合,从深层(D)

---

[1] Moortgat M, "Categorial Type Logics", Johan van Benthem and Alice ter Meulen, eds., *Handbook of Logic and Language*, North Hollan: Elsevier, 1997, pp. 93-177.

结构出发,被映射为表层(S)结构,然后再被同时映射为音素形式(Phonological Form)和 LF。这些表征是句法树。这种语法与语义界面观点给我们提供一个明确的界面层次以及理论假设,它们可以通过句子的 S 结构产生。理想情况下,从 S 结构到 LF 的映射操作与从 D 结构到 S 结构所需要的操作非常相似。

LF 具有一个模型论解释。按照冯·斯特霍(von Stechow)的说法,我们假定一个语句的 LF 能够直接通过一个相对简单的组合性假设来解释。即词项元素的解释在词库中给出,短语节点的解释是对其直接孩子节点解释的组合结果,其中组合通常是采用函项应用,但也允许一些其他的操作。

句法主义路线在语义方面,通常假定某种版本的蒙太格内涵逻辑,例如加林(Gallin)所开发的内涵逻辑。通常将词解释为复杂函数,使用 Lambda 项来陈述。由于采取的具体 LF 形式不同,句法主义也存在很多的类型,然而整体上而言,句法主义相较于词法主义有两点不同。一是句法主义普遍允许在句法层次有更多的抽象。另一点不同是句法主义倾向于在句法生成的过程中消解语法与语义的不匹配。

我们以量词辖域歧义的消解为例,来阐释词汇主义与句法主义在处理语法与语义界面问题中的异同点。(2-77)是一个非常典型的量词辖域的歧义句。句法主义方法主要采用量词提升的方法,而词法主义方法采用的是丰富词库和语义本体的方法。①

(2-77)每个学生阅读某篇论文。

1. 句法主义方法

在透明 LF 方面中,QR 可以将宾语量化词置于主语量化词的辖域内或者辖域外,产生两个消歧的 LFs,这两个 LFs 反过来产生两个真值条件完全不同的解释,具体如(2-78)所示。

(2-78)

a. LF1:[每个学生 λ_1 [某篇论文 λ_2 [t_1 阅读 t_2]]]

$\forall x\ [student\ (x) \to \exists y\ [paper\ (y) \land read\ (x, y)]]$

---

① 陈鹏:《语法与语义接口理论的两条进路》,《逻辑学研究》2020 年第 2 期。

b. LF2：[某篇论文 λ_2 [每个学生 λ_1 [t_1阅读 t_2]]]

$\exists x [paper(x) \wedge \forall y [student(y) \rightarrow read(y, x)]]$

LF 分析为量化表达式产生所谓前束范式，其中所有的量化词出现在包含他们所约束变元的开放公式的前面。

2. 词法主义的方法

在词法主义路线中，以 CCG 为例，在对待（2-77）这样的歧义消解采用丰富词汇和语义本体的方法。我们将"每个"和"某篇"这样的量化词进行范畴类型提升，如（2-79）和（2-80）所示。

(2-79)

每个：= (T/ (T \ NP)) /NP：$\lambda P. \lambda Q. \forall x. (P(x) \rightarrow Q(x))$

每个：= (T \ (T/NP)) /NP：$\lambda P. \lambda Q. \forall x. (P(x) \rightarrow Q(x))$

(2-80)

某篇：= (T/ (T \ NP)) /NP：$\lambda P. \lambda Q. \exists x. (P(x) \wedge Q(x))$

某篇：= (T \ (T/NP)) /NP：$\lambda P. \lambda Q. \exists x. (P(x) \wedge Q(x))$

其中 T 是一个范畴变量。

经过类型提升，我们就可以并行地推演例（2-77）中的语句。具体推演如（2-81）所示。

(2-81) a 中将采用"每个"和"某篇"的类型同时提升，在语义上都成为论元为两个函数的高阶函数，类型都为 < <e, t>, <e, t>, t>。"每个学生阅读"组合后成为论元为个体的函数，类型为 <e, t>。"某篇论文"组合后仍然是论元为函数的高阶函数，类型为 < <e, t>, t>。最后将"每个学生阅读"作为论元传递给"某篇论文"就形成最终语法和语义推导。这个语义解读与（2-78）b 相同。

(2-81) b 中只是将"每个"进行类型提升。"每个学生阅读"的类型为 <e, t>，而"某篇论文"的语义类型为 e，最后将"某篇论文"作为论元传递给"每个学生阅读"就形成最终语法和语义推导。这个语义解读与（2-78）a 相同。

(2-81)

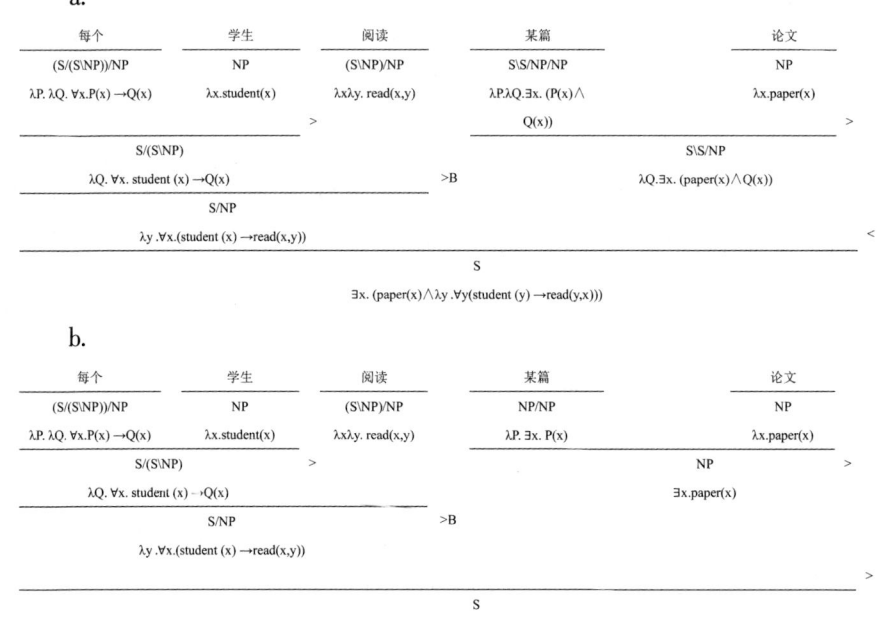

a.

每个	学生	阅读	某篇	论文
(S/(S\NP))/NP	NP	(S\NP)/NP	S/S/NP/NP	NP
λP.λQ.∀x.P(x)→Q(x)	λx.student(x)	λxλy.read(x,y)	λP.λQ.∃x.(P(x)∧Q(x))	λx.paper(x)

$$\lambda P.\lambda Q.\forall x.P(x)\rightarrow Q(x) \quad \lambda x.student(x) \quad \lambda x\lambda y.read(x,y) \quad \lambda P.\lambda Q.\exists x.(P(x)\land Q(x)) \quad \lambda x.paper(x)$$

S/(S\NP) >   λQ.∀x. student (x) →Q(x)

S/NP >B   λy.∀x.(student(x)→read(x,y))

S\S/NP   λQ.∃x. (paper(x)∧Q(x))

S <   ∃x. (paper(x)∧λy.∀y(student(y)→read(y,x)))

b.

每个	学生	阅读	某篇	论文
(S/(S\NP))/NP	NP	(S\NP)/NP	NP/NP	NP
λP.λQ.∀x.P(x)→Q(x)	λx.student(x)	λxλy.read(x,y)	λP.∃x.P(x)	λx.paper(x)

S/(S\NP) >   λQ.∀x. student(x)→Q(x)

S/NP >B   λy.∀x.(student(x)→read(x,y))

NP   ∃x.paper(x)

S >   ∀x[student(x)→∃y[paper(y)∧read(x,y)]]

弗雷格组合性原则是我们研究语义问题的基础。然而，对于弗雷格组合性原则不同的解读，我们会产生不同的语义理论，例如，关于什么意义？我们可以假设是模型论语义，也可以假设是其他类型的语义，关于意义的依赖方式，我们可以假设是函项应用，也可以假设是其他方式，同样地，还有对关于整体和部分的关系的解读。在各种解读中，我们可以看到有两条比较清晰的进路，一种是语言传统的进路，它以句法为核心，对意义的解释是各种"语义特征"的集合。另一条是逻辑传统的进路，它以词汇为中心，以真值条件作为语句的基本意义，部分与整体的组合方式就是函项应用。

处理语法与语义的不匹配问题是语法与语义界面理论的核心，句法主义和词汇主义的两条不同进路代表着对待语法与语义界面的两个不同方向。句法主义的进路偏重语法，将语义视为语法的一个影子，在遇到语法与语义的不匹配情形时，句法主义期望抽象语法，同时在句法生成过程中去解决不匹配。词法主义相对更平等地对待语法和语义，在遇到语法与语义的不匹配情形时候,词法主义期望通过丰富词汇或者语义本体来解决不匹配。

2.6.2 CCG 的语法与语义并行推理举例

除了上述介绍的对于量词辖域的处理,CCG 对其他语言现象也都能够在语义层面做出相应的处理。我们针对几个特殊的现象做几个举例说明。

1. CCG 对汉语中的宾语提取现象的处理

有了组合规则和类型提升规则,CCG 就有能力直接解释汉语中的宾语提取现象。

(2-82) 学生回答的问题

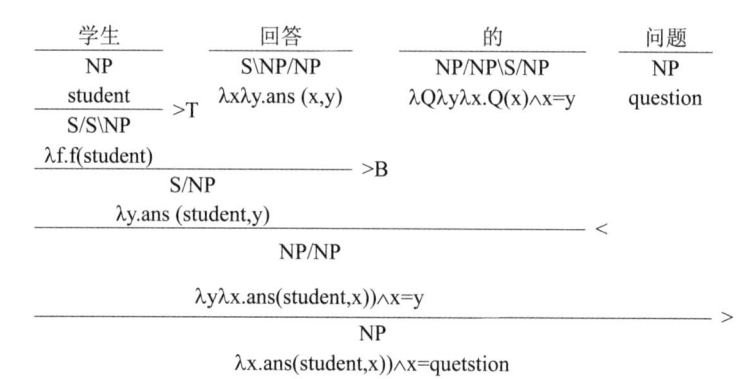

```
   学生              回答                 的                问题
    NP             S\NP/NP           NP/NP\S\NP            NP
  student       λxλy.ans(x,y)      λQλyλx.Q(x)∧x=y      question
  ─────── >T
   S/S\NP
  λf.f(student)
  ──────────────────────── >B
           S/NP
         λy.ans(student,y)
  ────────────────────────────────────── <
                   NP/NP
              λyλx.ans(student,x))∧x=y
  ──────────────────────────────────────────────────── >
                           NP
              λx.ans(student,x))∧x=quetstion
```

在上述例子中,我们对"学生"进行了类型提升,从 NP 提升为 S/S \ NP,然后与"回答"进行毗邻运算。

2. CCG 对汉语的重成分(heavy NP)移位现象的处理

在 CCG 中可以实现及物动词和助词的毗连推演,这样就能处理汉语的重成分移位现象。

(2-83) 张三吃了饭。

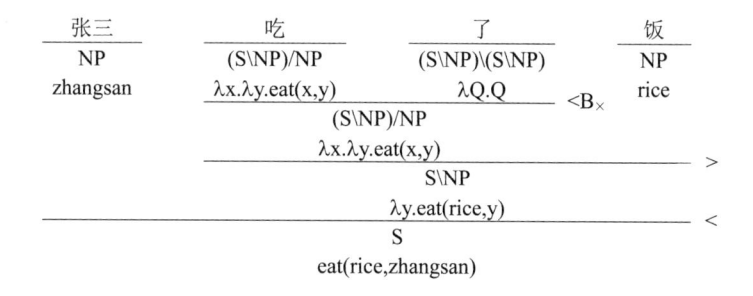

```
   张三           吃               了              饭
    NP         (S\NP)/NP       (S\NP)\(S\NP)      NP
  zhangsan    λx.λy.eat(x,y)       λQ.Q          rice
                ──────────────────────────── <Bx
                         (S\NP)/NP
                      λx.λy.eat(x,y)
              ────────────────────────────────────── >
                              S\NP
                          λy.eat(rice,y)
  ──────────────────────────────────────────────── <
                          S
                  eat(rice,zhangsan)
```

在(2-83)中,"吃"在吸收它的宾语"饭"之前先与助词"了"毗连,"了"的语义是一个高阶的同一函项。

3. 汉语话题句

复杂主语和宾语是指由带修饰成分的偏正短语充当的主语和宾语,其修饰成分和中心词都有话题化的可能。

(1) 主、宾语修饰语的话题化

(2-84)展示了复杂宾语修饰成分话题化语句的推演。

(2-84)你们班我最喜欢扬帆。

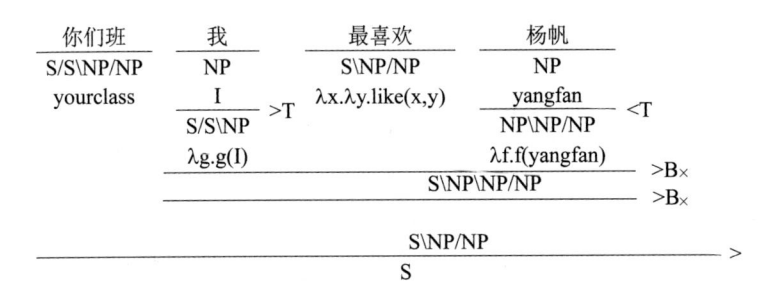

```
  你们班          我           最喜欢              杨帆
 S/S\NP/NP       NP          S\NP/NP              NP
 yourclass        I        λx.λy.like(x,y)       yangfan
              ─────── >T                       ─────────── <T
               S/S\NP                           NP\NP/NP
               λg.g(I)                          λf.f(yangfan)
              ──────────────────────────────────────────── >B×
                          S\NP\NP/NP                         >B×
              ──────────────────────────────────────────────
                              S\NP/NP
              ──────────────────────────────────────────────── >
                                 S
```

(2) 格成分的语法地位

除了主语、宾语和间接宾语以外,道蒂(Dowty)① 还讨论了许多其他的名词短语的语法关系,比如斜格关系(oblique relations),如受益者(benefactive)、工具(instrumental)和处所(locavtive)。就目前的分析,这三种情形与主语、宾语和间接宾语的地位是完全不同的,它们不是动词语义固有需要的论元,最好被当作不及物动词的修饰语。

介词有标引格的作用是一种共识,但这些斜格成分按照道蒂的论述毕竟与论元不同,最好分析为动词的修饰语,其范畴是 VP/VP。但在汉语中,由于斜格成分提升为话题,在范畴描写上还是存在这样一个问题,即这些修饰性成分是动词短语的修饰性成分还是全句的修饰性成分?也就是说它们的范畴是 VP/VP 还是 S/S?我们以(2-85)这个句子的生成

---

① Dowty. David R,"Grammatical Relations and Montague Grammar", In Pauline Jacobson and Geoffery K. Pallum, eds., *The Nature of Syntactic Representation*, Landon: D. Reidel Publishing Company, 1982, pp. 79-130.

过程为例做一个分析。

（2-85）软件，我是门外汉。

$$
\begin{array}{cc}
\underline{\text{软件}} & \underline{\text{我是门外汉}} \\
\underline{S/S\backslash S/S} & S \\
\lambda f.f(\text{software}) & \underline{\qquad\qquad} <T \\
& S\backslash S/S \\
& \underline{\lambda g.g(\text{sentence})} > \\
& S
\end{array}
$$

我们把修饰语的范畴描写为句子修饰语，同时句子"我是门外汉"的范畴 S 通过类型提升为 S\ (S/S)，这意味着虽然它在句法上是一个完整的句子，但是语义上依然对全句修饰语具有依赖性，而全句修饰语的句法语义信息必须刻画到这个句子中来。也可以说，类型提升使得全句状语同动词蕴含的主语、宾语一样成为句子的必有论元。

本章小结　回归自然语言的研究

通过汉语 CCG 的分析，我们可以得出一个结论，即逻辑的研究要回归自然语言的分析。

我国著名的逻辑学家周礼全先生早在 1993 年发表的《形式逻辑和自然语言》一文中就深入分析过自然语言的两个基本性质，并借此呼吁关注对自然语言逻辑的研究。在周礼全先生看来，自然语言有两个基本性质，一个是指谓性，另一个是交际性。一个语词表谓一个概念，一个语句表谓一个命题。概念和命题都是思想。语词所表谓的概念反映语词所指称的事物。语句所表谓的命题反映语句所指称的事物情况。①

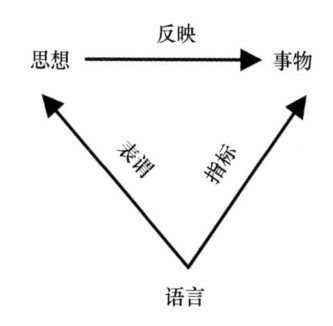

$$
\begin{array}{ccc}
\text{思想} & \xrightarrow{\text{反映}} & \text{事物} \\
& \nwarrow \text{表谓} \quad \text{指称} \nearrow & \\
& \text{语言} &
\end{array}
$$

---

① 周礼全：《形式逻辑和自然语言》，《哲学研究》1993 年第 12 期。

通过对语言的深入分析，周礼全先生最后说道："形式逻辑应该向自然语言的逻辑逐渐发展，这是很有前途的。也许要经过几代人的努力，若干年后，大学中普遍作为必修课的形式逻辑，就不再是这种逻辑，而是自然语言的逻辑。"

对自然语言逻辑的分析，要注重研究和分析自然语言的特征。自然语言的一些重要特性如下：

（1）有限方法的无穷应用（make infinite use of finite means）

德国语言学家洪堡特曾经说过："语言面对着一个无限的、无边无际的领域，即一切可思维对象的总和，因此，语言必须无限地运用有限的方法，而思维力量和语言创造力量的同一性确保了语言能够做到这一点。"

（2）语言是一种创造活动

语言是一种不间断的创造活动，这种创造活动是人类精神的基本特性。语言活动的目的，是把声音转化为思想的表现物，它使说话者能够无限地运用他们所掌握的有限的语言手段。洪堡特曾说过：语言绝不是产品（Ergon，即"制成的东西、所做的事"），而是一种创造活动（Energeia，即"作用、活动"）。此外，洪堡特还提及，"语言实际上是精神不断重复的活动"，"语言不是活动的产物，而是精神不由自主的流射"。

语言是一种创造活动，这意味着语言具有创造性。语言的创造性，当然首先是指精神活动创造性，但除此之外，还包括语言自身的创造性，即语言自我创造、自我发展、自我生成的特性。语言是一个变化生长中的有机体，每一种语言都有从自身内部进行创造、自我生成的生命原则。这种原则，则是精神力量为之设定的。

（3）自然语言的语义封闭性

塔尔斯基认为，真之理论所要解决的问题是给出真概念的一个令人满意的严格定义。这样一个定义不仅能够推出"X 是真的当且仅当 P"（X 代表 P 语句的名字）的所有具体实例，而且能够符合通常的定义规则，不会导致悖论。当塔尔斯基利用这一标准考虑日常语言中的真概念的时候，他发现由于日常语言包含着无法排除的悖论。在日常语言中，不仅真概念的定义是不可能的，就连真概念在逻辑上协调一致的使用都是不可能的。

与各种不同的科学语言相比,日常语言有一个显著的特征,即它是普遍的。在这种语言中,我们可以陈述想说的任何事情,包括谈论语言自身、述说自身语句的真假,这就不能不使我们陷入自相矛盾,日常语言的这种普遍性与它本身的结构和语汇是密切相关的。

在日常语言中,我们不仅有语句和表达式,而且还有指称它们的名字,含有诸如"真""名字""指称"等语义术语。塔尔斯基把这样的语言称为语义封闭的语言。经过分析,塔尔斯基发现,悖论产生于这样两个基本的前提。一个前提是语义封闭性。而另一个前提则是通常的逻辑规律在日常语言中是成立的。因而要排除悖论,唯一的可能和希望就在于排除语义封闭性。

(4)自然语言的开放性、丰富性与生动性

自然语言从声音语言的历史计算已经有一百多万年的历史,文字即书面语言的历史有3000多年,应该说,自然语言是宇宙、自然和人类进化的产物。根据迪肯1997年的研究,人类的语言和大脑是长期进化的产物。语言反映了一种新的思维模式,即符号思维的模式。符号思维引发自古人类诞生以来在过去二百多万年间语言与大脑的双重交叉的进化——"区分人类身体和大脑的许多生理特征最终被那种代代相传的思想所继承"。

在20世纪西方哲学研究中,存在一个从自然语言到形式语言再回归自然语言的两次转向。[①] 第一次转向是20世纪初发生的从自然语言到理想语言的转向,这次转向的结果是分析哲学的诞生。第二次转向是20世纪40年代开始的从理想语言回归于自然语言的转向,这次转向的结果是日常语言哲学的产生,以及20世纪50年代开始在更加广阔的背景下产生的语言哲学的各分支,它使得对自然语言的语法、语义和语用学的研究渐次成为西方哲学的主流。

[①] 参见蔡曙山《自然语言形式理论研究》,人民出版社2010年第1版。

第 三 章

计算:汉语 CCGBank 的构建

上一章中对于汉语语法的分析采用的是人工分析方式,这种做法是"语言学"式的。通过对汉语中一些特殊语句的分析,我们可以归纳总结出一些汉语 CCG 的特殊范畴和特殊规则。然而,面向大规模真实文本的处理中,仅依靠人工的分析是不够的。从机器学习的角度,人工分析的语句样本仅仅是"杯水车薪",我们需要更大规模的汉语 CCG 语料库。

要实现更大规模的汉语 CCG 语料库,更为可行的办法是将现有的典型汉语句法语料库通过算法转化为汉语 CCG 语料库。这样做的优势如下:

(1) 现有的典型汉语句法语料库已经积累了很长的时间,语料对语法现象的覆盖度以及典型句法处理方面都相对较完善。

(2) 现有的典型汉语句法语料库是基于某种形式语法构造,必然有比较丰富的语法与词性的标注,通过这些标注,结合汉语 CCG 范畴与规则体系,便可以将其转化为具有较高可靠性的 CCG 语料库。

在本章中,我们采用常用的以宾州中文树库格式标注的一个定制语料作为源语料库[①],通过数据处理和算法转换将其转换为汉语 CCGBank。

3.1 介绍

整个转换过程可以从两棵二叉树讲起。图 4 (a) 的二叉树是 (3-1) 的

[①] 我们的语料库是为了我们自身的研究目标在宾州中文树库 PCTB 4.0 (https://catalog.ldc.upenn.edu/LDC2004T05) 的基础上进行了扩充,树库标注格式完全遵循宾州中文树库的标注规范。

短语结构语法（Phrase Structure Grammar，PSG）派生树，它表现了词汇的阶层式组合增长，"中韩"和"经贸研讨会"组成一个名词短语，然后"即将"和"在北京"与"举行"组成一个动词短语，最终得到一个完整的句子。

（3-1）中韩经贸研讨会即将在北京举行。

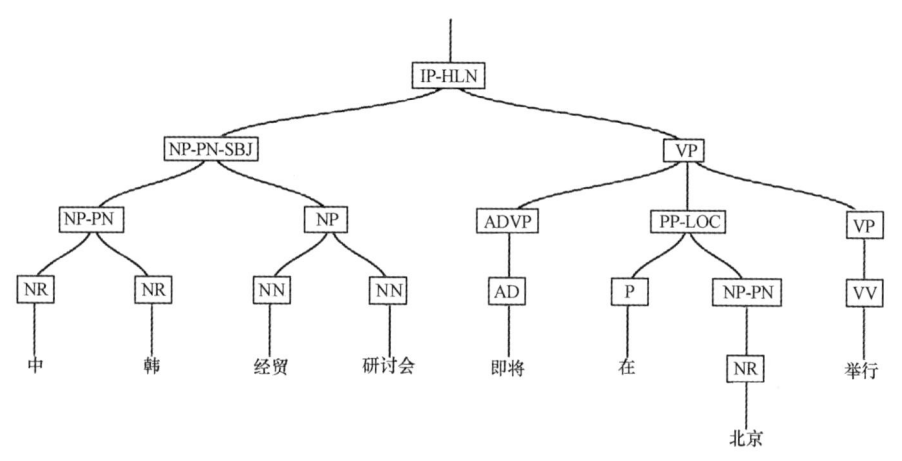

(a)短语结构语法

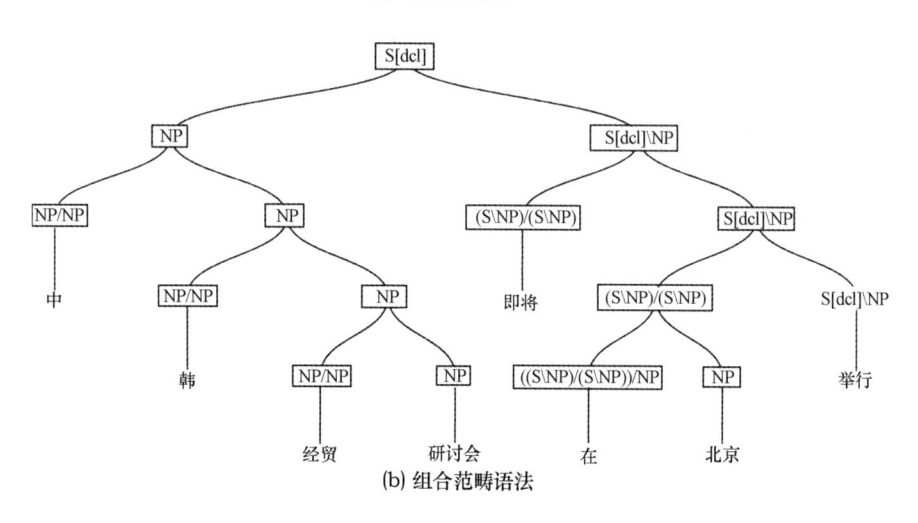

(b) 组合范畴语法

图4 "中韩经贸研讨会即将在北京举行"的短语结构与组合范畴语法

图4（b）的二叉树是组合范畴算法（CCG）派生树，它是对图4

(a) 派生的一个重新标记。

对比图 4（a）与图 4（b），不难发现两棵派生树的结构相似，实际上都反映出句子毗邻生成的逻辑关系。组合范畴语法的标记是范畴，范畴声明词汇如何组合其他词的范畴来形成更大的单元，它相对于 PSG 生成规则模糊的非终结符来说描述性要强得多。

我们需要做的就是如图 4 所示的转换过程，通过基于短语结构语法的宾州中文树库转换为基于组合范畴语法的汉语 CCGBank。

从一种语法形式化（语料库）转化为另一种语法的形式化（语料库）的基本假设是源语料库的标注能够直接映射到目标形式化中的标注。这要求目标语料库按源语料库中结构的处理方式进行语言的结构处理。

3.1.1 短语结构语法

乔姆斯基在《语言描写的三个模型》（*Three models for the description of language*）[①]、《句法结构》（*Syntactic Structure*）、《有限状态语言》（*Finite-state language*）[②]、《论语法的某些形式特性》（*On certain formal properties of grammars*）[③] 和《语法的形式特性》（*Formal properties of grammars*）[④] 等系列论文和著作中，建立了短语结构语法形式语言理论的完整系统。

在《论文法的某些形式化特性》中，乔姆斯基将形式文法描述为一个系统 G，它是一个以一个有限符号集合 V 为其元素，以 I 为其单位元素集合的字符串接的半群，可记作：

$$G = <(N, I), \rightarrow>$$

其中，$V = V_T \cup V_N$，V_T 表示终结符，V_N 表示非终结符（包含边界元

---

① Chomsky N, "Three models for the description of language", *IRE Transactions on Information Theory*, Vol. 2, No. 3, 1956, pp. 113 – 124.

② Chomsky N, George A. Miller, "Finite State Languages", *Information and Control*, Vol. 1, Iss. 2, 1958, pp. 91 – 112.

③ Chomsky N, "On certain formal properties of grammars", *Information and Control*, Vol. 2, Iss. 2, 1959, pp. 137 – 167.

④ Chomsky N, Formal Properties of Grammars." In Luce, Bush, Galanter, eds., *Handbook of Mathematical Psychology* 2, New York: Wiley and Sons, 1963, pp. 323 – 418.

素"#"），且 V_T 与 V_N 不相交。

→是在 G 上元素定义的一个二价关系，读作"可重写为"。该关系满足下面四个条件：

（公理 1）→是非自反的。

（公理 2）$A \in V_N$，当且仅当存在 φ，ψ，ω，使得 φAψ→φωψ。

（公理 3）不存在 φ，ψ，ω，使得 φ→ψ#ω。

（公理 4）存在有限偶对集合（χ_1，ω_1），…，（χ_n，ω_n），使得对于所有 φ，ψ，φ→ψ，当且仅当存在 φ_1，φ_2，且 $j \leq n$，使得 $\varphi = \varphi_1 \chi \varphi_2$ 且 $\psi = \varphi_1 \chi \varphi_2$。

当实施以下约束后：

（约束 1）如果 φ→ψ，那么存在 A，φ_1，φ_2，ω，使得 $\varphi = \varphi_1 A \varphi_2$，$\psi = \varphi_1 \omega \varphi_2$，且 $\omega \neq I$。

（约束 2）如果 φ→ψ，那么存在 A，φ_1，φ_2，ω，使得 $\varphi = \varphi_1 A \varphi_2$，$\psi = \varphi_1 \omega \varphi_2$，且 $\omega \neq I$，但 A→ω。

（约束 3）如果 φ→ψ，那么存在 A，φ_1，φ_2，ω，a，B，使得 $\varphi = \varphi_1 A \varphi_2$，$\psi = \varphi_1 \omega \varphi_2$，且 $\omega \neq I$，A→ω，但 ω = aB 或者 ω = a。

约束 1 要求文法规则形如 $\varphi_1 A \varphi_2 \to \varphi_1 \omega \varphi_2$，其中 A 是单个符号，$\omega \neq I$。

约束 2 要求文法规则形如 A→ω，每个规则都可以独立于 A 出现的上下文。

约束 3 要求文法规则限定在 A→aB 或者 A→a，其中 A 和 B 是单个非终止符，a 是单个终止符。

基于上述的形式化描述，乔姆斯基将语言的结构形式定义为四种类型。分别对应上述约束 i，形成 i 型文法。即满足约束 1 的为 1 型文法，满足约束 2 的为 2 型文法，满足约束 3 的为 3 型文法，此外没有约束的文法为 0 型文法。相应的文法以及对应于的语言、自动机参见表格 18。

表格 18　　　　　　　　乔姆斯基的形式文法

文法	语言	自动机	重写规则
Type－0	递归可枚举	图灵机	$\varphi \rightarrow \psi$
Type－1	上下文相关	线性有界非确定图灵机	$\varphi_1 A \varphi_2 \rightarrow \varphi_1 \omega \varphi_2$
Type－2	上下文无关	非确定下推自动机	$A \rightarrow \omega$
Type－3	正则	有限状态自动机	$A \rightarrow aB$ 或者 $A \rightarrow a$

在乔姆斯基的形式文法之后，语言的结构便可以按照不同的文法递归生成对应的不同的语言。这样的话，语言便形成一种螺纹状的层次结构，如图 5 所示。

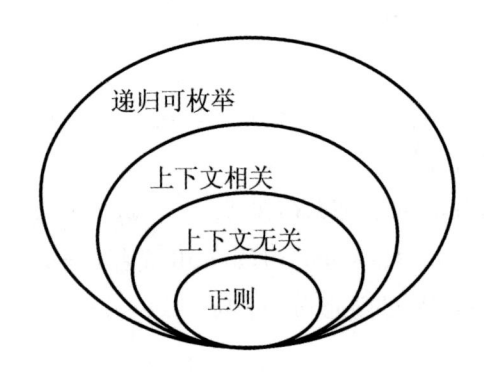

图 5　基于乔姆斯基形式文法的语言层次结构

乔姆斯基眼中的语言世界是非常简洁而美好的，通过极其简练的几个句法规则，就可以产生如此丰富、美妙的语言。

以（3－2）语句为例，依据（3－3）所示的重写规则，（3－2）的短语结构语法生成树如图 6 所示。

（3－2）The girl walks gracefully.

（3－3）重写规则

〈句子〉→〈名词短语〉〈动词短语〉

〈名词短语〉→〈冠词〉〈名词〉

〈动词短语〉→〈动词〉〈副词〉

〈冠词〉→The

〈名词〉→girl
〈动词〉→walks
〈副词〉→gracefully

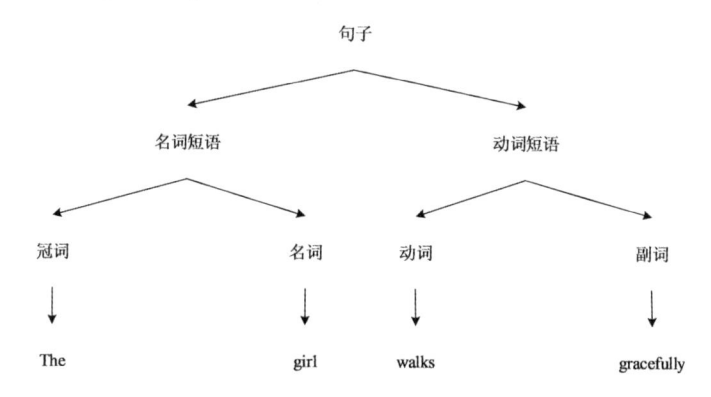

图6 "The girl walks gracefully"的短语结构生成语法树

3.1.2 宾州中文树库（PCTB）

宾州中文树库（PCTB）是一个规模较大且最具影响力的汉语语料库。我们所使用的源语料库涵盖了 PCTB 4.0。PCTB 4.0 包含了 838 个数据文件，15162 个语句，404156 个词和 664633 个汉字。

PCTB 句法标注规范基本上沿用宾州英语树库（PTB）的标注体系。PTB1.0 的时候主要基于支配及约束（GB）理论和 X-标杠（X-Bar）理论，采用骨架分析思想进行标注，形成的是比较扁平的句法结构树。PTB2.0 又增加谓词-论元结构的标记以及空语类和同指索引的标注等。

PCTB 语料库建设中有一个基本的"可转化"假设，即只要捕获语法关系，并针对重要的语法关系进行区分，用户完全可以将树库转换为其他所期望的表征模式。[1] 基于这个假设，PCTB 构建过程中旨在为语义标注提供一个完整的短语结构分析。因此，PCTB 在采纳 PTB

---

[1] Naiwen Xue, Fei Xia, Fudong Chiou, Martha Palmer, "The Penn Chinese TreeBank: Phrase structure annotation of a large corpus", *Natural Language Engineering*, Vol. 11, No. 2, June 2005, p. 220.

标注方法的基础上，还进行了一些扩展。除了将论元/附加语进行明确区分之外，也标注了主语省略（dropped subjects），并增加了一些 NP 内部的结构。

PCTB 的标注模式整合了成分结构的层次化组合与功能标记。遵从 PTB 的标注习惯，PCTB 的标注集共分为四类，分别为语法标记、功能标记、空语类和索引词，此外，语法标记还包括词性标记、短语标记、复合动词标记等。具体的标记集合参见附录 A。

PCTB 标记集通过词性标记（参见附录 A.1）区分了许多有多重功能的词语，例如"的"的三种形态（DEC，DEG，DER）和"被"字句的两种形态（LB，SB）。其他标记就简单地使用常规的标记，例如，副词的标记为 AD，介词的标记为 P，而代词的标记为 PN。

类似地，短语层级标记集合（参见附录 A.2.1）枚举了出现在内部节点上的标记。除了一些常规的标签，PCTB 增加了汉语中中心语短语的一些特殊标记。例如，方位词的标记为 LCP，量词的标记为 CLP 和屈折语的标记 IP（和语句标记 S 是对等的）。

在 PCTB 中，任何 NP 数量必须有量词的加入。量词在名词和数词之间的位置。PCTB 使数词（CD）与量词形成 QP，修饰 NP，如（3-4）所示。

（3-4）数百家建筑公司

有着句尾成分，例如疑问词"吗""呢"的句子，是以这些成分开头来分析的。它们是以补足语为中心语的补语从句（CP）的成分，关系词"的"也被当作 CP 成分分析。

PCTB 通过限制注释中生成规则的结构来控制生成规则的冗余。第一个限制是短语和词语级标记的区分。短语级的标记被限制只能出现在内部节点上，词语级的标签被限制在叶子节点上。

至于词语级和短语级的标记都出现在规则右侧的问题，PCTB 区分了补足语/修饰语，并通过生成规则降低句子稀疏性。PCTB 也区分短语范畴（NP，ADVP）和句子范畴（NN，JJ 等）。

另外，PCTB 子节点的中心语结构被记录在其父节点和子节点的结构中。例如，一个生成规则中第一个子节点有一个词语级的标记，其他的子节点都会有短语级的标记构成中心语优先结构。同理,若一个生成规则的右侧只有短语层级的标记,那么便喻示了其修饰词的关系。

假定 X 代表词类范畴,例如名词 NN、动词 VV、形容词 JJ 等,XP、YP 和 ZP 代表短语范畴,例如名词短语 NP、动词短语 VP、形容词短语等。说明语(又称标定语)、附加语和补足语只是出现在短语某一特定位置上的短语名称。在句法中,通过词项投射和填位过程生成出来的二阶短语必须符合如图 7 所示的 X–标杠模式。

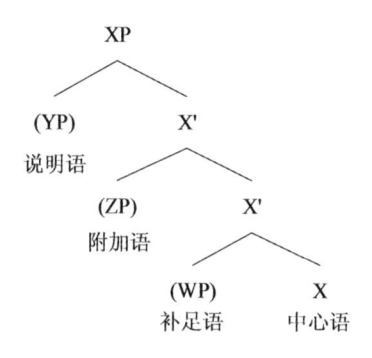

```
              XP
             /  \
          (YP)   X'
          说明语  / \
             (ZP)  X'
             附加语 / \
                (WP)  X
                补足语 中心语
```

图 7　X–标杠模式示例

在 PCTB 的句法标注中,句法关系通常用结构(括号对或子树)和功能标记表示。对 wh–移位、主题、被动态、不定式结构的主语等语法现象,则通过空元素(空语类或空操作符)来表示它们的"底层"位置,然后利用同指索引方式与句子中适当的词项链接。从语料库的视角而言,PCTB 的重点还是在于描述句子的谓词–论元结构,但是兼顾汉语的句法现象,PCTB 重点关注中心语–补足语关系、中心语–附加语关系和并列关系。中心语–补足语、中心语–附加语和并列等三种主要语法关系是通过一种层级结构的形式来定义的,力求做到每个短语节点所支配的括号对或子树只表示一种语法关系。

依据 X–标杠模式,PCTB 使每个短语节点所统辖的括号对或子树只表示一种抽象的语法关系。PCTB 严格区分述语动词的补足语和附加语,使谓词–论元结构的识别建立在可靠的句法基础上。

(1) 中心语—补足语关系（complementation）

中心语—补足语关系在句法树中的标注示例如图 8 所示。其中图 8（a）描述中心语居首的情形，而图 8（b）描述中心语居尾的情形。

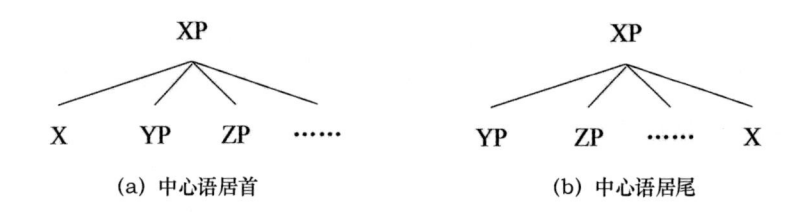

```
        XP                              XP
      / | \  \                        / | \  \
     X  YP ZP ……                    YP ZP …… X

   (a) 中心语居首                    (b) 中心语居尾
```

图 8 中心语 – 补足语关系在句法树中的标注示例

图 8 中 XP 是一个以词类范畴 X 为中心语的短语，范畴 YP 和 ZP 是 X 的补足语。

(2) 中心语—附加语关系（adjunction）

中心语 – 附加语关系在句法树中的标注示例如图 9 所示。

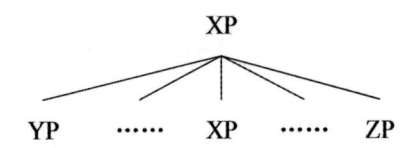

```
              XP
          /  |  |  \
         YP …… XP …… ZP
```

图 9 中心语 – 附加语关系在句法树中的标注示例

在图 9 中，顶层短语 XP 是由 YP、XP、ZP 等孩子节点组成，其中 XP 是中心语（投射原则），YP 和 ZP 是该 XP 的附加语。换言之，附加语机器中心语处于同一短语层面的节点。

(3) 并列关系（coordination）

并列关系在句法树中的标注示例如图 10 所示。其中图 10（a）描述词汇层的并列，而图 10（b）描述的是短语层的并列。

例句（3 – 5）及其对应的图 11 展现了三个主要的结构关系和功能标记和空标记及索引的应用。

（3 – 5）浦东积极、及时地制定和推出法规性文件。

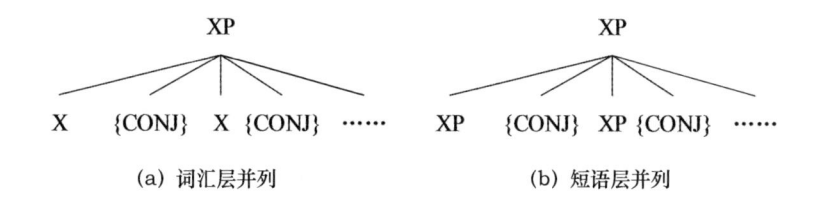

```
              XP                                    XP
         ╱    │    ╲                           ╱    │    ╲
        X  {CONJ}  X {CONJ} ……              XP  {CONJ}  XP {CONJ} ……

         (a) 词汇层并列                          (b) 短语层并列
```

图 10　并列关系在句法树中的标注示例

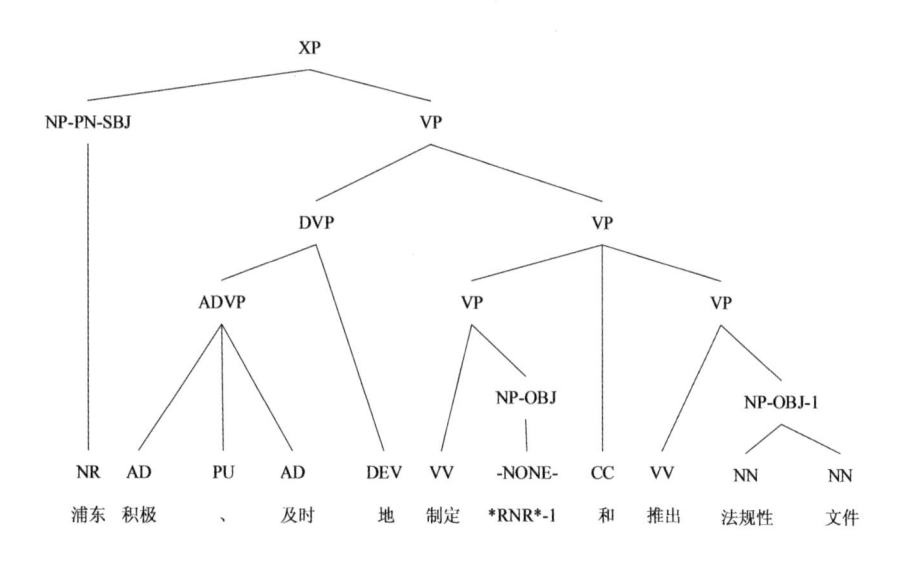

[图11：句法树，叶节点为 浦东 积极 、 及时 地 制定 *RNR*-1 和 推出 法规性 文件]

图 11　"浦东积极、及时地制定和推出法规性文件"的句法树

（3-5）中的名词短语"法规性文件"是动词"推出"的补足语，即"推出规范性文件"是一个中心语—补足语关系，如图 12 所示。

（3-5）中的动词短语"制定和推出法规性文件"与其前面的短语 DVP"积极、及时地"构成了一个中心语—附加语关系，如图 13 所示。

（3-5）中的动词短语"制定-NONE-"和另一个动词短语"推出法规性文件"通过一个并列词"和"构成了一个并列关系，如图 14 所示。此外在动词短语"制定-NONE-"中包含了一个空语类，空语类表征动词"制定"的名词短语宾语（通过功能标记-OBJ 所表征），此外空

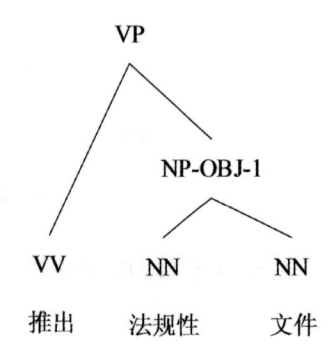

图12 "推出法规性文件"的句法树

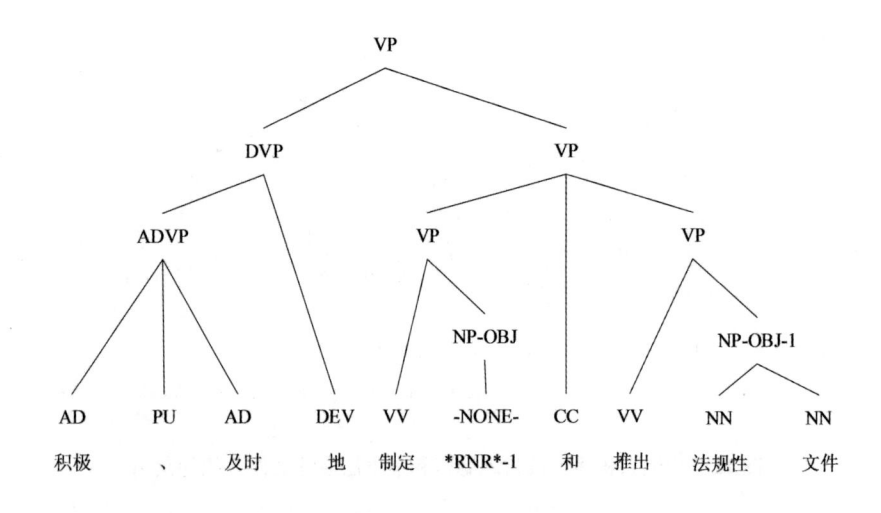

图13 "积极、及时地制定和推出法规性文件"的句法树

语类通过一个右节点提升（*RNR*）的同指索引"-1"与名词短语"法规性文件"相连接。

我们还可以分析一个更为完整和复杂一些的句子，如（3-6）所示。

（3-6）上海浦东近年来颁布实行了涉及经济、贸易、建设、规划、科技、文教等领域的七十一件法规性文件，确保了浦东开发的有序进行。

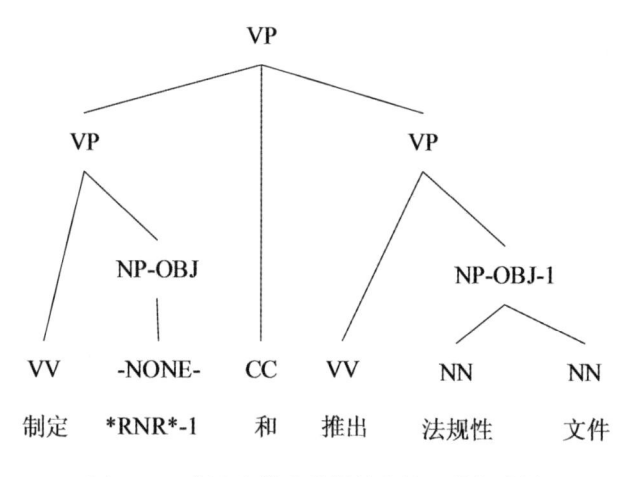

```
                    VP
                  /    \
               VP        VP
              / \       / \
         NP-OBJ  \     /  NP-OBJ-1
           |     |   |    /    \
          VV  -NONE- CC  VV   NN    NN
          制定 *RNR*-1 和 推出 法规性 文件
```

图 14 "制定和推出法规性文件"的句法树

（3-6）在宾州树库中的句法树如图 15 所示。句法树的根是小句 IP，它包括三个孩子节点，分别为主语 NP-PN-SBJ"上海浦东"和谓语 VP "近年来颁布实行了涉及经济、贸易、建设、规划、科技、文教等领域的七十一件法规性文件，确保了浦东开发的有序进行"以及句号 PU"。"。NP 的后缀"-PN"代表专名，"-SBJ"代表主语，它们都是黏附在短语范畴上的功能标记。

谓语 VP 为动词并列短语，包括一个动词短语 VP "近年来颁布实行了涉及经济、贸易、建设、规划、科技、文教等领域的七十一件法规性文件"和一个逗号 PU "，"以及另一个动词短语 VP "确保了浦东开发的有序进行"。

动词短语 VP "近年来颁布实行了涉及经济、贸易、建设、规划、科技、文教等领域的七十一件法规性文件"又由一个时间短语 LCP-TMP "近年来"和动词短语 VP "颁布实行了涉及经济、贸易、建设、规划、科技、文教等领域的七十一件法规性文件"构成。LCP 的后缀"-TMP"代表时间。

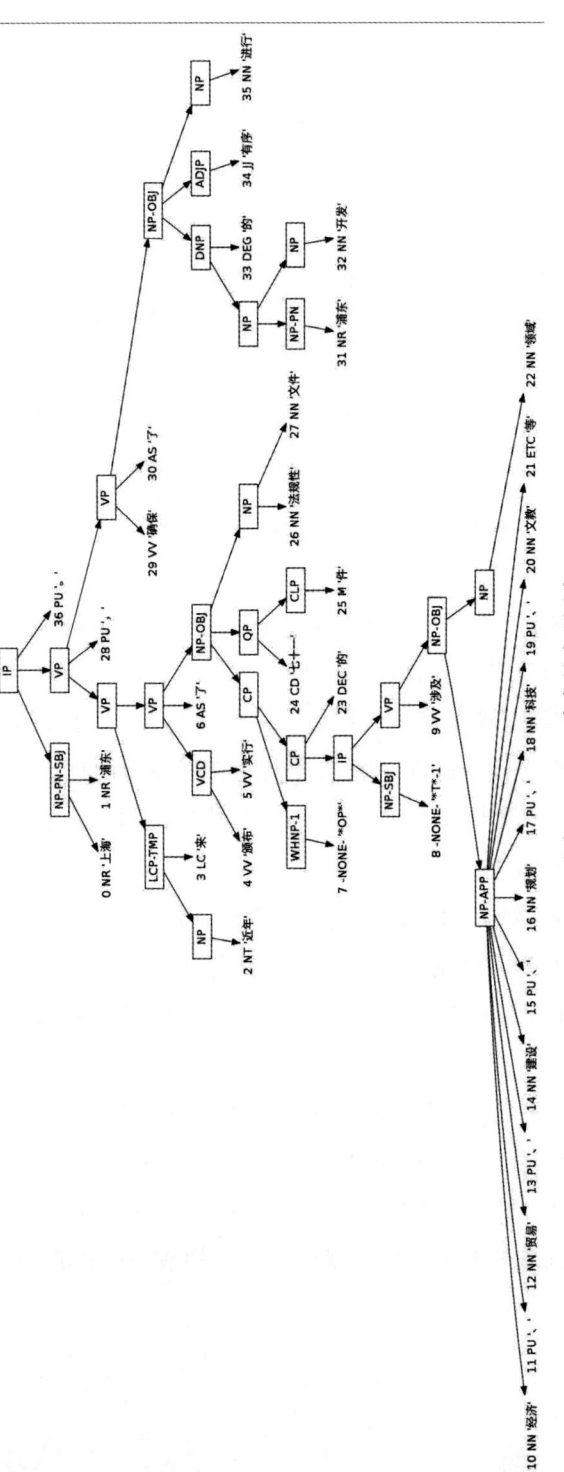

图15 (3—6)对应的句法树

动词短语 VP "颁布实行了涉及经济、贸易、建设、规划、科技、文教等领域的七十一件法规性文件"包含三个孩子节点，分别为并列动词 VCD "颁布实行"和体态 AS "了"以及直接宾语 NP – OBJ "涉及经济、贸易、建设、规划、科技、文教等领域的七十一件法规性文件"。NP 的后缀 " – OBJ"代表直接宾语。而 NP – OBJ 又包含了三个孩子节点，分别为关系从句 CP "涉及经济、贸易、建设、规划、科技、文教等领域的"和量词短语 QP "七十一件"以及名词短语 NP "法规性文件"。关系从句 CP "涉及经济、贸易、建设、规划、科技、文教等领域的"是又标句词 DEC "的"所引出的，用来修饰后面的名词短语。关系从句 CP 由关系代词 WH-NP – 1（空语类）和底层 CPU 组成，底层 CP 由中心语 DEC "的"极其补足语 IP "涉及经济、贸易、建设、规划、科技、文教等领域"组成。补足语 IP 中的主语名词短语 NP – SBJ 是一个空语类（NONE – '＊T＊－1'），"＊T＊"代表语迹，" –1"代表同指索引号，通过它与关系代词 WHNP – 1 链接，表明"涉及经济、贸易、建设、规划、科技、文教等领域"的主语实际上是关系从句所修饰的名词短语"七十一件法规性文件"。

3.1.3　CCG 语料库

第一个大范围的 CCG 语料库是朱莉娅·霍肯迈尔（Julia Hockenmaier）在博士论文中的工作，她将宾州英语树库（PTB）转化为英语 CCGBank。[①] 此后，在此工作基础上，霍肯迈尔对 CCGBank 进行完善，并将该 CCGBank 作为标准语料库加入语言资源联盟（the Linguistic Data Consortium）[②]。原始宾州英语树库共包含了 49208 个语句，转换后的英语 CCGBank 覆盖了其中的 99.44%，即 48934 个语句。在转换失败的 274 个语句中，其中 173 个语句与空位结构有关。

在英语 CCGBank 中，出现频次最高的范畴和规则例分别如表格 19 和表格 20 所示。

[①] Julia Hockenmaier, "Data and models for statistical parsing with Combinatory Categorial Grammar", Ph. D. dissertation, University of Edinburgh, 2003.

[②] Hockenmaier, Julia and Mark Steedman, CCGbank LDC2005T13, https：//catalog. ldc. upenn. edu/LDC2005T13, Linguistic Data Consortium, 2005.

表格 19　　　英语 CCGBank 中的范畴数量最多的词

词	词汇范畴数量	词频
as	130	4237
is	109	6893
to	98	22056
than	90	1660
in	79	15085
-	67	2001
's	67	9249
for	66	7912
at	63	4313
was	61	3875

表格 20　　　英语 CCGBank 中出现次数最多的规则例

规则例	频次
N/N N ⇒ N	147622
N ⇒ NP	115516
NP［nb］/N N ⇒ NP	91536
NP NP＼NP ⇒ NP	64404
NP S［dcl］＼NP ⇒ S［dcl］	56909
(NP＼NP)/NP NP ⇒ NP＼NP	43291
S［dcl］⇒ TOP	37386
S［dcl］. ⇒ S［dcl］	35423
((S＼NP)＼(S＼NP))/NP NP ⇒ (S＼NP)＼(S＼NP)	22184
PP/NP NP ⇒ PP	16969

　　霍肯迈尔在转换过程中，也发现了许多语法现象对于从短语结构语法转换为组合范畴语法存在很大的挑战，例如扁平的名词短语结构、同位语与名词短语的区分、补足语与附加语的区分等。

　　基于类似的转换算法，霍肯迈尔还将德语语料库 Tiger 中的句法图翻译为一个德语 CCG 语料库。① 语料库 Tiger 包含了 540474 个语句,其标注结构融合了短语结构与依存语法的特征。在 Tiger 语料库中,每个句子都被表征为一个图,节点由句法范畴和词性标记所标注。最终的翻译覆盖率达到了 92.4%,即将 Tiger 中 540474 个语句中 46628 个语句都翻译为了 CCG 派生树。与英语 CCG 派生所不同,在德语 CCG 派生中,需要专门关注德语自由的语序,此外,语料库翻译过程中失败的情形主要集中在出现照应以及动词的话题化等语言现象。

约翰·博斯(Johan Bos)等人将都灵大学树库(Turin University Treebank,TUT)转换成一个意大利语 CCGBank。② TUT 语料库具有 2400 个意大利语句子,且这些语句都带有依存标记。其转换算法以自顶而下的方式遍历语句,采用一个栈来记录论元结构,同时使用词性标注来判定词汇范畴。转换后的 CCG 树库覆盖 1837 个语句。

斯蒂芬·鲍克斯韦尔(Stephen A. Boxwell)等人从宾州阿拉伯语树库转换形成阿拉伯语 CCGbank。③ 转化阿拉伯语 CCGBank 的方法与其他从宾州树库的转化有很多相似之处,然而有些阿拉伯语中特殊的语法现象会干扰转换过程,例如主语的话题化、属格结构、关系从句和可选的代词主语等。

巴拉特·拉姆·安巴蒂(Bharat Ram Ambati)等人提出一种从依存树库中自动创建印地语 CCGBank 的方法。④ 与其他树库的直接翻译有所不同,安巴蒂采用两阶段方法。首先,他们通过一个与语言无关的通用算法从依存树库中抽取 CCG 词项。然后,他们使用一个 CCG 解析器来产

---

① Julia Hockenmaier, "Creating a CCGbank and a wide-coverage CCG lexicon for German", Proceedings of COLING/ACL 2006, Sydney, 2006, pp. 505–512.

② Bos J, Bosco C, Mazzei A, "Converting a Dependency Treebank to a Categorial Grammar Treebank for Italian", In Proceedings of the Eighth International Workshop on Treebanks and Linguistic Theories, Milan, Italy, December 4–5, 2009, pp. 27–38.

③ Stephen A. Boxwell, Chris Brew, A Pilot Arabic CCGbank, LREC 2010, Seventh International Conference on Language Resources and Evaluation, Valletta, Malta, May 17–23, 2010.

④ Bharat Ram Ambati, Tejaswini Deoskar, Mark Steedman, "Hindi CCGbank: A CCG treebank from the Hindi dependency treebank", Language Resources and Evaluation, Vol. 52, Iss. 1, 2018, pp. 67–100.

生 CCG 派生。安巴蒂等人使用的依存树库是 HDT 的一个子集，HDT 树库包含了 12041 个训练语句、1233 个开发语句和 1828 个测试语句，其数据标注了词形与依存标记。最后转换形成的印地语 CCGBank 覆盖了原始 HDT 语句的 96%。

鲁肯·恰科奇（Ruken Çakıcı）从 METU - Sabancı 土耳其语树库中抽取土耳其语 CCG 词库。① METU - Sabancı 土耳其语树库来源于 3 份日报、87 份期刊以及 201 本图书，一共有 5635 个语句，并包含词性、模态、时态、人称与格等多种标记信息。从 METU - Sabancı 土耳其语树库中归纳的结果是一个词表及其对应的 CCG 范畴。在 CCG 词汇库中，出现频次最高的词以及该词所对应的频度最高的范畴如表格 21 所示。此外，在词库中出现次数最多的范畴如表格 22 所示。

表格 21　　　　土耳其语 CCG 词汇库中出现频次最高的词

土耳其语字符	英文	频率	词性	最常用的范畴	范畴出现的次数
,	Comma	2286	连接词	(NP/NP) \ NP	159
bir	a	816	限定词	NP/NP	373
- yAn	who	554	关系词	(NP/NP) \ (S \ NP)	554
ve	and	372	连接词	(NP/NP) \ NP	100
de	too	335	感叹词	NP [nom] \ NP [nom]	116
bu	this	279	限定词	NP/NP	110
da	too	269	感叹词	NP [nom] \ NP [nom]	86
dedi	said	188	动词	S \ NP	87
- DHk + AGR	which	163	关系词	(NP/NP) \ (S \ NP)	163
Bu	This	159	限定词	NP/NP	38
gibi	like	148	介词	(S/S) \ NP	21
o	that	141	限定词	NP/NP	37

---

① Ruken Çakıcı, Automatic induction of a CCG grammar for Turkish, Proceedings of the ACL Student Research Workshop, *Stroudsburg*, June 2005, pp. 73 – 78.

表格 22   土耳其语 CCG 词汇库中范畴的频次排序

排序	范畴	频次	类型
1	NP	5384	名词短语
2	NP/NP	3295	形容词、限定词等
3	NP［nom］	3264	主语名词短语
4	S/S	3212	句子修饰语
5	S \ NP	1883	带有代词脱落的及物动词
6	S	1346	句子
7	S \ NP［nom］	1320	不及物动词
8	(S \ NP［nom］\ NP)	827	及物动词

  车正元等人基于韩语 CCG 范畴语法构建了一个韩语 CCG 解析器。[①] 为了构建解析器，车正元等人手动构建了带有 20000 个词条的词典，形成了一个韩语 CCG 词库。与此同时，车正元将 CCG 进行了扩展，从而有效地处理韩语的相对自由语序、格标记、辅助动词、双主语、双宾语以及长距离置换等韩语中的特殊语法现象。

  宋彦、黄昌宁等人将清华树库转换为汉语 CCGBank。[②] 清华树库中有 32770 个语句，转换后的 CCGBank 覆盖了其中 99.9%，达到 32737 个语句。在所构建的汉语 CCGBank 中，一共有 10 个原子范畴，包括 M（量词）、MP（量词短语）、NP（名词及名词短语）、SP（方位词及方位短语）、TP（时间短语）、PP（介词短语）、S（语句）、conj（连接词）、p（标点）以及 dlc（独立语标记）。此外，在语料库中，一共有 763 个不同的范畴类型，其中 208 个范畴出现频度超过 10 次，279 个范畴仅仅出现 1 次。在树库的构建过程中，宋彦、黄昌宁等人重点考虑了汉语中 10 种典型的句法结构，包括"的"字结构、并列结构、非动词谓语句、谓词性宾语、兼语句、连动句、被动结构、无主句、存在句以及独立成分等。

  [①] Jeongwon Cha, Geunbae Lee, JongHyeok Lee, "Korean Combinatory Categorial Grammar and Statistical Parsing", *Computers and the Humanities*, Vol. 36, 2002, pp. 431–453.

  [②] 宋彦、黄昌宁、揭春雨：《中文 CCG 树库的构建》，《中文信息学报》2012 年第 26 期。

针对上述特殊句型，设计了专门的转换方案。

此外，在汉语 CCG 语料库方面，谢家信（Daniel Tse）等人从宾州中文树库中转换生成汉语 CCGBank。[①] 谢家信等人转化的汉语 CCGBank 共有 27759 个语句。

3.2 汉语 CCGBank 转换系统的架构与设计

我们参考和借鉴霍肯迈尔、黄昌宁、谢家信等人的树库转换算法，结合我们自身所掌握的语料库资源，面向我们后续在语义处理和人工智能应用领域的需求，构建了我们自己的一个汉语 CCGBank。

3.2.1 总体框架

汉语 CCGBank 是通过 PCTB 转换生成的，整个转换系统的架构如图 16 所示。

转换系统在架构上可以分为三层，包括数据处理层、转换层和应用层。

（1）数据处理层

对宾州汉语树库（PCTB）和汉语 CCGBank 的处理，具体的功能包括：

①从文件系统中读入 PCTB 文件，同时将读入的文件依据 PCTB 的标签集构建 PCTB 的派生树，并在程序中建立相应的数据模型与对象。

②通过文件系统输出汉语 CCGBank，具体的包括构建 CCGBank 的数据模型，并进行输入与输出。

（2）转换层

转换层核心就是实现 PCTB 到 CCG 的转换，具体的核心算法和功能模块包括预处理、标记、二分、赋范畴和修复。

[①] Daniel Tse and James R. Curran, "Chinese ccgbank: extracting ccg derivations from the penn chinese treebank", In Proceedings of the 23rd International Conference on Computational Linguistics (Coling 2010), August 23 – 27, 2010, Beijing, China, 2010, pp. 1083 – 1091.

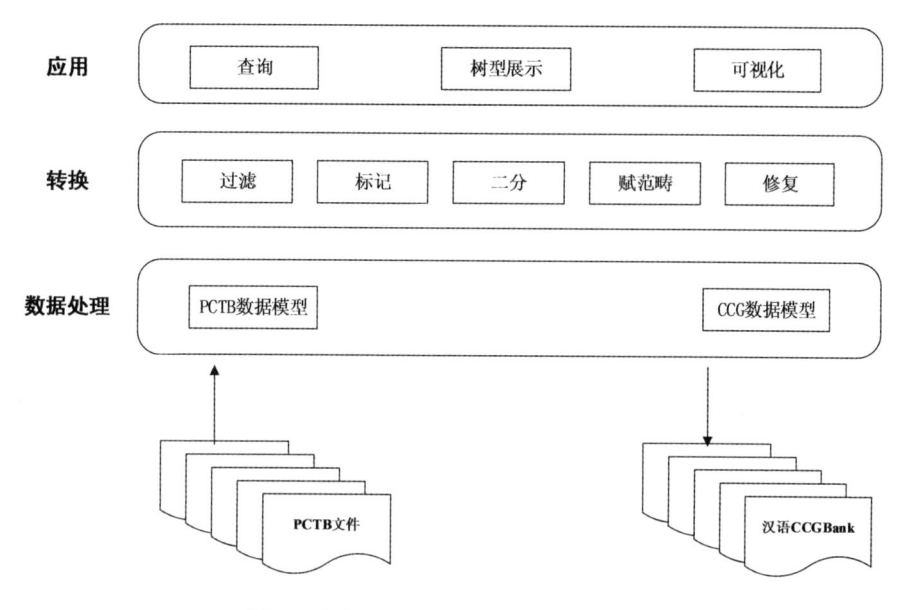

图 16　汉语 CCGBank 转换系统的框架

（3）应用层

应用层主要是基于 CCGBank 的应用。主要的应用包括查询、树形展示以及其他可视化模块。查询指的是可以获得具体某个汉语词的范畴（通常会有多个）。树形展示可以将 CCGBank 中的派生树以树状图形的方式进行展示。

3.2.2　数据处理模块

数据处理模块的核心流程如图 17 所示。

在转换系统中的数据处理部分，核心处理的是语料库，包括转换前的宾州中文树库和转换后的汉语 CCGBank 库。在转换过程中，围绕的核心数据是一个语句，反映出来是一棵句法树（在宾州树库中，是一棵短语结构句法树，在汉语 CCGBank 中，便是一棵组合范畴语法树）。因此，在数据处理的过程中，核心是将每一棵语句树从语料库中抽取出来，通常包括以下几个步骤：

①从文件系统中读取语料库（通常是多个文件目录的形式）。

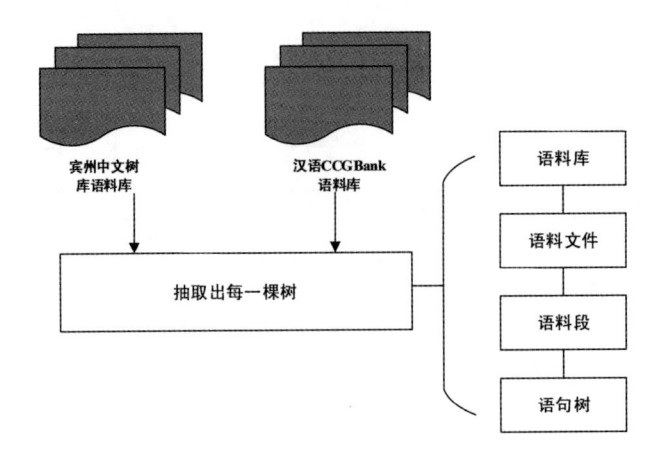

图 17　语料库处理的核心流程

②依据语料库的文件编码规则，抽取文件编号并进行语料文件的处理。

③读取语料文件，抽取语料段（宾州中文树库就是一篇报道作为一个语料段，并赋予特定的编号）。

④从语料段中，抽取每一个语句树。

根据上述语料库处理的需求，我们在系统实现过程中，主要设计的类图如图 18 所示。

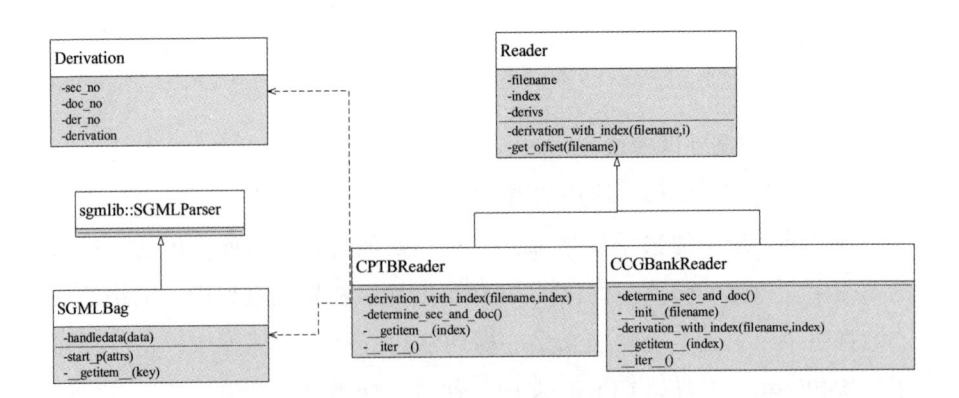

图 18　数据处理模块核心类图

在转换系统中，涉及对多个语料库的读写，例如，宾州中文树库和已转换后的汉语 CCG 树库等，对语料库的读入过程，我们抽象出一个基类 Reader，其类框架如图 19 所示。

类名称：Reader
成员：
filename//读取的文件名
index//语句在文件中的索引
derivs//对应每一个语句的派生树集合
主要方法：
derivation_ with_ index（filename，i）//使用文件名和索引号获得某个语句的语法树

图 19 基类 Reader 的框架

宾州中文树库的读取类 CTBReader 和 CCGBank 的读取类 CCG-BankReader 继承 Reader，这种架构保证我们的系统可以扩展到其他类型的语料库的读取。Reader 的子类主要需要重写 Reader 的 derivation_ with_ index 函数。

在 CTBReader 中重写的 derivation_ with_ index 方法中，核心处理宾州树库的语法标签，以（3-7）为例，我们介绍一下标签处理的情形。

（3-7）中国建筑业对外开放呈现新格局。

（3-7）语句在宾州树库的短语结构表示如下：

```
< S ID = 32 >
  ( ( IP – HLN ( IP – SBJ ( NP – SBJ ( NP – PN ( NR 中国 ) )
    ( NP ( NN 建筑业 ) ) )
              ( VP ( PP ( P 对 )
                  ( NP ( NN 外 ) ) )
                ( VP ( VV 开放 ) ) ) )
      ( VP ( VV 呈现 )
          ( NP – OBJ ( ADJP ( JJ 新 ) )
              ( NP ( NN 格局 ) ) ) ) ) )
</S>
```

首先，通过定位<S>和</S>两个标签，分别以这两个标签作为起始和终止，然后获得这两个标签内的内容，这部分的内容就是一个语句。

然而，从语句中抽取单个词汇，抽取的规则是以"（"和"）"为分隔符，例如，上例中分割后的符号列表TokenList：

["（"，"（"，"IP – HLN"，"（"，"IP – SBJ"，"（"，"NP – SBJ"，"（"，"NP – PN"，"（"，"NR"，"中国"，"）"，"）"，"（"，"NP"，"（"，"NN"，"建筑业"，"）"，"）"，"）"，……]

接着，根据词汇列表，进行树解析，解析过程中需要建立核心的数据结构用以描述解析树，具体包括（非叶子）节点和叶子节点。

(1)（非叶子）节点 node

```
struct node
    {
    char tag [ ]; //节点的标签，例如"NP"
    struct node kids [ ]; //子节点，可有多个
    struct node parent; //父节点，如果是根节点，可为空
    }
```

(2) 叶子节点 leaf

```
struct leaf
    {
    char tag [ ]; //节点的标签，例如"NP"
    char lex [ ]; //节点的词汇，例如"中国"
    struct node parent; //父节点
    }
```

基于上述数据结构，树解析的算法如图20所示。

算法：宾州中文树库的解析
输入：符号列表 TokenList
输出：一棵解析树

```
cptbParse（TokenList）
{
    struct node partree;
    struct leaf leafnode;
    tok = TokenList.next（）;
    while（tok not include '）'）
        if（tok include '（'）
          {
            partree.tag = tok;
            partree.kids.append（cptbParse（Tokenlist））; //使用递归
          }
        else
            leafnode.lex = Tokenlist.next（）;
}
```

图 20　树解析算法示意图

解析算法采用递归方式，时间复杂度为 O（N），对符号列表采取一次线性遍历，当读取到'（'符号，表示需要构建子树（进行递归操作），当读取到'）'符号时候，表明一次弹栈操作，直到读取到叶子节点为止。

在 CCGBankReader 中也重写的 derivation_ with_ index 方法，大致流程与 CTBReader 中重写的 derivation_ with_ index 方法大致相似，有所区分的是对标签的处理部分。

3.2.3　转换模块

汉语 CCGBank 的转换过程大致如图 21 所示。基于语料处理后的 PCTB 树，生成一棵符合组合范畴语法规范的 CCG 树。应该说，PCTB 树与 CCG 树之间存在较大的差异，要实现这样的转换，需要经过一系列的处理过程。

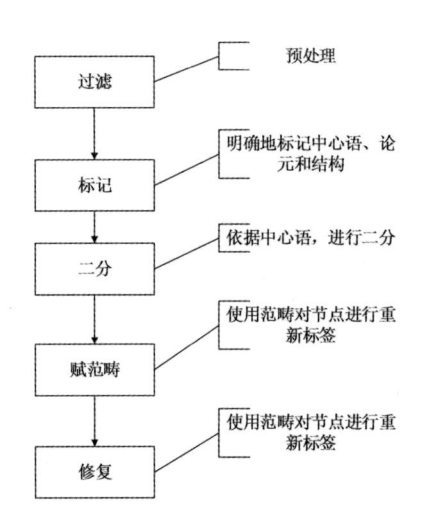

图 21　CCGBank 的转换算法流程

图 21 展示了我们转换算法的需要经历的五个主要步骤。

（1）过滤

PCTB 和 CCG 在词汇、短语层面都存在差异，在使用 PCTB 树进行转换之前，我们需要采取预处理来修正 PCTB 的符号，从原先形式化中分离或组合字符。

（2）标记

PCTB 是区分中心语和论元，但是在 PCTB 的标引中并没有将中心语/修饰语/补足语明确标出，尤其是中心语信息在给出的生成规则结构中没有明确的标引。这意味着一旦该结构产生了转换，这种结构信息将会丢失，因此为了保留 PCTB 中的语句成分与结构信息，用于转换和生成 CCG 树，需要对 PCTB 树明确标引出中心语、论元与结构。

（3）二分

在 PCTB 的形式化描述中，中心语和其所有的补足语都作为兄弟节点呈现，从树的形式化描述来看，实际上是以一棵多叉树的形式来描述。然而，在 CCG 中，主要的组合规则都是二元的，因此我们所派生出的 CCG 树是一棵二叉树，为了便于操作，我们需要将 PCTB 树进行二分操作。

(4) 赋范畴

基于已经做过预处理的二叉树，每个叶子节点都具有一个按照短语结构语法所给出的词性，由于我们的目标是生成 CCG 树，因此我们需要将带有 PCTB 式的词性标注转换为 CCG 的范畴标注。经过转换后的树，应该是一个符合规范验证的 CCG 树，即一棵符合语法的 PCTB 树，在转换成 CCG 树后，应该也能够通过 CCG 组合规则，最终运算形成一个合规的语句（S）范畴。

(5) 修复

经过上述的转换过程之后，基本从一棵 PCTB 树转换成 CCG 树，但是仍会存在一些遗留问题，如语迹（trace）等。这样，我们需要进行相应的修复操作。

根据上述转换模块的需求，我们在系统实现过程中，主要设计的类图如图 22 所示。

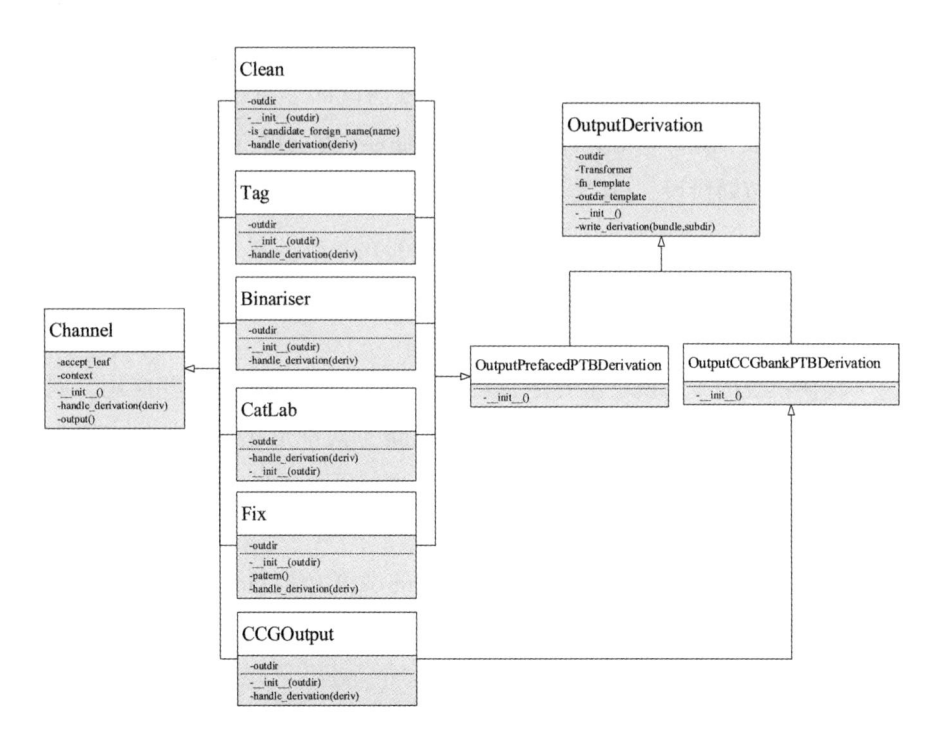

图 22　转换模块的核心类图

我们所设计的转换模块，在设计模式中采取管道模式，即将每个转换阶段都设计成一个管道，管道的入口端对接上一个阶段管道的输出（当然第一个管道的输入和最后一个管道的输出例外）。因此，我们定义了一个所有转换阶段的基类 Channel，其类框架如图 23 所示。

类名称：Channel
成员： accept_ leaf//是否关注叶子节点 context//
主要方法： handle_ derivation（deriv）//处理派生树 output（）//最后一个阶段用来输出树

图 23　基类 Channel 的类框架

根据处理阶段，继承基类 Channel，分别设计不同的类。Clean 类对应预处理阶段，Tag 类对应标记阶段，Binariser 类对应二分阶段，CatLab 类对应于赋范畴阶段，Fix 类对应修复阶段。不同的阶段的核心处理流程主要在重写 handle_ derivation（deriv）方法。

3.2.4　应用模块

转换系统的应用模块主要是指对转换好的 CCGBank 的一些应用。例如进行一些范畴统计，将转换好的 CCGBank 通过图形化或者其他可视化的方式进行展现，或者结合一些 Web 工具进行网页展现等。图 24 展现了一个在 CCGBank 上的可视化应用的示意。

我们开发了一个系统，将我们转换好的汉语 CCGBank 以可视化的方式在互联网上展示。①

---

① 陈鹏：《汉语 CCGBank》，https：//www.ccgbank.net/，2021 年 2 月 3 日。

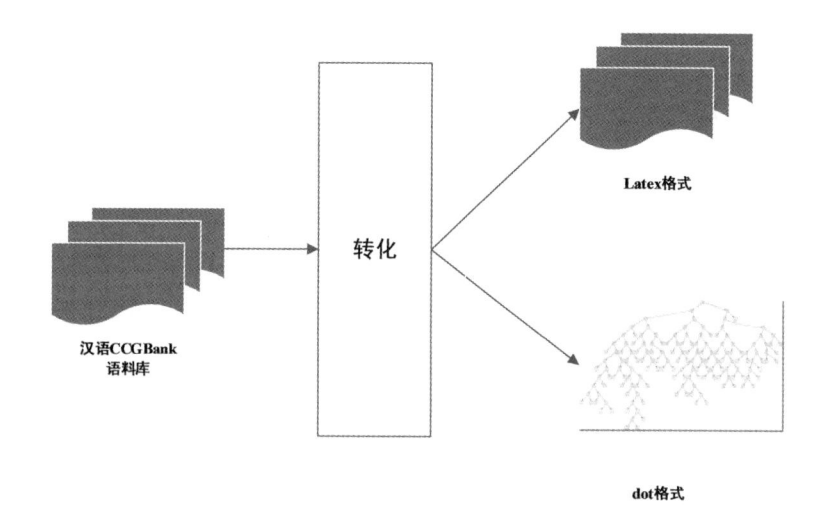

图 24　CCGBank 的应用示例之一：可视化展示

3.3　汉语 CCGBank 核心转换算法

在汉语 CCGBank 转换系统中，核心模块是转换模块，而其中最为重要的是相关的转换算法。整个转换算法按照预处理过滤、标记、二分、赋范畴和修复五个阶段进行处理，如图 21 所示。每一个阶段在实现过程中都以管道的形式运作，即上一个阶段的输出作为下一阶段的输入，同时输入与输出都是语法树。

尽管采用的树库版本不同，然而我们的树库转换和谢家信等人的树库转换[1]都是从宾州中文树库转换为 CCGBank，因此在具体的转换算法方面，我们遵循并借鉴了谢家信等人的方法。

3.3.1　预处理阶段

预处理阶段的算法如图 25 所示。

---

[1] Daniel Gar – Shon Tse：Chinese CCGBank：Deep Derivations and Dependencies for chinese CCG Parsing, Ph. D. dissertation, The University of Sydney, 2013.

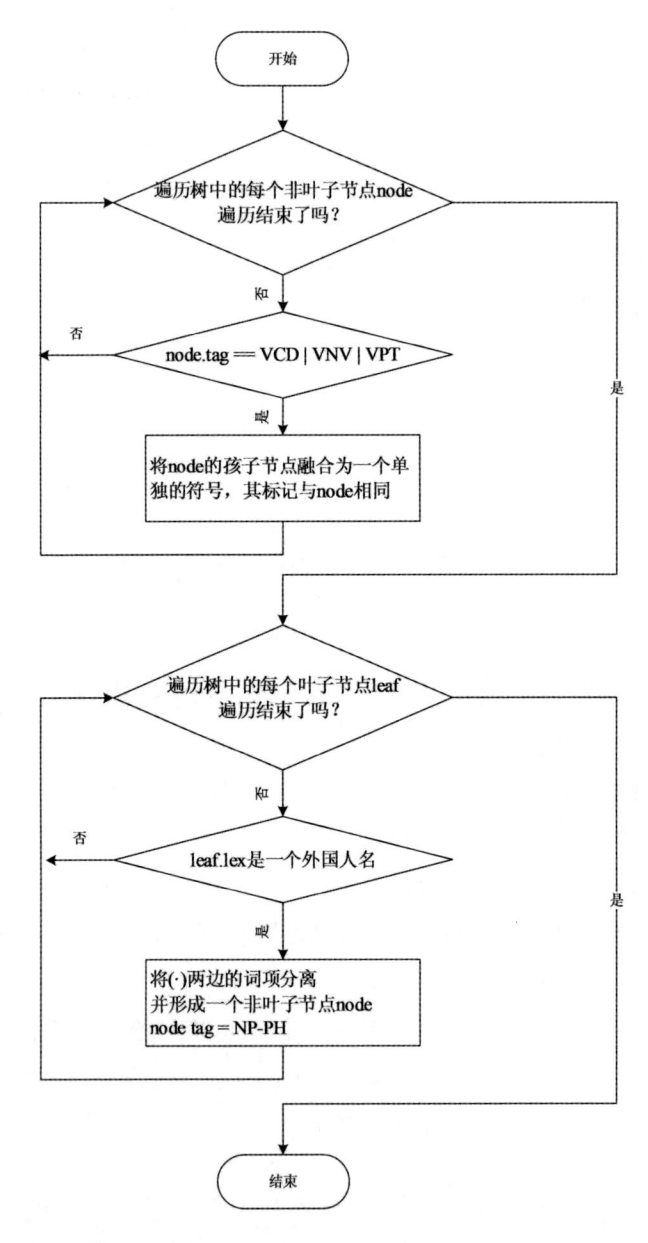

```
                    ┌─────┐
                    │ 开始 │
                    └──┬──┘
                       ▼
              ╱遍历树中的每个非叶子节点node╲──是──┐
              ╲    遍历结束了吗?         ╱       │
                       │否                      │
                       ▼                        │
         ┌────╱node.tag == VCD | VNV | VPT╲     │
         否   ╲                            ╱    │
         │              │是                     │
         │              ▼                       │
         │   ┌────────────────────────┐         │
         │   │将node的孩子节点融合为一个单│         │
         │   │独的符号,其标记与node相同 │         │
         │   └────────┬───────────────┘         │
         └────────────┘                         │
                       ◄────────────────────────┘
                       ▼
              ╱遍历树中的每个叶子节点leaf╲──是──┐
              ╲    遍历结束了吗?       ╱       │
                       │否                      │
                       ▼                        │
         ┌────╱leaf.lex是一个外国人名╲          │
         否   ╲                      ╱          │
         │              │是                     │
         │              ▼                       │
         │   ┌────────────────────────┐         │
         │   │将(·)两边的词项分离       │         │
         │   │并形成一个非叶子节点node  │         │
         │   │node tag = NP-PH         │         │
         │   └────────┬───────────────┘         │
         └────────────┘                         │
                       ◄────────────────────────┘
                       ▼
                    ┌─────┐
                    │ 结束 │
                    └─────┘
```

图 25　预处理阶段的算法示意

预处理阶段对某些特殊结构进行标记修正,以方便后续的处理。

1. 复合动词的修正

预处理阶段修改三个复合动词策略，分别为动词并列（VCD）、VNV 构造和 VPT 构造。我们将 VCD、VNV、VPT 节点下的词项进行融合，这样为并列光杆动词建立单个符号，示例情形如图 26—图 28 所示。

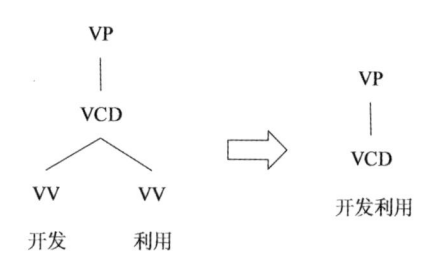

图 26　VCD 的修正

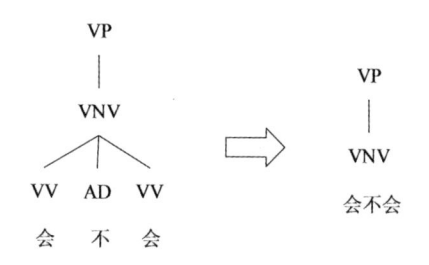

图 27　VNV 的修正

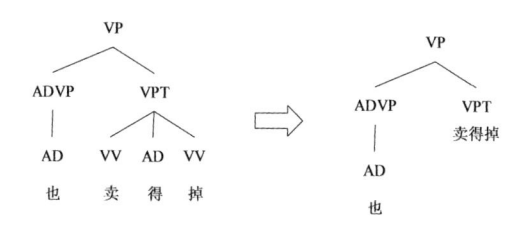

图 28　VPT 的修正

2. 对外国人名的规范化

在 PTCB 中，对外国人名的标记并没有遵循汉语标点符号的国标（GB/T 15834—1995），而是将整个外国人名看作一个词，没有考虑间隔符（·）。在预处理过程中，我们将外国人名依据间隔符拆开，并组合成一个新的标签 NP – PH，示例情形如图 29 所示。

```
           NP-PH
         /   |   \
        NR   PU   NR
        马克  ·   斯蒂德曼
```

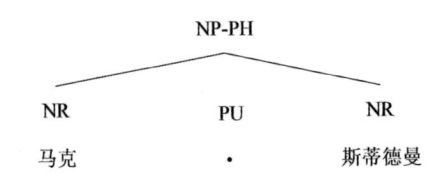

图 29　外国人名"马克·斯蒂德曼"的预处理修正

3.3.2　标记阶段

在霍肯迈尔等人转换英语 CCGBank 过程中，主要确定中心语、补足语和附加语成分，因此使用了 'h'、'c' 和 'a' 三个标记分别用于标识中心语、补足语和附加语。相比而言，汉语 CCGBank 转化过程，除了标记上述的主要语言成分之外，也考虑一些需要特殊中心语结构的汉语语法，例如，括号、话题化和论元簇并列等。为 PCTB 的节点增加标记，明确区分补足语/附加语，这有助于从 PCTB 转化为汉语 CCGBank。我们增加的标记如表格 23 所示。

表格 23　　　　　　　　标记阶段中增加的标记

标记	含义
a	附加语
A	同位语
h	补足语中的中心语
l	中心语的左补足语
r	中心语的右补足语
t	空位话题

续表

标记	含义
T	非空位话题
m	修饰语
n	名词中心语的修饰语
N	名词中心语
c	并列中的连接词
C	非对等同位语短语并列中的连接词
&	"等"，"等等"这类词的节点
@	论元簇中的论元
p	括号

标记算法核心在于匹配结构模式来进行相应的标记，算法识别的主要模式如下。

（1）功能标记的映射

标记算法首先利用节点的功能标记，根据相应的功能标记信息将其映射为对应的范畴标记，具体的映射如表格 24 所示。

表格 24　　　　　　　　功能标记的映射

功能标记	标记
MSP	a
ETC	&
–TPC–	t
–TPC	T

（2）括号模式

如果某个节点在 PCTB 中的短语句法标记为 PRN（括号），那么为该节点增加标记′p′，同时为该节点的第一个孩子节点增加标记′h′（如图 30 所示）。

（3）小句（IP）模式

如果某个节点的标记为 IP，IP 的主语标记（–SBJ）的孩子节点增加

图30 标记阶段的括号模式

标记'l'，而另外一个孩子节点增加标记'h'（如图31所示）。

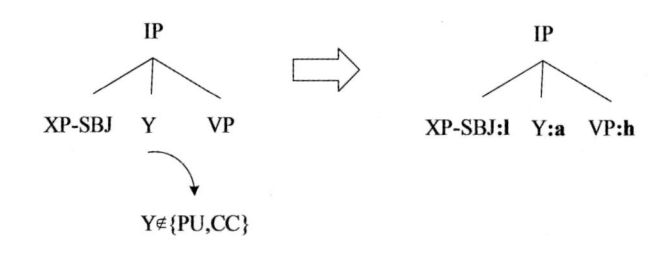

图31 标记阶段的小句模式

（4）VPT模式

如果某个节点是VPT，其形态通常为"做得到""分不开"等，将"得"或者中间的助词"不"标记为'h'，在其左边的标记为'l'，在其右侧的标记为'r'（如图32所示）。

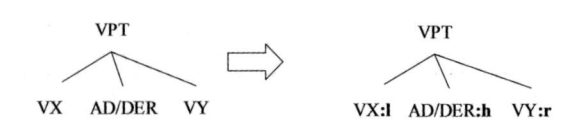

图32 标记阶段的VPT模式

（5）VSB模式

如果某个节点是VSB，那么将最后一个子节点增加标记'h'，其余部分增加标记'a'或者'l'（如图33所示）。

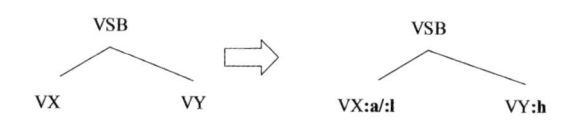

图 33　标记阶段的 VSB 模式

（6）VCP 模式

如果某个节点是 VCP，那么将其第一个子节点增加标记′h′，另一个子节点增加标记′a′（如图 34 所示）。

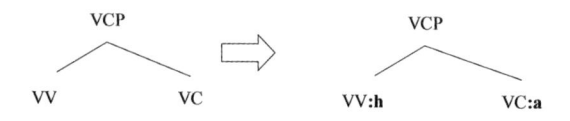

图 34　标记阶段的 VCP 模式

（7）VRD 模式

如果某个节点是 VRD，那么将其第一个子节点增加标记′h′，另一个子节点如果不是 PU，则增加标记′r′或者′a′（如图 35 所示）。

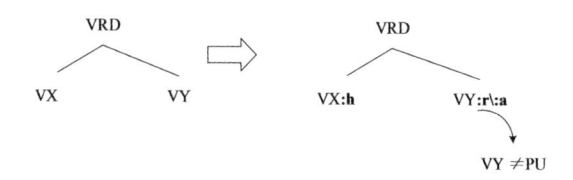

图 35　标记阶段的 VRD 模式

（8）并列模式

遍历并列节点的孩子节点，如果孩子节点的标记为'ETC'，则增加标记′&′，如果孩子节点的标记不属于 {CC, PU, CSC} 中的一个，则增加标记′c′（参见表格 25）。

表格 25　　　　　　　　标记阶段中并列模式的标记映射

词性	标记
ETC	&
∉ {CC, PU, CSC}	c

（9）NP 模式

如果节点是 NP，最右侧孩子节点，只要不属于 {CU, PU}，便标记为′N′，其余的节点都标记为′n′（如图 36 所示）。

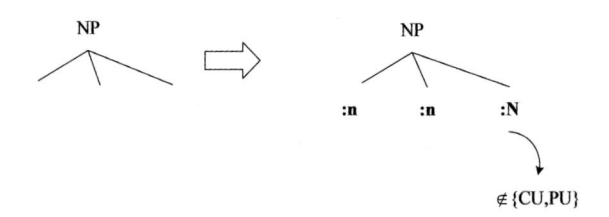

图 36　标记阶段的 NP 模式

（10）非对等同位语（UCP）模式

如果节点是 UCP 形式，那么只要节点不属于 {ETC, CU, PU}，那么节点增加标记′C′，ETC 节点仍然增加标记′&′（如图 37 所示）。

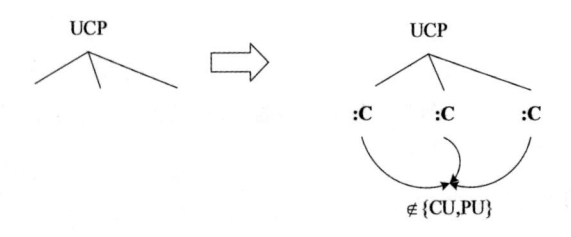

图 37　标记阶段的 UCP 模式

(11) 中心语居前的补足语模式

第一个子节点为 H（中心语），那么将第一个子节点增加标记′h′，另一个子节点增加标记′r′（如图 38 所示）。

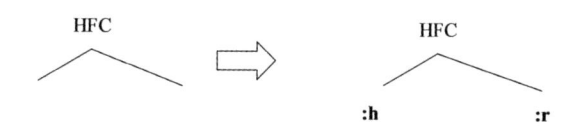

图38　标记阶段的中心语居前的补足语模式

(12) 中心语居尾的补足语模式

最后一个子节点为 H（中心语），那么将最后一个子节点增加标记′h′，而其余部分子节点增加标记′l′（如图 39 所示）。

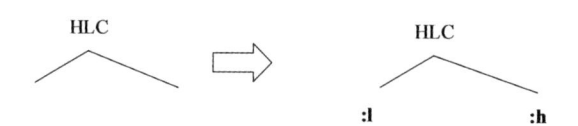

图39　标记阶段的中心语居尾的补足语模式

(13) 同位语模式

对于同位语，将最后一个孩子节点增加标记′r′，功能标记′-APP′增加标记′A′，其余非标点节点增加标记′a′（如图 40 所示）。

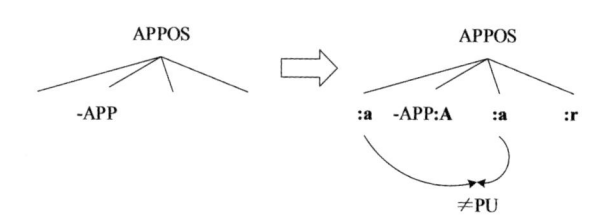

图40　标记阶段的同位语模式

(14) 修饰语模式

对于修饰语模式，将最后一个孩子节点增加标记'h'，然后针对修饰语增加'm'，其他的孩子节点增加标记为'a'（如图41所示）。

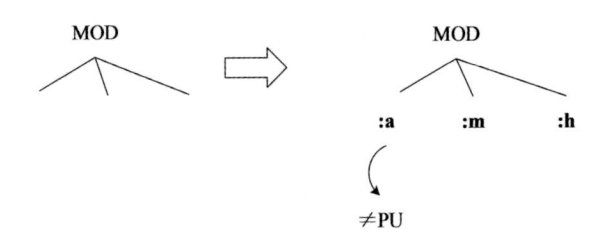

图41 标记阶段的修饰语模式

(15) 论元簇模式

如果节点是论元簇，那么将每一个节点都增加一个标记'@'（如图42所示）。

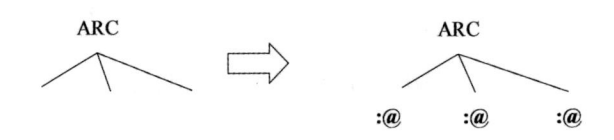

图42 标记阶段的论元簇模式

(16) 缺省模式

如果那种模式都匹配不上，可以缺省将最后一个节点增加标记'h'，带有"-SBJ"标记的部分标记为'l'，其余部分标记为'a'（如图43所示）。

我们以（3-8）的片段为例，展现转换过程中的标记阶段。

(3-8) 福州、厦门、泉州、漳州、莆田五地市

图44对应（3-8）的宾州中文树库的表征。

针对图44的宾州中文树库的表征，对其进行标记的结果示意如图45所示。

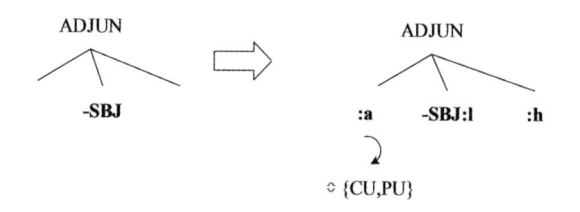

图 43　标记阶段的缺省模式

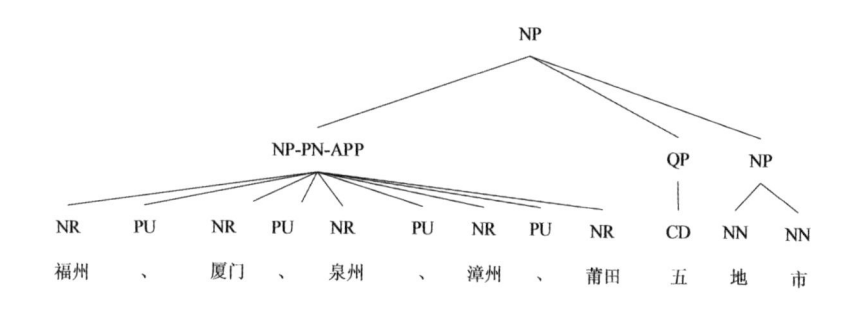

图 44　(3-8) 对应的 PCTB 表征

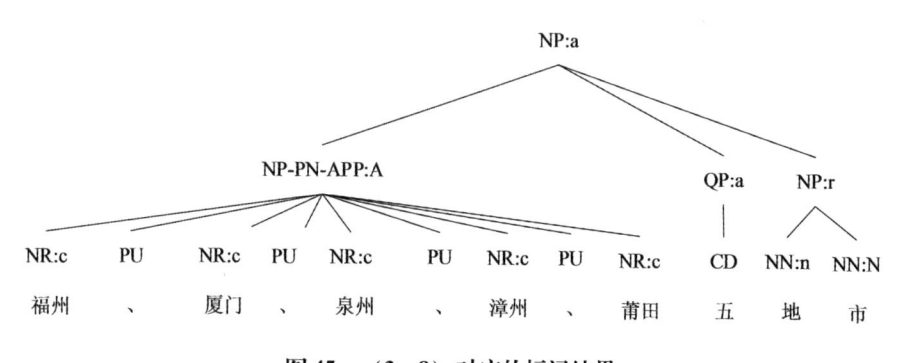

图 45　(3-8) 对应的标记结果

3.3.3　二分阶段

由于 PCTB 是多叉树，而组合范畴语法的结构从树形表示而言大多是二叉树。因此，从 PCTB 转化为汉语 CCGBank 过程中，需要进行树的二分。在转换算法中，二分过程比较烦琐。我们可以以（3-8）的片段为例，展示一下这个二分过程。

图 46 对应（3-8）的二分结果。

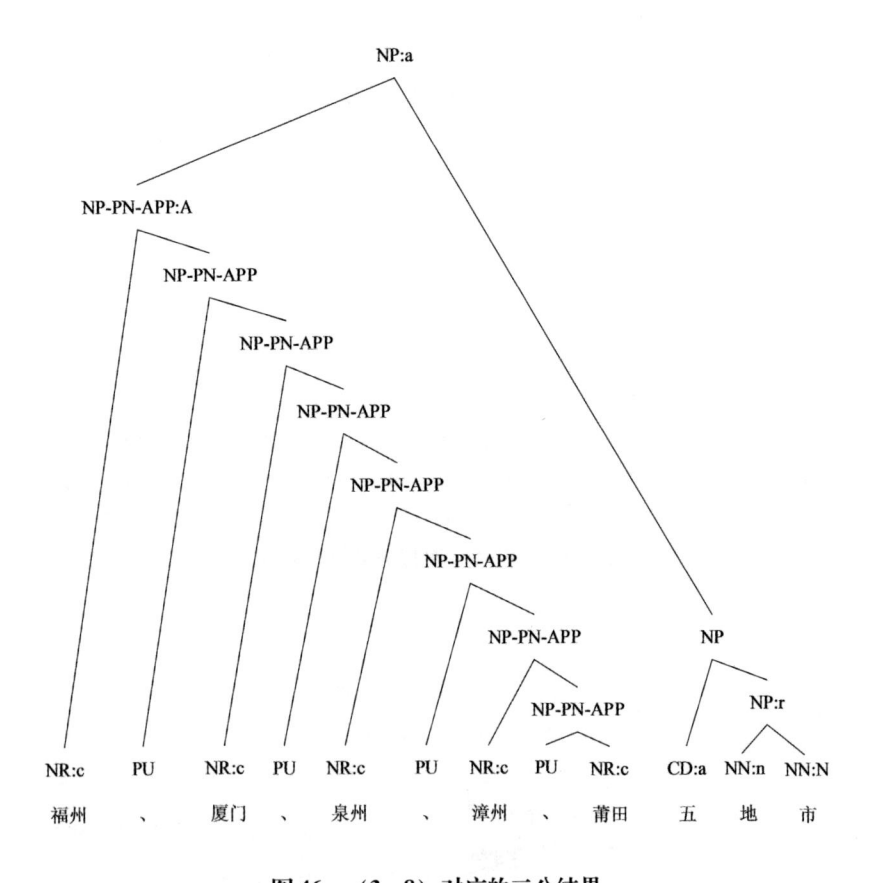

图 46　（3-8）对应的二分结果

与图 45 相比，图 46 的二分相对复杂了许多，其中覆盖了同位语、单分支节点等二分过程中需要处理的问题。

（3-8）中包含同位语成分"福州、厦门、泉州、漳州、莆田"，其对应的短语结构的展现形式如图 47 所示。

针对图 47，从最右侧进行二分操作，依据最右侧两个叶子节点的情形，增加一个父节点，而新增的父节点的标记继承其父节点的标记，具体情形如图 48 所示。

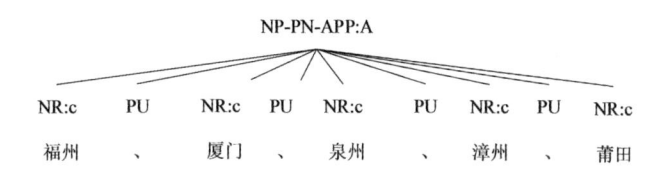

图 47 "福州、厦门、泉州、漳州、莆田"的短语结构展示

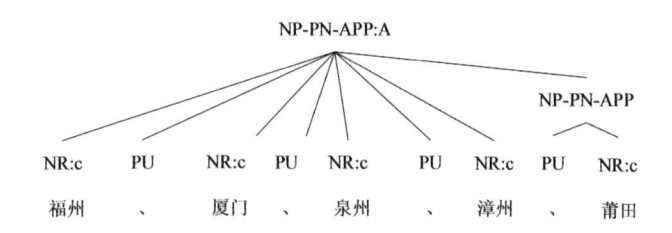

图 48 "福州、厦门、泉州、漳州、莆田"的二分操作

以此类推，紧接着的操作如图 49 所示。二分操作一直持续直到形成如图 46 所示的结果为止。

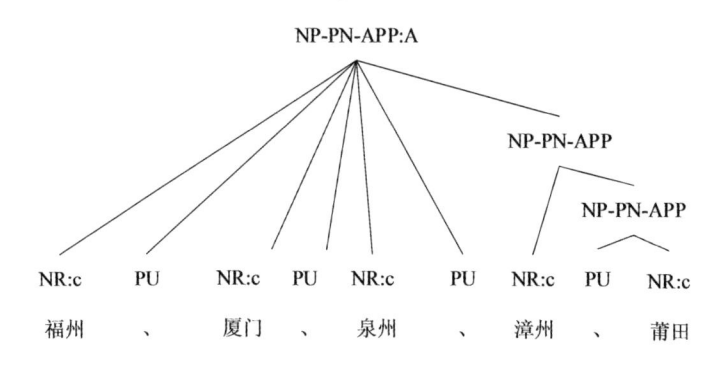

图 49 "福州、厦门、泉州、漳州、莆田"的二分操作（续）

此外，(3-8) 的二分操作还涉及单分支节点的处理，对于许多单分支节点，二分节点通常采用折叠的策略。在 (3-8) 中涉及单分支节点为"五"这个数词，其短语结构的表示如图 50 (a) 所示，而其二分折叠操作后的表征如图 50 (b) 所示。

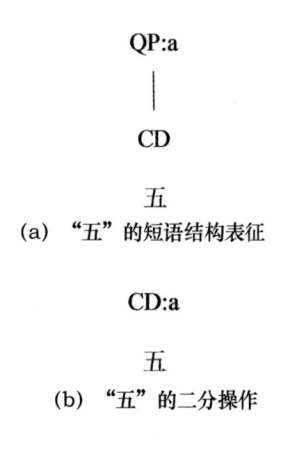

QP:a
|
CD

五

(a) "五"的短语结构表征

CD:a

五

(b) "五"的二分操作

图 50　(3-8) 的单分支节点二分操作示例

事实上，在转换过程中，宾州中文树库中涉及大量的单分支节点都需要进行折叠操作，我们将这些单分支节点的折叠总结为如图 51 所示的模式。

整体而言，二分过程旨在依据标记算法中所明确的中心语结构，促使中心语寻找它们的论元，并有修饰语来寻找中心语。此外，针对标点符号，在二分操作中还需要进行特殊的处理。

(1) 尽可能将句尾的标点置于高节点

对于任何其最右边孩子皆为标点符号的节点，二分算法必须将标点尽可能地放置高处，具体的情形可以参考图 52 所示。

将标点放置的尽可能高是为了减少语料中的标点吸收规则的数量。

(2) 提升成对出现的标点

汉语中涉及的成对符号如表格 26 所示。

VP → Vx | AD | PP | QP | LCP | NP

NP → Nx

ADJP → JJ | AD | NN | OD

ADVP → AD | CS | NN

NP-MNR → Nx

NP-PRP → Nx

NP-PN → NR

CLP → M

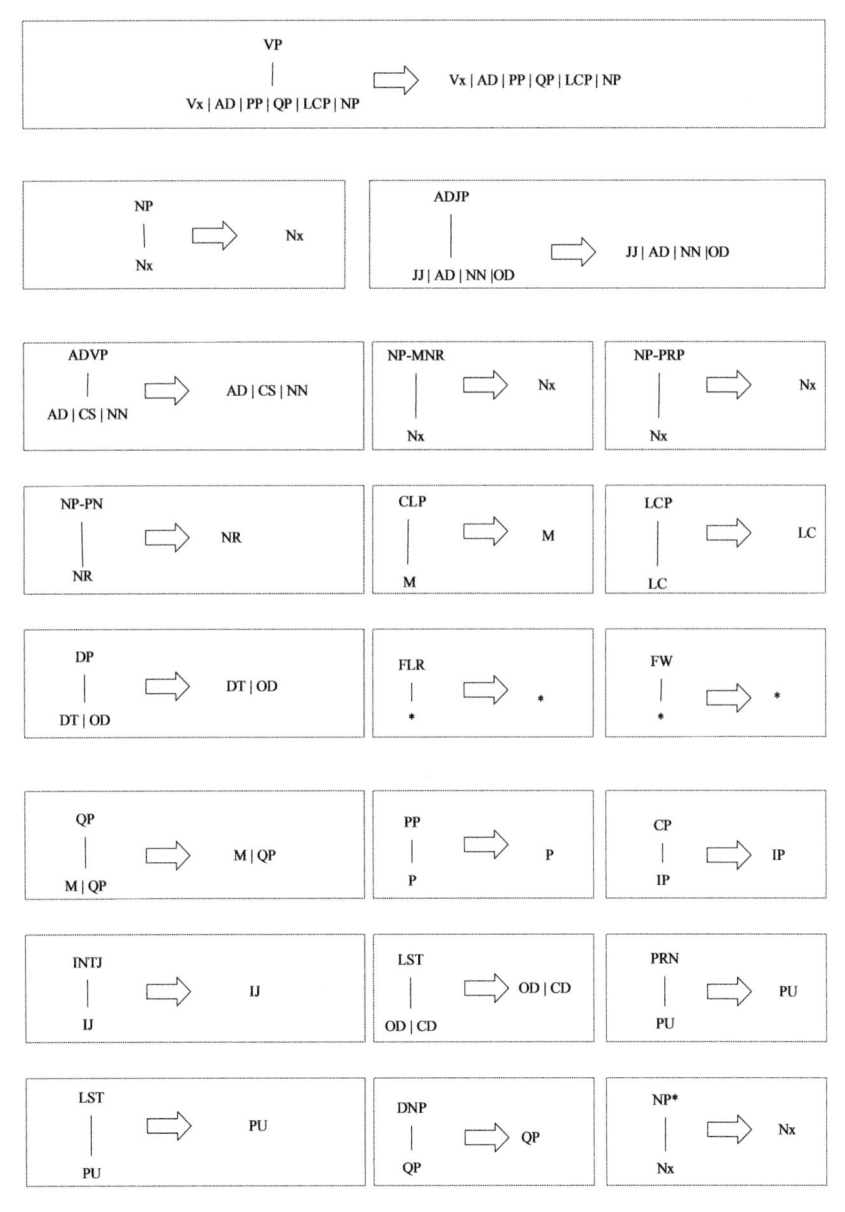

LCP → LC

DP → DT | OD

FLR → *

FW → *

QP → M | QP

PP → P

CP → IP

INTJ → IJ

LST → OD | CD

PRN → PU

LST → PU

DNP → QP

NP* → Nx

Nx = {NN, NT, NR}
Vx = {VV, VA, VC, VE, VPT, VSB, VRD, VCD, VNV}

图 51　单分支节点折叠模式

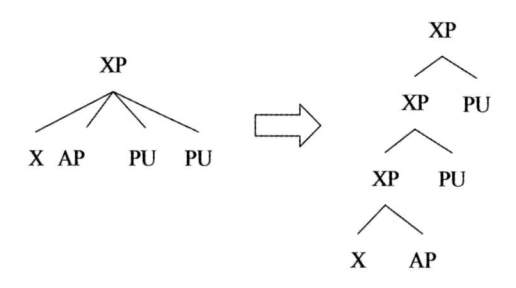

图 52　尽可能将句尾的标点置于高节点

表格 26　　　　　　　汉语中成对出现的符号表

成对符号	描述
" "	双引号
「 」	方格引号
（ ）	括号
( )	ASCII 括号
' '	单引号
《 》	书括号
< >	

二分算法会将成对表达进行提升，具体情形如图 53 所示。

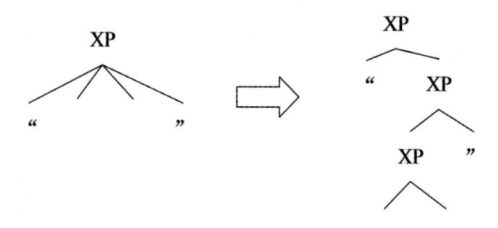

图 53　提升成对出现的标点

3.3.4 赋范畴阶段

在赋范畴阶段中，我们将以自顶而下的方式对节点进行赋予范畴。首先我们对根节点映射一个 CCG 范畴。映射规则如表格 27 所示。

表格 27　　　　　　　　根节点的范畴映射

PCTB 标签	含义	范畴
IP	语句（小句）	S [dcl]
CP	带有补足语的语句	S [dcl]
CP – Q	是或否的问句	S [q]

对于其他的范畴指派的映射规则如表格 28 所示。

表格 28　　　　　　　　其他节点的范畴映射

PCTB 的标签	范畴
NP	NP
PN	NP
DT	NP
NT	NP
NN	BareN
NR	BareN
FRAG	S [frg]
IP	S [dcl]
CP – Q	S [q]
ADVP	(S \ NP) / (S \ NP)
AD	(S \ NP) / (S \ NP)
VP	S [dcl] \ NP
VA	S [dcl] \ NP
VV	S [dcl] \ NP
VE	S [dcl] \ NP
VSB	S [dcl] \ NP

续表

PCTB 的标签	范畴
VRD	S [dcl] \ NP
VCD	S [dcl] \ NP
VNV	S [dcl] \ NP
CC	conj
CD	QP
OD	QP
ADJP	NP/NP
JJ	NP/NP
CLP	′M′
DP - TPC	NP
DP	NP
DNP	NP/NP
FW	NP
CP - PRD	NP
CP - OBJ	S [dcl]
CP - CND	S/S
CP - ADV	S/S

赋范畴算法负责将 CCG 原子注入所形成标记衍生中，通过从 PCTB 标签集中映射到 CCG 原子。例如，通过注入原子 QP，标签过程将形如 QP * 的 PCTB 标签映射到原子 QP。当没有匹配任何模式的时候，进行回溯标记。

经过范畴标引，节点都被赋予了 CCG 范畴。然而，涉及移位现象的结构必须被重塑为 CCG 所需的无语迹分析。紧接着，从根节点处开始，根据如下模式进行节点及子节点的标记匹配。

(1) CP（DNP）到 NP 的规范化

针对 CP（DNP）到 NP 的节点操作，将对应的 CP（DNP）节点的范畴赋予 NP/NP（如图 54 所示）。

(2) VSB 模式

对于词性标记为 VSB 的节点，假设其对应的范畴为 C，那么首先将

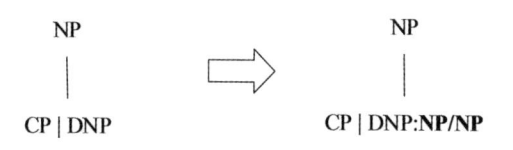

图54　赋范畴阶段的 CP 到 NP 的规范化

节点的范畴 C 指派给右孩子节点，同时另左孩子节点的范畴为 C/C。赋范畴的模式如图 55 所示。

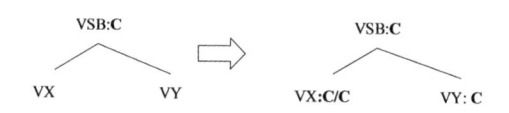

图55　赋范畴阶段的 VSB 模式

(3) VCD 模式

对于词性标记为 VCD 的节点，假设其对应的范畴为 C，如果左孩子节点的词性标注为动词，那么首先将节点的范畴 C 指派给左孩子节点。如果右孩子节点的词性标注为动词，那么将范畴 C 也指派给右孩子节点，否则对右孩子节点参照表格 28 进行直接的范畴映射。赋范畴的模式如图 56所示。

图56　赋范畴阶段的 VCD 模式

(4) VRD 模式

对于词性标记为 VRD 的节点，我们将其视为右补足语模式，假设其对应的范畴为 C，首先将节点的范畴 C 指派给左孩子节点，同时其有孩子

节点赋予范畴 C | C。赋范畴的模式如图 57 所示。

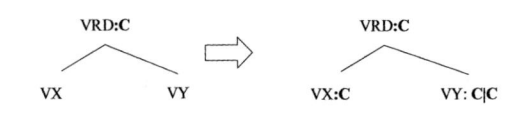

图 57　赋范畴阶段的 VRD 模式

(5) ETC 模式

对于词性标记为 ETC 的节点，假设其对应的范畴为 C，其左孩子节点对应的范畴为 L，那么右孩子节点的范畴赋予 C \ L。赋范畴的模式如图 58 所示。

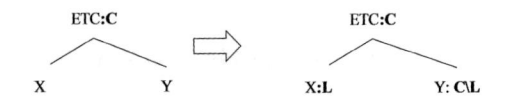

图 58　赋范畴阶段的 ETC 模式

(6) UCP 模式

对于词性标记为 UCP 的节点，我们将其视为并列节点，左孩子节点赋予 NP 范畴，此外右孩子节点的范畴赋予 NP [conj]。赋范畴的模式如图 59 所示。

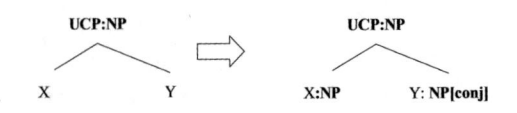

图 59　赋范畴阶段的 UCP 模式

(7) IP 模式

对于词性标记为 IP 的节点，我们将其视为中心语居尾。显然其节点的范畴为 S，假定其左孩子节点的范畴为 L，那么右孩子节点的范畴赋予

S \ L。赋范畴的模式如图 60 所示。

图 60 赋范畴阶段的 IP 模式

（8）左吸收模式

假定某个节点符合左吸收模式，假定其节点范畴为 C，首先参照表格 28 对其左孩子节点进行范畴映射，同时将节点范畴 C 指派给右孩子节点。赋范畴的模式如图 61 所示。

图 61 赋范畴阶段的左吸收模式

（9）右吸收模式

假定某个节点符合右吸收模式，假定其节点范畴为 C，首先参照表格 28 对其右孩子节点进行范畴映射，同时将节点范畴 C 指派给左孩子节点。赋范畴的模式如图 62 所示。

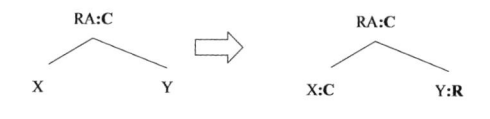

图 62 赋范畴阶段的右吸收模式

（10）附加语模式

附加语模式是我们的一个缺省模式。假定其节点范畴为 C，首先参照表格 28 对其右孩子节点进行范畴映射，令其为 R，那么左孩子节点的范畴指派为 C/R。赋范畴的模式如图 63 所示。

```
        ADJ:C                    ADJ:C
        /   \          ⇒         /    \
       X     Y                X:C/R   Y:R
```

图 63　赋范畴阶段的附加语模式

3.3.5　修复阶段

修复阶段的算法主要消去一些语迹，涉及对结构之间的一些交互处理以及范畴的修复。

1. 结构之间的交互

在结构的可行性只由所涉及的范畴来确定的意义下，CCG 是模块化的。例如，汉语关系子句结构由关系词"的"的范畴（NP/*）/（S[dcl] | NP）来确定。正是"的"的范畴对于参与结构的其他成分的范畴提出句法需求。

范畴 S [dcl] \ NP 可以以多种方式衍生。一种具有主语空位的陈述句如（3-9）所示。

（3-9）喝啤酒的人

```
    喝              啤酒              的                人
 (S[dcl]\NP)/NP     NP        (NP/NP)\(S[dcl]\NP)      NP
 ─────────────────────── >    ──────────────────────
       S[dcl]\NP                                       <
 ──────────────────────────────────────
              NP/NP
 ─────────────────────────────────────────────────── >
                        NP
```

不考虑内部结构，只要它产生范畴 S [dcl] /NP，那么此结构是符合语法的。再如（3-10）的示例。

（3-10）被逮捕的犯人

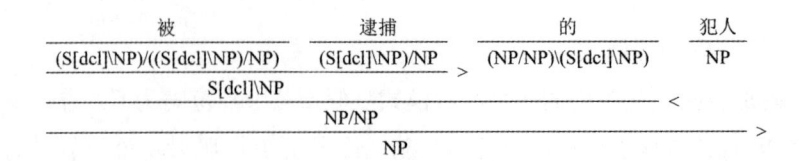

```
         被                    逮捕              的               犯人
 (S[dcl]\NP)/((S[dcl]\NP)/NP)  (S[dcl]\NP)/NP  (NP/NP)\(S[dcl]\NP)  NP
 ──────────────────────────────────────── >
              S[dcl]\NP                                           <
 ──────────────────────────────────────────────
                    NP/NP
 ────────────────────────────────────────────────────── >
                            NP
```

由于语句可能包含多种非局部依赖（NLD）类型，因此语迹消去过程的作用顺序可能会影响分析结果。转换过程中所用的语迹消去过程如表格 29 所示，其中多个过程可同时使用。

表格 29　　　　　　　　　语迹消去的主要过程

过程	举例
长"被"字句	我的钱包被他抢走了
短"被"字句	城市被雨困住
空位"把"字句	我把那封信送给你
空位话题化	那部电影我还没看
非空位话题化	水果我喜欢哈密瓜
论元簇并列	我给你三块钱，你弟弟两块钱
主语抽取	卖蔬菜的人
宾语抽取	人家卖的蔬菜
代词脱落	卖的蔬菜

关于过程作用顺序，可以考虑以下的一个原则（语迹消去过程作用原则）：

如果构造 X 能够产生用于构造 Y 的结果，那么构造 X 的分析应该先于构造 Y。

例如，被字句能够产生结果 S [dcl] \ NP，它可以被用作关系从句构造的补语。因此应用被字句的语迹消去过程应该先于关系从句的构造。同样，在双及物动词的主语代词脱落能够产生结果 S [dcl] /NP，它可以用作关系从句构造中的宾语空位从句，因此代词脱落的分析应该先于从句构造。

2. 范畴修复

范畴修复应用到子树的类型提升（>T）NP，作用在组合（>B）来产生所期望的父范畴 S [dcl] /NP，恢复派生的有效性。范畴修复的算法如图 64 所示。

算法采用自底而上的方式。范畴修复算法中的每一个判定语句尽力

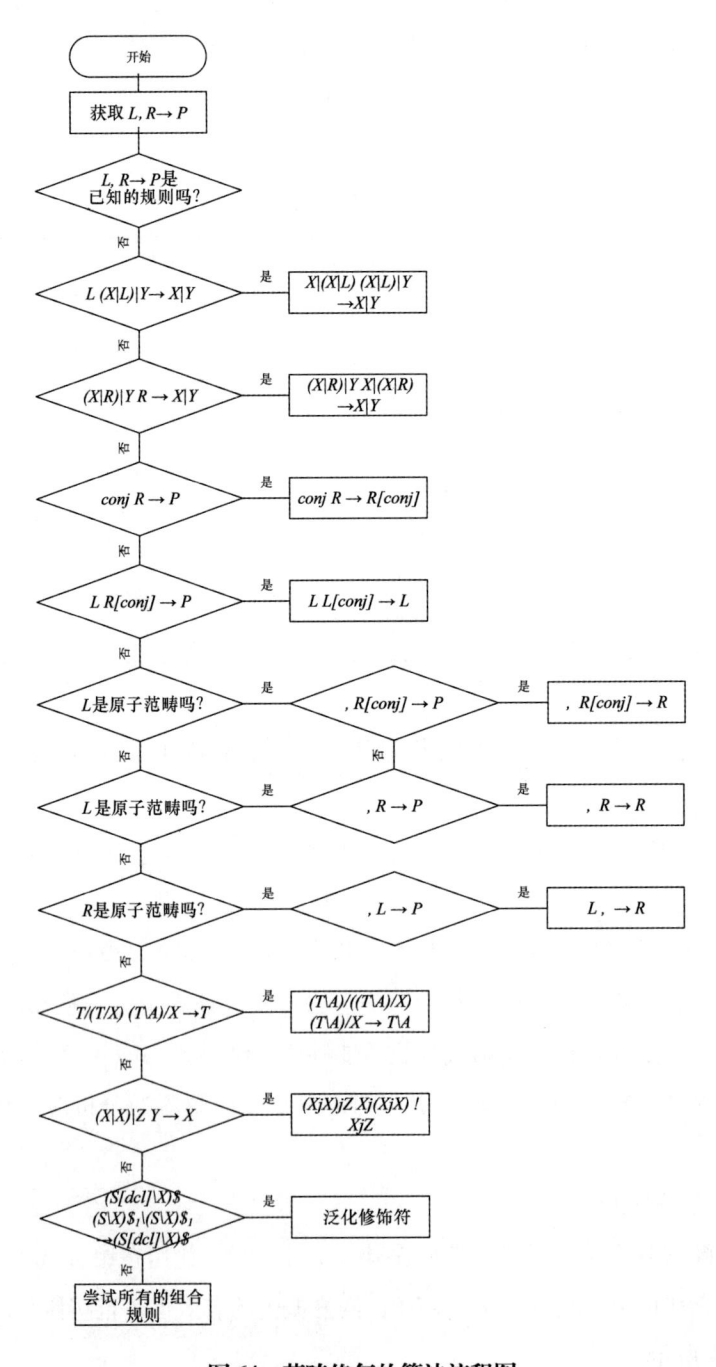

```
                    ┌─────────┐
                    │  开始   │
                    └────┬────┘
                    ┌────┴────┐
                    │获取 L, R→P│
                    └────┬────┘
                         │
                    ╱─────────╲
                   ╱L, R→P 是  ╲
                  ╱ 已知的规则吗?╲
                   ╲            ╱
                    ╲──────────╱
                         │否
                    ╱─────────╲        是    ┌──────────────────┐
                   ╱L (X|L)|Y→X|Y╲─────────→│X|(X|L) (X|L)|Y   │
                    ╲           ╱            │→X|Y              │
                     ╲─────────╱             └──────────────────┘
                         │否
                    ╱─────────╲        是    ┌──────────────────┐
                   ╱(X|R)|Y R→X|Y╲────────→ │(X|R)|Y X|(X|R)   │
                    ╲           ╱            │→X|Y              │
                     ╲─────────╱             └──────────────────┘
                         │否
                    ╱─────────╲        是    ┌──────────────────┐
                   ╱ conj R→P  ╲──────────→ │conj R→R[conj]    │
                    ╲          ╱             └──────────────────┘
                     ╲────────╱
                         │否
                    ╱─────────╲        是    ┌──────────────────┐
                   ╱L R[conj]→P╲─────────→  │L L[conj]→L       │
                    ╲          ╱             └──────────────────┘
                     ╲────────╱
                         │否
                    ╱─────────╲   是  ╱─────────╲  是  ┌──────────────┐
                   ╱L是原子范畴吗?╲──→╱,R[conj]→P╲────→│,R[conj]→R    │
                    ╲          ╱    ╲          ╱      └──────────────┘
                     ╲────────╱      ╲────────╱
                         │否              │否
                    ╱─────────╲   是  ╱─────────╲  是  ┌──────────────┐
                   ╱L是原子范畴吗?╲──→╱ ,R→P     ╲────→│,R→R          │
                    ╲          ╱    ╲          ╱      └──────────────┘
                     ╲────────╱      ╲────────╱
                         │否              │否
                    ╱─────────╲   是  ╱─────────╲  是  ┌──────────────┐
                   ╱R是原子范畴吗?╲──→╱ ,L→P     ╲────→│L,→R          │
                    ╲          ╱    ╲          ╱      └──────────────┘
                     ╲────────╱      ╲────────╱
                         │否
                    ╱─────────────╲     是    ┌──────────────────────┐
                   ╱T/(T\X)(T\A)/X→T╲────────→│(T\A)/((T\A)/X)       │
                    ╲               ╱         │(T\A)/X→T\A           │
                     ╲─────────────╱          └──────────────────────┘
                         │否
                    ╱─────────────╲     是    ┌──────────────────────┐
                   ╱(X|X)|Z Y→X   ╲──────────→│(XjX)jZ Xj(XjX)!      │
                    ╲             ╱           │XjZ                   │
                     ╲───────────╱            └──────────────────────┘
                         │否
                    ╱─────────────╲     是    ┌──────────────────────┐
                   ╱(S[dcl]\X)$   ╲           │                      │
                  ╱(S\X)$₁\(S\X)$₁╲──────────→│   泛化修饰符         │
                   ╲→(S[dcl]\X)$ ╱            └──────────────────────┘
                    ╲───────────╱
                         │否
                    ┌─────────┐
                    │尝试所有的组合│
                    │   规则      │
                    └─────────┘
```

图 64　范畴修复的算法流程图

去合一节点及其子节点的范畴。如果合一成功,算法将重写节点和其子节点的范畴。

3.3.6 举例

我们以(3-11)为例,展示 CCGBank 转换算法过程。

(3-11)去年,福州、厦门、泉州、漳州、莆田五地市乡镇企业经济总量占全省百分之七十以上。

(3-11)在 PCTB 中的树状表示如图 65 所示。

```
<S ID = 261>
( (IP (IP (NP - TMP (NT 去年))
      (PU,)
      (NP - SBJ (NP (NP - PN - APP (NR 福州)
                    (PU、)
                    (NR 厦门)
                    (PU、)
                    (NR 泉州)
                    (PU、)
                    (NR 漳州)
                    (PU、)
                    (NR 莆田))
                (QP (CD 五))
                (NP (NN 地)
                (NN 市)))
            (NP (NN 乡镇)
                (NN 企业)
                (NN 经济)
                (NN 总量)))
      (VP (VV 占)
          (LCP - OBJ (NP (DP (DT 全))
                         (NP (NN 省)))
                     (LCP (QP (CD 百分之七十))
                          (LC 以上)))))
      (PU。)))
</S>
```

图 65 (3-11)的短语结构树表征

1. 标记 Mark

经过标记算法处理后（tageged），例句转化为：

((IP < -1 > (IP < -1 > (NP-TMP: a < -1 > (NT 去年)) (PU ,) (NP-SBJ: 1 < -1 > (NP: a < -1 > (NP-PN-APP: A < -1 > (NR: c 福州) (PU ,) (NR: c 厦门) (PU ,) (NR: c 泉州) (PU ,) (NR: c 漳州) (PU ,) (NR: c 莆田)) (QP: a < -1 > (CD 五)) (NP: r < -1 > (NN: n 地) (NN: N 市))) (NP: h < -1 > (NN: n 乡镇) (NN: n 企业) (NN: n 经济) (NN: N 总量))) (VP: h < -1 > (VV: h 占) (LCP-OBJ: r < -1 > (NP: a < -1 > (DP: a < -1 > (DT 全)) (NP: h < -1 > (NN 省))) (LCP: h < -1 > (QP: l < -1 > (CD 百分之七十)) (LC: h 以上)))) (PU 。)))

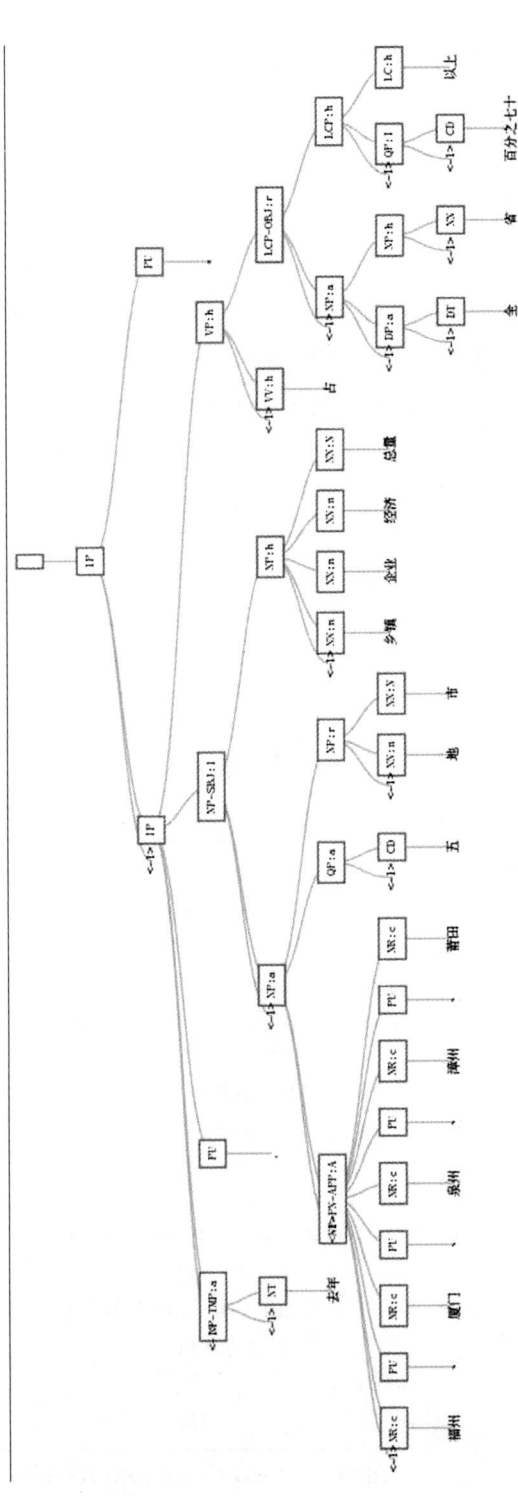

图 66（3–11）的标记阶段后的树形结构

2. 二分

经过标记之后，对此进行二分，转化为：

((IP <0> (IP <1> (NT - TMP; a <0> (NT - TMP; a 去年) (PU ，) (IP <1> (NP - SBJ; 1 <1> (NP; a <1> (NP - PN - APP; A <1> (NR: c 福州) (NP - PN - APP <1> (PU ，) (NP - PN - APP <1> (NR: c 厦门) (NP - PN - APP <1> (NR: c 泉州) (NP - PN - APP <1> (PU ，) (NP - PN - APP <1> (NR: c 漳州) (NP - PN - APP <1> (PU ，) (NR: c 莆田))))))))) (NP <1> (CD: a 五) (NP; r <1> (NN: n 地) (NN: N 市))) (NP; h <1> (NN: n 乡镇) (NP <1> (NN: n 企业) (NP <1> (NN: n 经济) (NN: N 总量)))) (VP: h <0> (VV: h 占) (LCP - OBJ: r <1> (NP: a <1> (DT: a 全) (NN: h 省)) (LCP: h <1> (CD: l 百分之七十) (LC: h 以上))))) (PU 。)))

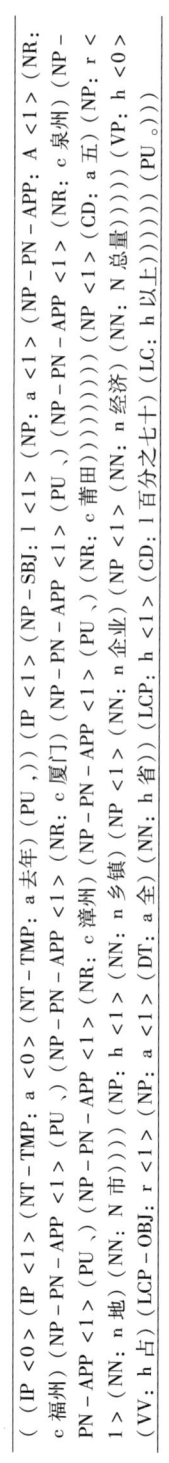

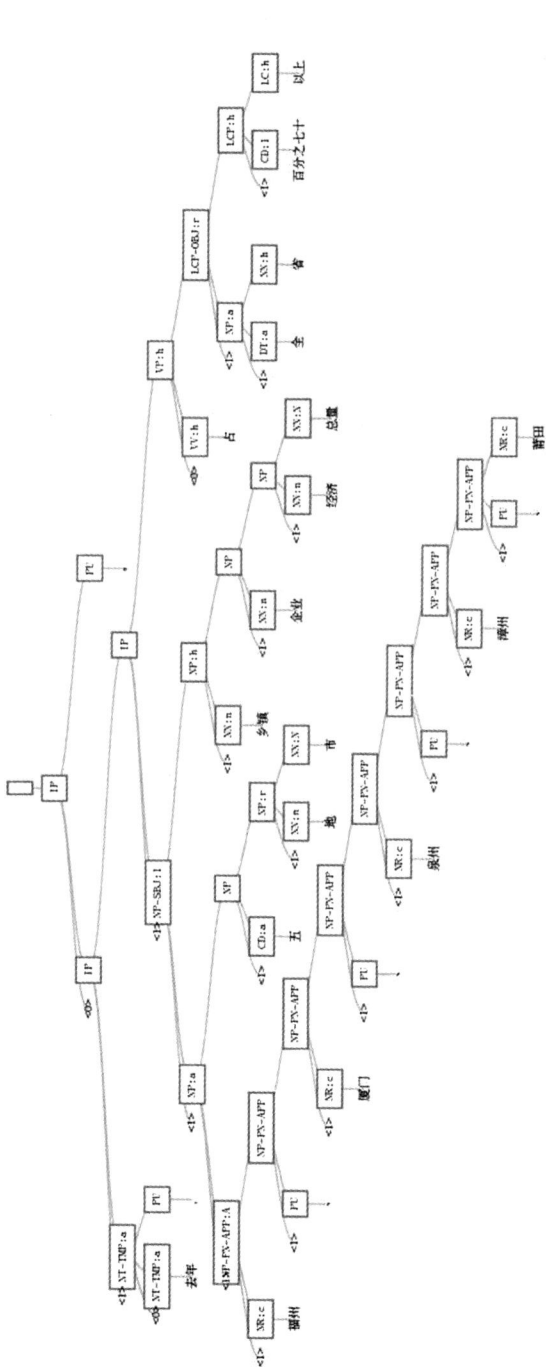

图67 （3-11）的二分阶段后的树形结构

140 / 汉语组合范畴语法研究

3. 赋范畴

在二分之后，赋予范畴，转化为：

((IP <0> {S [dcl]} (IP <1> {S [dcl]} (NT-TMP: a <0> {S/S} (NT-TMP: a {S/S} 去年) (PU {,}, ,)) (IP <1> {S [dcl]} (NP-SBJ: 1 <1> {NP} (NP: a <1> {NP/NP} (NP-PN-APP; A <1> {NP} (NR: c {NP} 福州) (NP-PN-APP <1> {NP} (NR: c {NP} (PU {,}, ,) (NP-PN-APP <1> {NP} (NR: c {NP} 厦门) (NP-PN-APP <1> {NP} [conj] (PU {,}, ,) (NP-PN-APP <1> {NP} (NR: c {NP} 泉州) (NP-PN-APP <1> {NP} [conj] (PU {,}, ,) (NP-PN-APP <1> {NP} (NR: c {NP} 漳州) (NP-PN-APP <1> {NP} (PU {,}, ,) (NR: c {NP} 莆田)))))))) (NP <1> {NP} {NP} (CD: a {NP/NP} 五) (NP: r <1> {NP} (NN: n {NP/NP} 地) (NN: N {NP} 市)))) (NP: h <1> {NP} (NN: n {NP/NP} 企业) (NP <1> {NP} (NN: n {NP/NP} 经济) (NN: N {NP} 总量)))) (VP: h <0> {S [dcl] \ NP} (VV: h <1> (S [dcl] \ NP} /LCP} (LCP-OBJ: r <1> {LCP} (NP: a <1> {LCP/LCP} / {LCP/LCP} (DT: a { (LCP/LCP) / (LCP/LCP)} 全) (NN: h {LCP/LCP} 省)) (LCP: h <1> {LCP} (CD: 1 {QP} 百分之七十) (LC: h {LCP\ QP} 以上))))) (PU {,}. 。)))

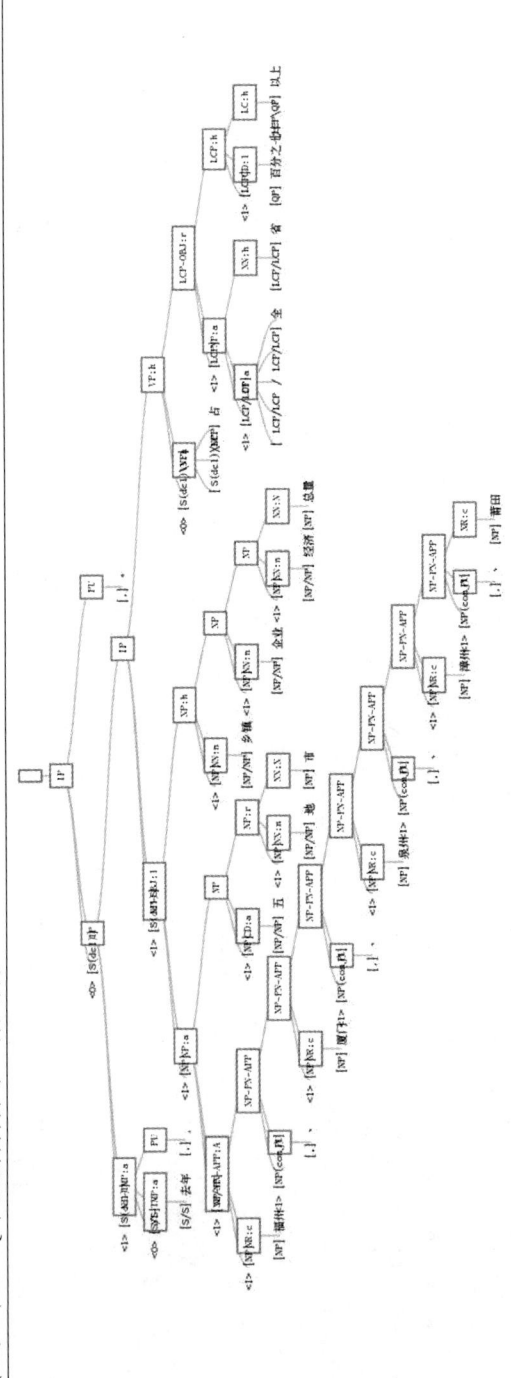

图 68 (3-11) 的赋范畴阶段后的树形结构

4. 修复

在赋予范畴之后进行修复，转化为：

((IP <0> {S [dcl]} {S [dcl]} (IP <1> {S [dcl]} {S [dcl]} (NT-TMP: a <0> {S/S} {S/S} (NT-TMP: a {S/S} {S/S} 去年) (PU {.} {,} ，) (IP <1> {S [dcl]} {S [dcl]} (NP-SBJ: l <1> {NP} {NP: a <1> {NP/NP} {NP/NP} (NP-PN-APP: A <1> {NP} {NP: c {NP} {NP}} (NR: c {NP} {NP}} 福州)} (NP-PN-APP <1> {NP} {NP: a <1> {NP/NP} {NP/NP}} (PU {.} {,} 、) (NP-PN-APP <1> {NP} {NP: a <1> {NP/NP} {NP/NP}} (NR: c {NP} {NP}} 泉州)} (NP-PN-APP <1> {NP} {NP: a <1> {NP/NP} {NP/NP}} (PU {.} {,} 、) (NP-PN-APP <1> {NP} {NP: c {NP} {NP}} (NR: c {NP} {NP}} 漳州)} (NP-PN-APP <1> {NP} {NP: c {NP} {NP}} (NR: c {NP} {NP}} 莆田)))))))) (NP <1> {NP} {NP: a {NP/NP} {NP/NP}} (CD: a {NP/NP} {NP/NP}} 五) {NP} {NP: r <1> {NP} {NP}} (NN: n {NP/NP} {NP/NP}} 地) (NN: n {NP} {NP}} 市) (NN: n {NP} {NP}} 企业)) (NP <1> {NP} {NP: r <1> {NP} {NP}} (NN: n {NP/NP} {NP/NP}} 经济)) (NN: N {NP} {NP}} 总量)))) (NP <1> {S [dcl]} {S [dcl]\ NP} {VP: h <1> {VP: h <0> {S [dcl]\ NP} {VP: h <0> {S [dcl]\ NP}} (VV: h {S [dcl]\ NP} {S [dcl]\ NP}} 占) (LCP-OBJ: r <1> {LCP} {LCP: a <1> {LCP} {LCP}} (NP: a <1> {LCP/LCP} {LCP/LCP}} (DT: a {LCP/LCP} {LCP/LCP}} 全) (NN: h {LCP/LCP} {LCP/LCP}} 省)) (LCP: h <1> {LCP} {LCP: h {LCP\ NP} {LCP\ NP}} (CD: l {QP} {QP}} 百分之七十) (LC: h {LCP\ QP} {LCP\ QP}} 以上))))) (PU {.} {。} 。)))

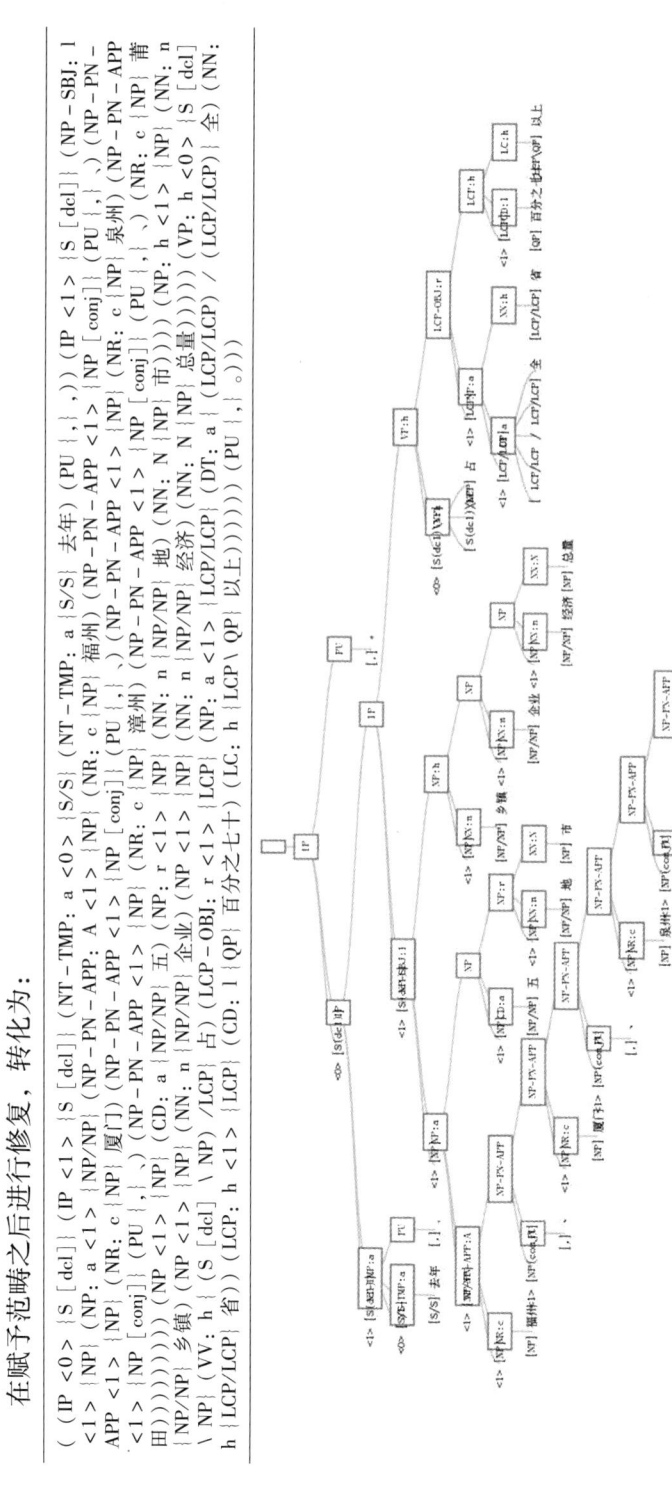

图69 （3-11）的修复阶段后的树形结构

5. 最终转化结果

最终产生的组合范畴语法树为：

(<T S [dcl] 0 2 > (<T S [dcl] 1 2 > (<T S/S 0 2 > (<L S/S NT NT 去年 S/S >) (<T NP/NP 1 2 > (<T NP 1 2 > (<L NP NR NR 福州 NP >) (<T NP [conj] 1 2 > (<L, PU PU , , >)) (<T S [dcl] 1 2 > (<T NP 1 2 > (<T NP NR NR 厦门 NP >) (<T NP [conj] 1 2 > (<L, PU PU , , >) (<T NP NR NR 泉州 NP >, >) (<T NP 1 2 > (<T NP [conj] 1 2 > (<L, PU PU , , >) (<T NP NR NR 莆田 NP >) , >) (<T NP 1 2 > (<L NP/NP NN NN 地 NP/NP >) (<T NP 1 2 > (<L NP/NP NN NN 市 NP/NP >) (<L NP/NP NN NN 乡镇 NP/NP >)))))) (<T S [dcl] \ NP 0 2 > (<L NP/NP NN NN 企业 NP/NP >) (<T S [dcl] \ NP 0 2 > (<L S [dcl] \ NP) /LCP VV VV 占 (S [dcl] \ NP) /LCP >) (<T LCP 1 2 > (<L, (LCP/LCP) / (LCP/LCP) DT DT 全 LCP/LCP) / (LCP/LCP) >) (<L LCP/LCP NN NN 省 LCP/LCP >) (<T LCP 1 2 > (<L QP CD CD 百分之七十 QP >) (<L LCP \ QP LC LC 以上 LCP \ QP >)))) (<L, PU PU 。 , >)))

最终转换结果

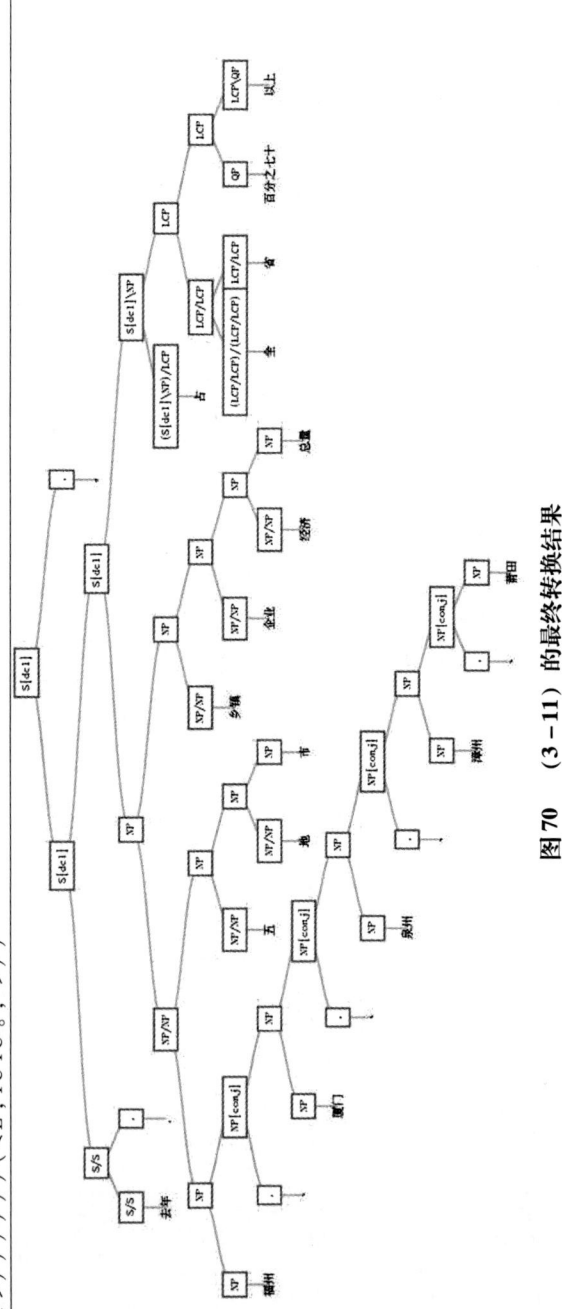

图 70 （3-11）的最终转换结果

3.4 汉语 CCGBank 的统计与分析

根据统计，我们转换系统共产生的符合语法的 CCG 派生树共 25694 棵，即 25694 个语句，722790 汉语词例。汉语 CCGBank 与我们所知道的清华 CCG 库的对比如表格 30 所示。

表格 30   汉语 CCGBank vs 清华 CCGBank

树库	清华 CCG 库	汉语 CCGBank
词例	100 万汉语词例	46085 词条（722790 汉语词例）
语句	45000	25694

我们的 CCGBank 的总体情况如表格 31 所示。

表格 31   汉语 CCGBank 的主要统计数

CCGBank 的统计维度	数量
语句	25694
范畴	1293
词例	46085
规则例	2483

从语句数来看，汉语 CCGBank 成功转换的语句数量 25694 个语句。从范畴来看，汉语 CCGBank 共有 1293 个范畴。从词例来看，汉语 CCGBank 共有 46085 个词例。从规则例来看，汉语 CCGBank 共有 2483 个。

在我们所转换的汉语 CCGBank 中，展现出比较突出的范畴歧义性问题。经过统计，在我们所生成的汉语 CCGBank 中，最具歧义性的词汇（其范畴数量最多）前 50 名如表格 32 所示。

表格 32　　　　　　　最具范畴歧义性的前 50 个汉语词

范畴数量	词	出现的次数	范畴数量	词	出现的次数
181	的	38354	39	后	919
97	在	9622	38	两	1957
79	是	7680	38	每	659
76	一	6086	37	还	1637
69	到	1842	37	，	48546
61	有	3784	37	说	2936
57	(	935	37	也	3159
53	上	2232	34	如	229
52	为	2366	34	二	255
51	了	6164	33	像	197
49	对	2760	33	全	993
48	来	1551	33	没有	1026
46	从	1237	33	大	1846
45	以	1859	31	自	191
45	前	918	30	——	269
45	这	3408	30	同	460
43	下	702	30	给	389
43	等	991	29	第一	727
42	要	1734	29	被	1353
42	三	930	28	包括	386
41	中	2322	27	将	2494
41	不	3497	27	用	447
40	由	779	26	时	869
40	多	1103	26	经	117
39	就	2385	26	地	794

其中"的"在 CCGBank 中的范畴多达 182 个，具体的范畴列在附录 B 中。"的"的歧义性主要有两方面的原因：

第一，"的"是非常典型的多义字。"的"是汉语的关系词，可以出现在空位和非空位的情形下；它也是泛化修饰助动词等。每种含义都需要不同的范畴。

第二，典型的"X 的 Y"构造，根据 X 和 Y 的范畴不同，"的"会产生不同的范畴。

此外，根据规则例的统计，我们发现应用规则共有 1182，占总数 2483 的 47.6%，可以看出在汉语中，词语毗邻方式主要采用应用方式。而替换规则数量只有 2 个。

词汇范畴出现频次与序列的对数关系图如图 71 所示。规则例出现频次与序列的对数关系图如图 72 所示。

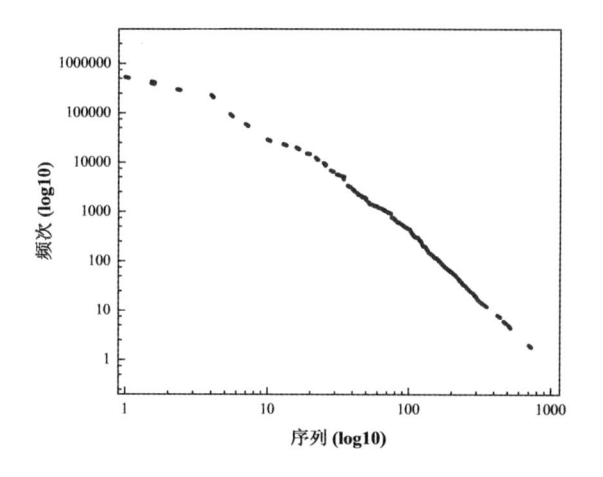

图 71 词汇范畴出现频次与序列关系图

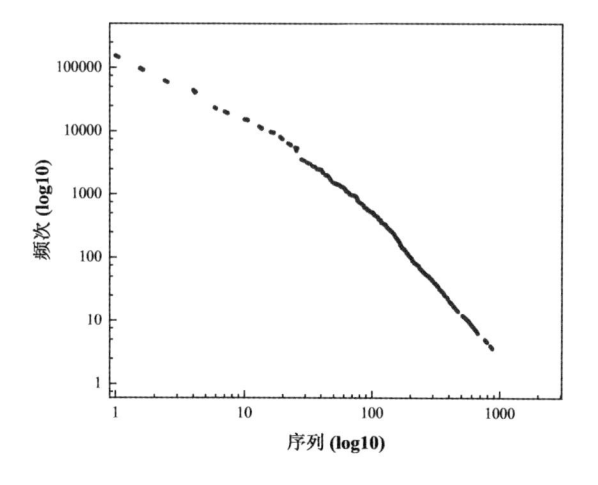

图 72 规则例出现频次与序列关系图

3.4.1 范畴统计

CCGBank 语料库包含 25694 个句子语料，其中范畴共有 1293 个。其中原子范畴约有 25 个，复合范畴约有 1268 个。常见原子范畴如表格 33、图 73 所示。

表格 33　　　　　　　常见原子范畴

范畴名称	出现次数
NP	525872
S［dcl］	253606
M	20568
QP	20224
conj	18466
LCP	15337

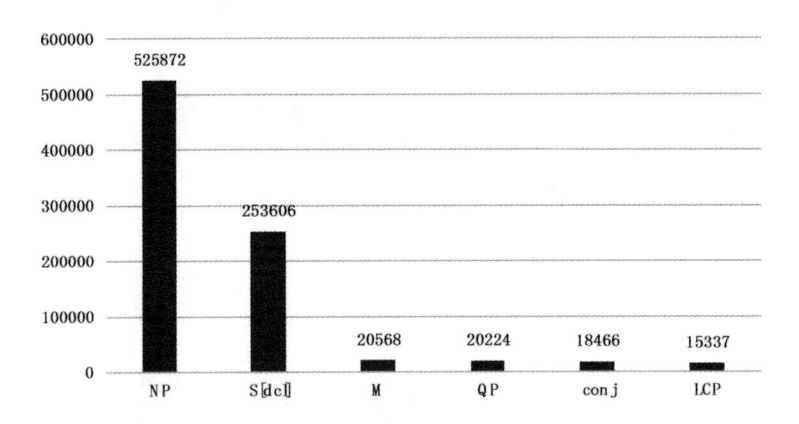

图 73　原子范畴出现次数

常见复合范畴如表格 34、图 74 所示。

表格 34　　　　　　　常见复合范畴

范畴名称	出现次数
S［dcl］\ NP	373292
NP/NP	231018
(S\ NP)／(S\ NP)	112958

续表

范畴名称	出现次数
(S [dcl] \ NP) /NP	72210
S/S	59953
(S [dcl] \ NP) / (S [dcl] \ NP)	29248
S [dcl] \ NP [conj]	23660
(S [dcl] \ NP) /S [dcl]	21316
((S \ NP) / (S \ NP)) /NP	15980
(NP/NP) \ NP	15008

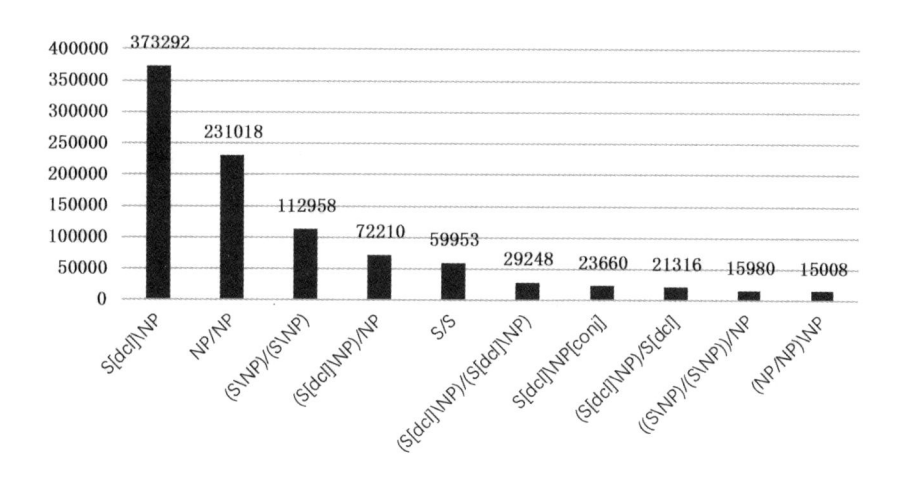

图 74　复合范畴出现次数

3.4.2　词例统计

CCGBank 语料库包含 25694 个句子语料,其中词例共有 46085 个。范畴数量个数最多的十个词如表格 35、图 75 所示。

表格 35　　　　范畴个数最多的前十个词语

词例	范畴个数	出现次数
的	181	38354
在	97	9622

续表

词例	范畴个数	出现次数
是	79	7680
一	76	6086
到	69	1842
有	61	3784
（	57	935
上	53	2232
为	52	2366
了	51	6164

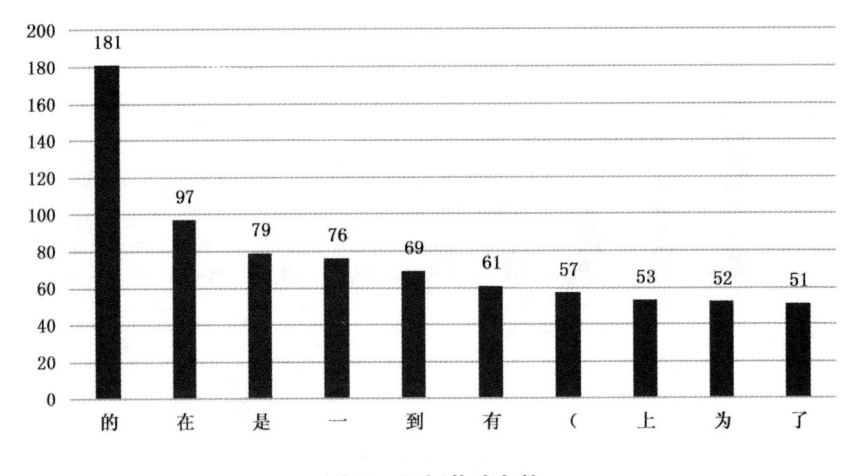

图 75　词例范畴个数

词例出现次数最多的十个词语如表格 36、图 76 所示。

表格 36　　　　出现次数最多的前十个词语

词例	范畴个数	出现次数
，	37	48546
的	181	38354

续表

词例	范畴个数	出现次数
。	6	22619
在	97	9622
、	7	8575
是	79	7680
了	51	6164
一	76	6086
和	23	5102
有	61	3784

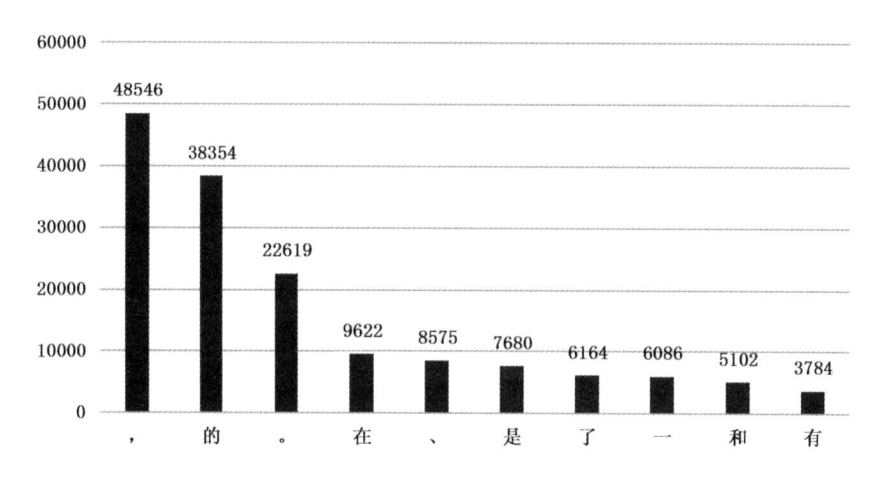

图 76　词例出现次数

3.4.3　规则例统计

CCGBank 语料库包含 25694 个句子语料，其中规则例共有 2483 个。按照规则的类型，规则例的分布情况如表格 37、图 77 所示。

表格 37　　　　　　　　　规则例按照类型的分布

规则类型	规则例数量
应用规则	1182
组合规则	202
类型提升	43
替换规则	2
其他	1054

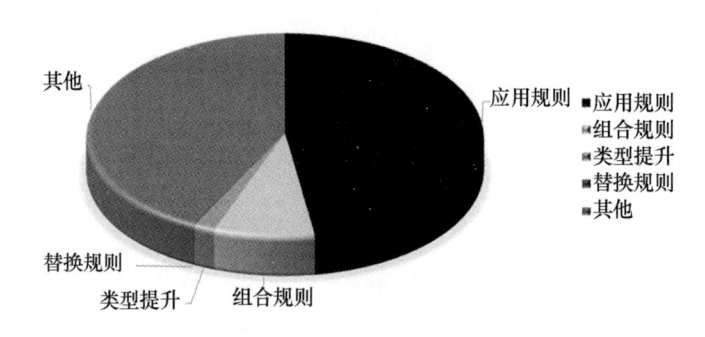

图 77　汉语 CCGBank 规则例分析

1. 应用规则类型

①X/Y Y →X 类型的规则

表格 38　　出现次数最多的前十个应用规则 X/Y Y － － > X 规则例

规则例	数量
NP/NP, NP － － > NP	154401
(S\NP) / (S\NP), S［dcl］\NP － － > S［dcl］\NP	72978
(S［dcl］\NP) /NP, NP － － > S［dcl］\NP	44412
S/S, S［dcl］－ － > S［dcl］	22762
(S［dcl］\NP) / (S［dcl］\NP), S［dcl］\NP － － > S［dcl］\NP	20239
((S\NP) / (S\NP)) /NP, NP － － > (S\NP) / (S\NP)	15246
(NP/NP) /M, M － － > NP/NP	10427

续表

规则例	数量
(S [dcl] \ NP) /S [dcl], S [dcl] - -> S [dcl] \ NP	9644
(NP/NP) / (NP/NP), NP/NP - -> NP/NP	9476
QP/M, M - -> QP	6128

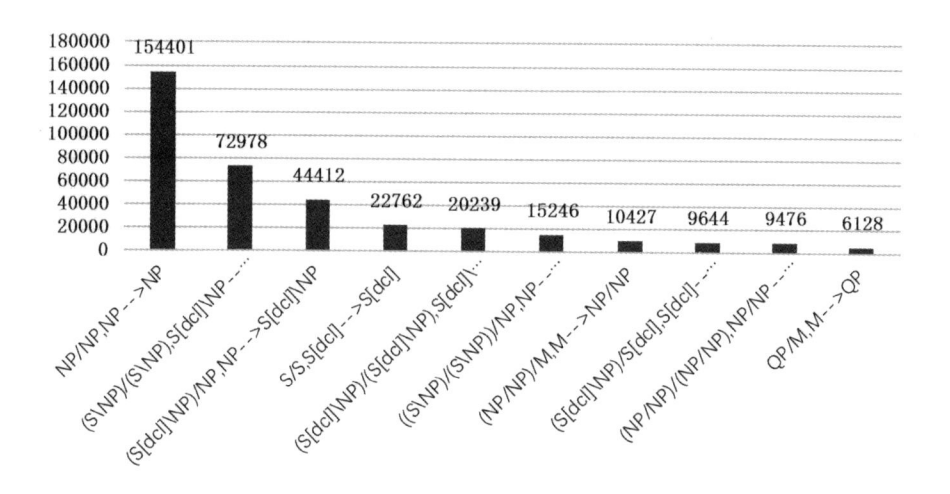

图 78　X/Y Y - - > X 类型的规则

下面，我们对主要出现在 CCGBank 中的 X/Y Y →X 类型规则例进行举例。

(3-12)（NP/NP, NP - - > NP）世界职业围棋赛中国两小将打进八强。

```
世界    职业    围棋赛   中国    两     小将    打进           八      强
NP/NP   NP/NP   NP      NP/NP   NP/NP   NP     (S[dcl]\NP)/NP   NP/NP   NP
        ─────────>              ─────────>                      ─────────>
            NP                      NP                              NP
─────────>
    NP
─────────>
    S/S                 ─────────>              ─────────────>
                            NP                      S[dcl]\NP
                        ─────────────────────────────────────<
                                        S[dcl]
─────────────────────────────────────────────────────────────>
                                S[dcl]
```

（3-13）（(S\NP)/(S\NP), S[dcl]\NP --> S[dcl]\NP) 今天对角逐首届春兰杯世界职业围棋赛的中国国手是"黑色的星期一"。

（3-14）（S[dcl]\NP, NP --> S[dcl]\NP）春兰杯赛是中国首次举办的世界职业围棋大赛。

(3-15) S/S, S [dcl] - - >S [dcl] 同时,将以引进外资促进农业实现高产、优质、高效。

(3-16) (S [dcl] \ NP) / (S [dcl] \ NP), S [dcl] \ NP - - >S [dcl] \ NP 浙江欢迎更多台商投资。

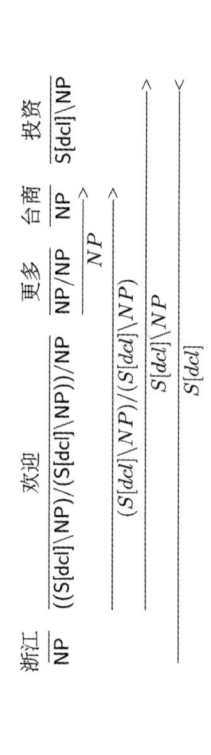

154 / 汉语组合范畴语法研究

(3-17) (((S\NP)/(S\NP))/NP, NP --> (S\NP)/(S\NP))/(S\NP) 城市基础设施利用外资改造和建设要取得显著成绩。

城市	基础	设施	利用	外资	改造	和	建设	要	取得	显著	成绩
NP/NP	NP/NP	NP	((S\NP)/(S\NP))/NP	NP	S[dcl]\NP	conj	S[dcl]\NP	(S[dcl]\S[dcl])/(S[dcl]\NP)	(S[dcl]\NP)/NP	NP/NP	NP

(3-18) (NP/NP)/M, M --> NP/NP 这是本赛季世界杯女子高山滑雪系列赛的第四次大回转比赛。

这	是	本	赛季	世界杯	女子	高山	滑雪	系列赛	的	第四	次	大	回转	比赛
NP	S[dcl]\NP)/NP	((NP/NP)/((NP/NP)/(NP/NP)))/NP	(NP/NP)/(NP/NP)	NP/NP	NP/NP	NP/NP	NP/NP	NP	S[dcl]\NP	(NP/NP)/((NP/NP)/(NP/NP))	(NP/NP)/(NP/NP)	NP/NP	NP/NP	NP

(3-19) (S[dcl]\NP)/S[dcl], S[dcl] - - -> S[dcl]\NP 他说, 浙江和台湾最近点距离仅一百六十公里, 地缘相近, 人缘相亲。

(3-20) (NP/NP) / (NP/NP), NP/NP - - -> NP/NP "一国两制" 与香港经济高级论坛在京举行。

"	一	国	两	制	"	与	香港	经济	高级	论坛	在	京	举行
LQU	((NP/NP)/(NP/NP))/((NP/NP)/(NP/NP))	(NP/NP)/(NP/NP)	(NP/NP)/(NP/NP)	NP/NP	RQU	conj	(NP/NP)/(NP/NP)	NP/NP	NP/NP	NP	((S\NP)/(S\NP))/NP	NP	S[dcl]\NP

$$(NP/NP)/(NP/NP)$$
$$NP/NP$$
$$NP/NP$$
$$NP/NP$$
$$NP/NP[conj]$$
$$NP \quad\quad\quad >B$$
$$(S\backslash NP)/(S\backslash NP)$$
$$S[dcl]\backslash NP$$
$$NP$$
$$S[dcl]$$

②Y X \ Y – – > X 类型规则

表格39　　出现次数最多的前十个 Y X \ Y – – > X 类型规则例

规则例	数量
NP, S [dcl] \ NP – – > S [dcl]	49414
NP, (NP/NP) \ NP – – > NP/NP	14962
S [dcl] \ NP, (NP/NP) \ (S [dcl] \ NP) – – > NP/NP	9955
NP, LCP \ NP – – > LCP	5648
S [dcl], (NP/NP) \ S [dcl] – – > NP/NP	3565
S [dcl] /NP, (NP/NP) \ (S [dcl] /NP) – – > NP/NP	2421
S [dcl] \ NP, (S \ NP) \ (S \ NP) – – > S [dcl] \ NP	1534
S [dcl], S [dcl] \ S [dcl] – – > S [dcl]	1512
NP, (S/S) \ NP – – > S/S	1472
PP, (NP/NP) \ PP – – > NP/NP	1405

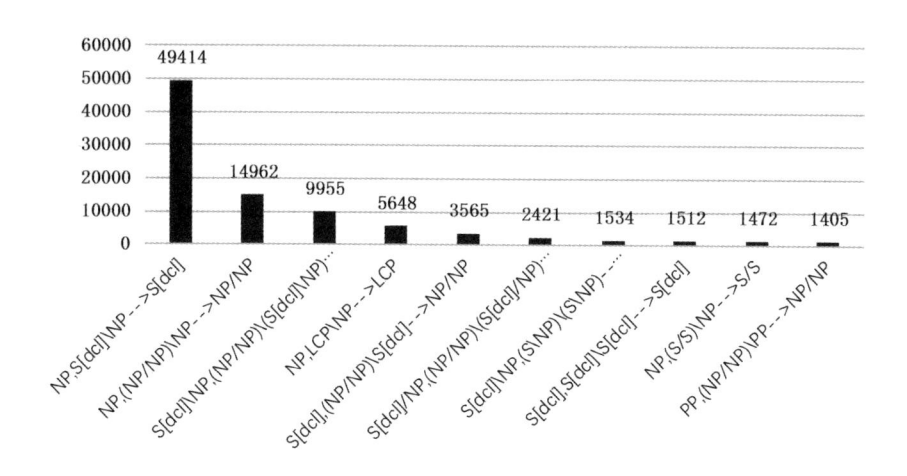

图79　Y X \ Y – – > X 类型规则例

(3-21) QP/M, M - - - >QP 有色总公司今年还安排直接找矿投资二亿元。

有色	总公司	今年	还	安排	直接	找	矿	投资	二亿	元
NP/NP	NP	(S\NP)/(S\NP)	(S\NP)/(S\NP)	(S[dcl]\NP)/(S[dcl]\NP)	(S\NP)/(S\NP)	((S\NP)/(S\NP))/NP	NP	(S[dcl]\NP)/QP	QP/M	M

$$\text{NP} \xrightarrow{>}$$

$$(S\NP)/(S\NP) \xrightarrow{>}$$

$$QP \xrightarrow{>}$$

$$S[dcl]\NP \xrightarrow{>}$$

$$S[dcl]\NP$$

$$S[dcl]\NP$$

$$S[dcl]\NP$$

$$S[dcl]\NP$$

$$S[dcl]\NP$$

$$S[dcl]$$

$$S[dcl]$$

下面，我们对主要出现在 CCGBank 中的 Y X \ Y - - > X 类型规则例进行举例。

（3-22）NP，S［dcl］\ NP - - > S［dcl］企业改革也取得新进展。

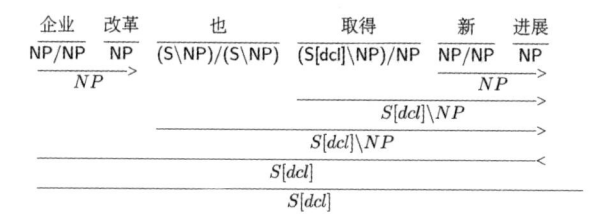

$$
\begin{array}{c}
\underline{\text{企业}}\ \underline{\text{改革}}\quad \underline{\text{也}}\qquad\quad \underline{\text{取得}}\qquad\quad \underline{\text{新}}\quad \underline{\text{进展}} \\
\underline{NP/NP}\ \ \underline{NP}\ \ \underline{(S\backslash NP)/(S\backslash NP)}\ \ \underline{(S[dcl]\backslash NP)/NP}\ \ \underline{NP/NP}\ \ \underline{NP} \\
\underline{\qquad NP\qquad\qquad\qquad\qquad\qquad\qquad\qquad\qquad NP\qquad}_{>} \\
\underline{\qquad\qquad\qquad\qquad\qquad\qquad\qquad S[dcl]\backslash NP\qquad\qquad}_{>} \\
\underline{\qquad\qquad\qquad\qquad\qquad S[dcl]\backslash NP\qquad\qquad\qquad\qquad}_{<} \\
\underline{\qquad\qquad\qquad\qquad\qquad S[dcl]\qquad\qquad\qquad\qquad\qquad} \\
S[dcl]
\end{array}
$$

（3-23）NP，（NP/NP）\ NP - - > NP/NP 向你们的家人及同学们问好。

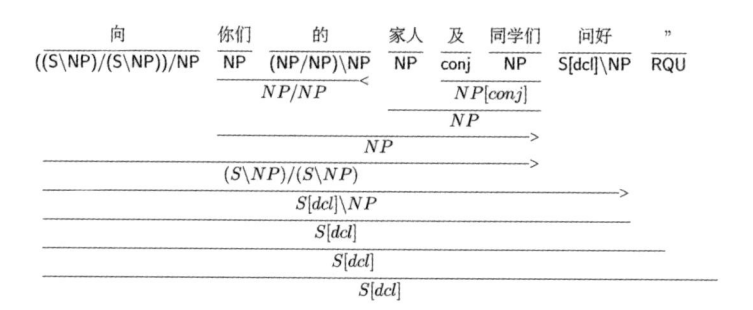

$$
\begin{array}{c}
\underline{\text{向}}\qquad\quad \underline{\text{你们}}\ \ \underline{\text{的}}\quad\ \underline{\text{家人}}\ \underline{\text{及}}\ \underline{\text{同学们}}\ \ \underline{\text{问好}}\qquad \underline{\text{"}} \\
\underline{((S\backslash NP)/(S\backslash NP))/NP}\ \ \underline{NP}\ \underline{(NP/NP)\backslash NP}\ \ \underline{NP}\ \underline{\text{conj}}\ \underline{NP}\ \ \underline{S[dcl]\backslash NP}\ \ \underline{RQU} \\
\underline{\qquad\qquad NP/NP\qquad}_{<}\qquad\qquad \underline{NP[conj]}\qquad \\
\underline{\qquad\qquad\qquad\qquad\qquad\qquad\qquad NP\qquad} \\
\underline{\qquad\qquad\qquad\qquad NP\qquad\qquad\qquad\qquad\qquad}_{>} \\
\underline{\qquad\qquad\qquad (S\backslash NP)/(S\backslash NP)\qquad\qquad} \\
\underline{\qquad\qquad\qquad S[dcl]\backslash NP\qquad\qquad\qquad} \\
\underline{\qquad\qquad\qquad S[dcl]\qquad\qquad\qquad} \\
S[dcl]
\end{array}
$$

（3-24）S［dcl］\ NP，（NP/NP）\（S［dcl］\ NP）- - > NP/NP 西安国有企业改革已进入建立现代企业制度的新阶段。

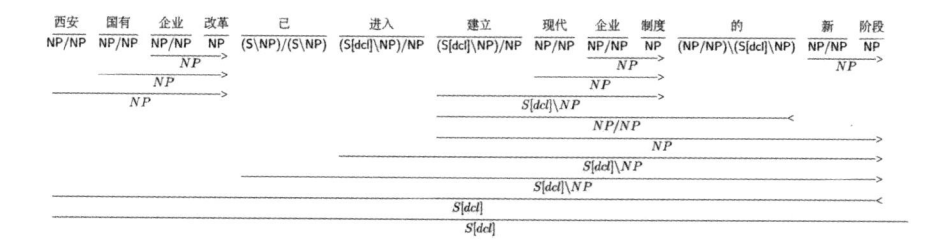

$$
\begin{array}{c}
\underline{\text{西安}}\ \underline{\text{国有}}\ \underline{\text{企业}}\ \underline{\text{改革}}\ \ \underline{\text{已}}\quad\ \underline{\text{进入}}\quad\ \underline{\text{建立}}\quad\ \underline{\text{现代}}\ \underline{\text{企业}}\ \underline{\text{制度}}\quad\ \underline{\text{的}}\qquad\ \underline{\text{新}}\quad \underline{\text{阶段}} \\
\underline{NP/NP}\ \underline{NP/NP}\ \underline{NP/NP}\ \underline{NP}\ \underline{(S\backslash NP)/(S\backslash NP)}\ \underline{(S[dcl]\backslash NP)/NP}\ \underline{(S[dcl]\backslash NP)/NP}\ \underline{NP/NP}\ \underline{NP}\ \underline{NP}\ \underline{(NP/NP)\backslash(S[dcl]\backslash NP)}\ \underline{NP/NP}\ \underline{NP} \\
\underline{\qquad NP\qquad}\qquad\qquad\qquad\qquad\qquad\qquad\qquad \underline{NP}\qquad\qquad\qquad\qquad\qquad\qquad \underline{NP} \\
\underline{\qquad NP\qquad\qquad}\qquad\qquad\qquad\qquad\qquad\qquad \underline{S[dcl]\backslash NP} \\
\underline{\quad NP\quad}\qquad\qquad\qquad\qquad\qquad\qquad\qquad\qquad\qquad \underline{NP/NP} \\
\qquad\qquad\qquad\qquad\qquad\qquad\qquad\qquad\qquad\qquad\qquad \underline{NP} \\
\qquad\qquad\qquad\qquad\qquad\qquad \underline{S[dcl]\backslash NP} \\
\qquad\qquad\qquad\qquad\qquad \underline{S[dcl]\backslash NP} \\
\underline{S[dcl]} \\
S[dcl]
\end{array}
$$

(3-25) NP, LCP\NP --->LCP 他强调:阿尔巴尼亚将从1999年1月1日起接受欧元业务。

他	强调	:	"	阿尔巴尼亚	将	从	1999年	1月	1日	起	接受	欧元	业务
NP	$\overline{S[dcl]\backslash NP)/S[dcl]}$	:	LQU	NP	$\overline{(S\backslash NP)/(S\backslash NP)}$	$\overline{((S\backslash NP)/(S\backslash NP))/LCP}$	$\overline{NP/NP}$	$\overline{NP/NP}$	NP	$\overline{LCP\backslash NP}$	$\overline{(S[dcl]\backslash NP)/NP}$	$\overline{NP/NP}$	NP

(3-26) S[dcl], (NP/NP) \S[dcl] --->NP/NP 中国援建多哥的体育场完成主体工程基础施工。

中国	援建	多哥	的	体育场	完成	主体	工程	基础	施工
NP	$\overline{(S[dcl]\backslash NP)/NP}$	NP	$\overline{(NP/NP)\backslash S[dcl]}$	NP	$\overline{(S[dcl]\backslash NP)/NP}$	$\overline{NP/NP}$	$\overline{NP/NP}$	$\overline{NP/NP}$	NP

(3-27) S[dcl]/NP, (NP/NP) \ (S[dcl]/NP) ---> NP/NP 在混暗的灯光下，仔细地寻找爆烈物所留下的碎屑。

(3-28) S[dcl] \ NP, (S\NP) \ (S\NP) ---> S[dcl] \ NP 岭澳核电站国际融资进展顺利。

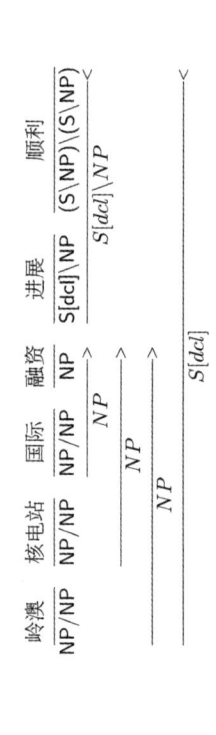

(3-29) S[dcl], S[dcl] \ S[dcl] - - - > S[dcl] 走上社会主义的道路也充满着曲折与艰辛。

走上	社会主义	的	道路	也	充满	着	曲折	与	艰辛
(S[dcl]\NP)/NP	NP	(NP/NP)\NP	NP	(S\S)/(S\S)	(S[dcl]\S[dcl])/NP	(S\S)\((S[dcl]\S[dcl])/NP)	NP	conj	NP

(3-30) NP, (S/S) \ NP - - - > S/S 不过东南亚地区的大自然环境里没有狮子生存。

不过	东南亚	地区	的	大自然	环境	里	没有	狮子	生存
S/S	NP/NP	NP	(NP/NP)\NP	NP/NP	NP	(S/S)\NP	(S[dcl]\NP)/S[dcl]	NP	S[dcl]\NP

第三章 计算:汉语 CCGBank 的构建 / 163

(3-31) PP, (NP/NP) \ PP - - > NP/NP 他把和小狗的合影放大, 挂在墙上。

```
他          把                 和      小狗    的         合影   放大       ,   挂                  在        墙    上
NP    (S[dcl]\NP)/S[dcl]    PP/NP    NP    RQU    (NP/NP)\PP   NP   S[dcl]\NP   ,   (S[dcl]\NP)/PP    PP/LCP    NP    LCP\NP
                                     ───LQU                                                                          ─────<
                                      NP                                                                              LCP
                                    ──────>                                                                      ──────────>
                                       PP                                                                             PP
                                    ───────────NP/NP                                                            ─────────────
                                                                                                                 S[dcl]\NP
                                    ──────────────<                                                             
                                            NP                                                                  S[dcl]\NP[conj]
                                    ────────────────>                                                           
                                             NP                                                                 S[dcl]\NP
                                    ───────────────────
                                            S[dcl]
                                    ───────────────────
                                            S[dcl]
```

2. 组合类型规则

①X/Y Y/Z - - > X/Z 类型规则

表格40 出现次数最多的前十个组合规则 X/Y Y/Z - - > X/Z 规则例

规则例	数量
(S \ NP) / (S \ NP), (S [dcl] \ NP) /NP - - > (S [dcl] \ NP) /NP	3009
S/ (S \ NP), (S [dcl] \ NP) /NP - - >S [dcl] /NP	2796
(S [dcl] \ NP) / (S [dcl] \ NP), (S [dcl] \ NP) /NP - - > (S [dcl] \ NP) /NP	693
NP/NP, NP/NP [conj] - - >NP/NP	603
S/ (S \ NP), (S [dcl] \ NP) /S [dcl] - - >S [dcl] /S [dcl]	526
S/S, S [dcl] /NP - - >S [dcl] /NP	278
(S \ NP) / (S \ NP), (S \ NP) / (S \ NP) [conj] - - > (S \ NP) / (S \ NP)	181
(S \ NP) / (S \ NP), (S [dcl] \ NP) /S [dcl] - - > (S [dcl] \ NP) /S [dcl]	122
S/S, S/S [conj] - - >S/S	116
(S [dcl] \ NP) / (S [dcl] \ NP), (S [dcl] \ NP) / (S [dcl] \ NP) [conj] - - > (S [dcl] \ NP) / (S [dcl] \ NP)	55

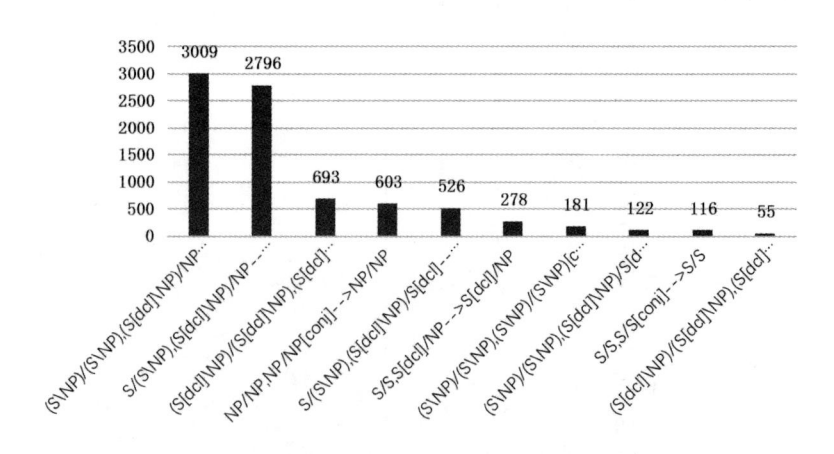

图80 X/Y Y/Z - - > X/Z 类型规则

下面，我们对主要出现在 CCGBank 中的 X/Y Y/Z - - > X/Z 类型规则例进行举例。

第三章 计算：汉语 CCGBank 的构建 / 165

(3-32) 但是，这种审判同时又为官方承认，为官方支持。

(3-33) 此次研讨会收到了一些海外人士发来的贺电。

(3-34) (S [dcl] \NP) / (S [dcl] \NP), (S [dcl] \NP) /NP --> (S [dcl] \NP) /NP 但良好的愿望又一次被战乱所粉碎。

(3-35) NP/NP, NP/NP [conj] --> NP/NP 菲律宾在政治上实行行政、立法、司法三权分立。

第三章 计算:汉语 CCGBank 的构建 / 167

(3-36) S/(S\NP), (S[dcl]\NP)/S[dcl] --> S[dcl]/S

```
大寨村      会计       贾海文            说
─────     ─────     ─────    ─────────────────
NP/NP      NP/NP      NP       (S[dcl]\NP)/S[dcl]
           ─────>
            NP
           ─────>
            NP
                     ─────>T
                     S/(S\NP)
                     ──────────────────────────>B
                              S[dcl]/S[dcl]
```

大寨村会计贾海文说。

(3-37) S/S, S[dcl]/NP --> S[dcl]/NP

这是锦标赛开赛 4 天以来中国选手获得的最高奖赏。

```
这        是              锦标赛   开赛              4      天      以来           中国    选手    获得            的                    最高      奖赏
──      ──────────      ─────   ──────────────    ────   ───    ──────────    ─────  ─────  ─────────────  ──────────────────────  ──────    ────
NP      (S[dcl]\NP)/NP    NP    (S[dcl]\NP)/QP    QP/M    M    (S/S)\S[dcl]   NP/NP   NP    (S[dcl]\NP)/NP  (NP/NP)\(S[dcl]/NP)     NP/NP     NP
                                                  ─────────>                        ─────>                                                    ─────>
                                                      QP                              NP                                                      NP
                                                 ──────────────>                     ─────>T
                                                  S[dcl]\NP                           S/(S\NP)
                                                 ──────────────                      ──────────────────>B
                                                     S[dcl]                                S[dcl]/NP
                                                ────────────────<
                                                       S/S
                                                                                                        ──────────────────────────────────>B
                                                                                                                      NP/NP
                                                                                                                      ─────>
                                                                                                                       NP
                                                                                                              <
                                                                                                            S[dcl]\NP
                                                                                                           ──────────
                                                                                                             S[dcl]
                                                                                          ───────────────────
                                                                                                S[dcl]
```

(3-38) (S\NP)/(S\NP), (S\NP)/(S\NP) [conj] - - > (S\NP)/(S\NP) 货币名称欧元既用拉丁字母也用希腊字母标识。

货币	名称	欧元	既	用	拉丁	字母	也	用	希腊	字母	标识
NP/NP	NP/NP	NP	conj	((S\NP)/(S\NP))/NP	NP/NP	NP	conj	((S\NP)/(S\NP))/NP	NP/NP	NP	S[dcl]\NP

$$\frac{NP}{NP} \quad \frac{(S\backslash NP)/(S\backslash NP)}{} \quad \frac{NP}{NP} \quad \frac{(S\backslash NP)/(S\backslash NP)}{}$$

$$(S\backslash NP)/(S\backslash NP)[conj] \quad {}^{>B}$$

$$(S\backslash NP)/(S\backslash NP)$$

$$S[dcl]\backslash NP$$

$$S[dcl]$$

(3-39) (S\NP)/(S\NP), (S\NP), (S[dcl]\NP)/S[dcl]\NP)/S[dcl] \NP) /S [dcl] 「我也不知道！」老农夫摇头说。

「	我	也	不	知道	！	」	老农夫	摇	头	说
LRB	NP	(S\NP)/(S\NP)	(S\NP)/(S\NP)	S[dcl]\NP	.	RRB	NP/NP NP	((S\NP)/(S\NP))/NP	NP	(S[dcl]\NP)/S[dcl]

$$\frac{NP}{S/(S\backslash NP)}{}^{>T} \quad \frac{(S\backslash NP)/(S\backslash NP)}{}$$

$$\frac{S[dcl]\backslash NP}{S[dcl]\backslash NP}{}^{>}$$

$$\frac{S[dcl]\backslash NP}{S[dcl]}{}^{<}$$

$$S[dcl]$$

$$S/(S/S)$$

$$S[dcl]$$

第三章　计算：汉语 CCGBank 的构建　/　169

(3–40) S/S, S/S [conj] - - - >S/S 女士，先生，请关机！

```
   女士      ，       先生      ；       请                              关机
   ───     ─────    ─────    ─────    ─────────────────────      ─────────
   S/S      conj     S/S      ;       (S[dcl]\NP)/(S[dcl]\NP)      S[dcl]\NP
            ─────────────                                    ─────────────────── >
              S/S[conj]                                            S[dcl]\NP
   ─────────────────────── >B                                 ──────────────────── >
            S/S                                                      S[dcl]
   ──────────────────────────────────── >
                  S/S
   ──────────────────────────────────────────────────────────────────────── >
                                        S[dcl]
```

(3–41) (S [dcl] \ NP) / (S [dcl] \ NP), (S [dcl] \ NP) / (S [dcl] \ NP) 媒介内容要不要管制？

```
  媒介    内容       要                         不        要                           管制
  ─────  ────  ───────────────────────       ─────  ───────────────────────        ─────────
  NP/NP   NP   (S[dcl]\NP)/(S[dcl]\NP)        conj  (S[dcl]\NP)/(S[dcl]\NP)         S[dcl]\NP
  ──────────── >                                    ─────────────────────────────────
       NP                                           (S[dcl]\NP)/(S[dcl]\NP)[conj]
                                              ──────────────────────────────────── >B
                                                   (S[dcl]\NP)/(S[dcl]\NP)
                                              ─────────────────────────────────── >
                                                         S[dcl]\NP
                                              ─────────────────────────────────── <
                                                           S[dcl]
```

②Y\Z X\Y -->X\Z 类型规则例

表格41　　　　　组合规则 Y\Z X\Y -->X\Z 规则例

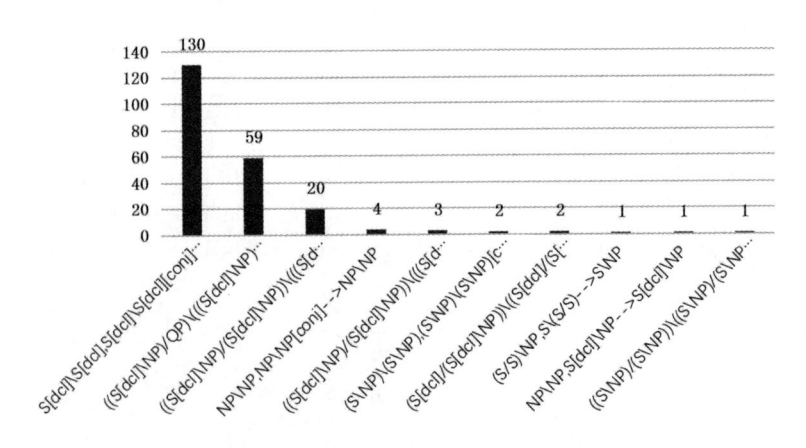

规则例	数量
S [dcl] \ S [dcl], S [dcl] \ S [dcl] [conj] -->S [dcl] \ S [dcl]	130
((S [dcl] \ NP) /QP) \ (((S [dcl] \ NP) /QP) /NP), (S [dcl] \ NP) \ ((S [dcl] \ NP) /QP) --> (S [dcl] \ NP) \ (((S [dcl] \ NP) /QP) /NP)	59
((S [dcl] \ NP) / (S [dcl] \ NP)) \ (((S [dcl] \ NP) / (S [dcl] \ NP)) / NP), (S [dcl] \ NP) \ ((S [dcl] \ NP) / (S [dcl] \ NP)) --> (S [dcl] \ NP) \ (((S [dcl] \ NP) / (S [dcl] \ NP)) /NP)	20
NP\NP, NP\NP [conj] -->NP\NP	4
((S [dcl] \ NP) / (S [dcl] \ NP)) \ (((S [dcl] \ NP) / (S [dcl] \ NP)) \ ((S\NP) / (S\NP))), (S [dcl] \ NP) \ ((S [dcl] \ NP) / (S [dcl] \ NP)) --> (S [dcl] \ NP) \ (((S [dcl] \ NP) / (S [dcl] \ NP)) \ ((S\NP) / (S\NP)))	3
(S\NP) \ (S\NP), (S\NP) \ (S\NP) [conj] --> (S\NP) \ (S\NP)	2
(S [dcl] / (S [dcl] \ NP)) \ ((S [dcl] / (S [dcl] \ NP)) /NP), S [dcl] \ (S [dcl] / (S [dcl] \ NP)) -->S [dcl] \ ((S [dcl] / (S [dcl] \ NP)) /NP)	2
(S/S) \ NP, S\ (S/S) -->S\NP	1
NP\NP, S [dcl] \ NP -->S [dcl] \ NP	1
((S\NP) / (S\NP)) \ ((S\NP) / (S\NP)), ((S\NP) / (S\NP)) \ ((S\NP) / (S\NP)) [conj] --> ((S\NP) / (S\NP)) \ ((S\NP) / (S\NP))	1

图81　Y\Z X\Y -->X\Z 规则

下面，我们对主要出现在 CCGBank 中的 Y\Z X\Y -->X\Z 类型规则例进行举例。

第三章 计算:汉语 CCGBank 的构建 / 171

(3-42) S[dcl] \ S[dcl], S[dcl] \ S[dcl] [conj] --> S[dcl] \ S[dcl] 比索汇率过高,刺激了进口,而抑制了出口。

比索	汇率	过	高	,	刺激	了	进口	,	而	抑制	了	出口
NP/NP	NP	(S\NP)/(S\NP)	S[dcl]\NP	,	(S[dcl]\S[dcl])/NP	(S\S)\(S\S)	NP	,	conj	(S[dcl]\S[dcl])/NP	(S\S)\(S\S)	NP

(3-43) (S[dcl] \ NP) /QP) \ (((S[dcl] \ NP) /QP) /NP), (S[dcl] \ NP) \ ((S[dcl] \ NP) /QP) /NP) --> (S[dcl] \ NP) \ ((S[dcl] \ NP) /QP) /NP) 集团全年共生产原油超过一亿吨,天然气一百四十八亿立方米。

(3-44) NP\NP, NP\NP [conj] - - ->NP\NP 每周评论:《把握规律, 加快经济发展》, 撰写徐东匠。

(3-45) (S\NP) \ (S\NP), (S\NP) \ (S\NP) [conj] - - > (S\NP) \ (S\NP) 我没有注意, 因为昨天很忙, 因为我要出去玩啊。

③X/Y Y\Z ‐‐> X\Z 类型的规则例

表格 42　　　　　组合规则 X/Y Y\Z ‐‐> X\Z 规则例

规则例	数量
S/S, S[dcl]\NP ‐‐> S[dcl]\NP	110
(S[dcl]\NP)/NP, NP\NP ‐‐> (S[dcl]\NP)\NP	14
(S[dcl]\NP)/S[dcl], S[dcl]\NP ‐‐> (S[dcl]\NP)\NP	8
PP/S[dcl], S[dcl]\NP ‐‐> PP[dcl]\NP	1
(S\NP)/S, S[dcl]\NP ‐‐> (S[dcl]\NP)\NP	1
(S\NP)/(S\NP), (S[dcl]\NP)\NP ‐‐> (S[dcl]\NP)\NP	1
(S[dcl]\NP)/S[dcl], S[dcl]\S[dcl] ‐‐> (S[dcl]\NP)\S[dcl]	1
(S[dcl]\NP)/(S[dcl]\NP), (S[dcl]\NP)\NP ‐‐> (S[dcl]\NP)\NP	1
((S/S)\NP)/(S[dcl]\NP), (S[dcl]\NP)\NP ‐‐> ((S[dcl]/S)\NP)\NP	1

图 82　X/Y Y\Z ‐‐> X\Z 规则

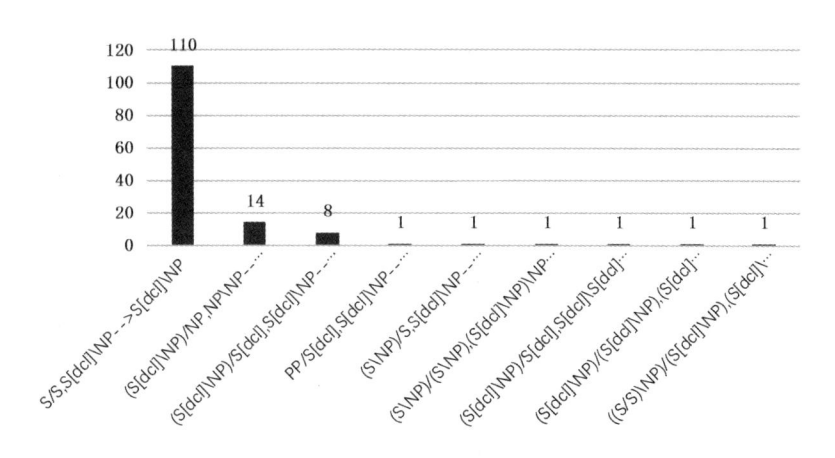

下面，我们对主要出现在 CCGBank 中的 X/Y Y\Z ‐‐> X\Z 类型规则例进行举例。

(3-46) S/S, S[dcl]\NP --->S[dcl]\NP 死因是早产儿最致命的肺出血。

死因	是	早产儿	最	致命	的	肺出血
NP	(S[dcl]\NP)/NP	NP	(S\NP)/(S\NP)	S[dcl]\NP	(NP/NP)\(S[dcl]\NP)	NP

$$\dfrac{}{S/S} \quad \dfrac{}{S[dcl]\backslash NP} \quad \xrightarrow{>B_\times}$$

$$\dfrac{}{NP/NP}$$

$$\dfrac{}{NF}$$

$$\dfrac{}{S[dcl]\backslash NP}$$

$$\dfrac{}{S[dcl]}$$

(3-47) (S[dcl]\NP)/NP, NP\NP --->(S[dcl]\NP)\NP 奥斯卡尼扬是27日抵俄进行工作访问的。

奥斯卡尼扬	是	27日	抵	俄	进行	工作	访问	的
NP	(S[dcl]\NP)/NP	(NP\NP)/(NP\NP)	((NP\NP)/(NP\NP))/NP	NP	(NP\NP)/NP	NP/NP	NP	NP\(NP\NP)

$$\xrightarrow{>B_\times}$$

$$NP\backslash NP$$

$$NP\backslash NP$$

$$(NP\backslash NP)/(NP\backslash NP)$$

$$NP\backslash NP$$

$$(S[dcl]\backslash NP)\backslash NP$$

$$S[dcl]$$

第三章 计算：汉语 CCGBank 的构建 / 175

(3-48) (S [dcl] \ NP) /S [dcl], S [dcl] \ NP --> (S [dcl] \ NP) \ NP 中国已有二十四个城市被批准允许设立营业性外资金融机构。

(3-49) (S \ NP) /S, S [dcl] \ NP --> (S [dcl] \ NP) \ NP 佛罗里达州最高法院命令佛罗里达州所有的县，重新统计那些计票机显示没有选择总统的选票。

④Y/Z X\Y --> X/Z 类型规则

表格43　　出现次数最多的前十个组合规则 Y/Z X\Y --> X/Z 规则例

规则例	数量
(S [dcl] \ NP) /NP, (S\ NP) \ (S\ NP) --> (S [dcl] \ NP) /NP	6370
(S [dcl] \ NP) / (S [dcl] \ NP), (S\ NP) \ (S\ NP) --> (S [dcl] \ NP) / (S [dcl] \ NP)	460
(S [dcl] \ NP) /QP, (S\ NP) \ (S\ NP) --> (S [dcl] \ NP) /QP	441
(S [dcl] \ NP) /S [dcl], (S\ NP) \ (S\ NP) --> (S [dcl] \ NP) /S [dcl]	346
((S [dcl] \ NP) / (S [dcl] \ NP)) /NP, (S [dcl] \ NP) \ ((S [dcl] \ NP) / (S [dcl] \ NP)) --> (S [dcl] \ NP) /NP	116
(S [dcl] \ S [dcl]) /NP, (S\ S) \ (S\ S) --> (S [dcl] \ S [dcl]) /NP	89
(S [dcl] \ LCP) /NP, (S\ LCP) \ (S\ LCP) --> (S [dcl] \ LCP) /NP	78
(S [dcl] \ NP) /LCP, (S\ NP) \ (S\ NP) --> (S [dcl] \ NP) /LCP	63
((S\ NP) / (S\ NP)) /NP, (S [dcl] \ NP) \ ((S [dcl] \ NP) / (S [dcl] \ NP)) --> (S [dcl] \ NP) /NP	60
((S [dcl] \ NP) /NP) /NP, (S\ NP) \ ((S\ NP) /NP) --> (S [dcl] \ NP) /NP	44

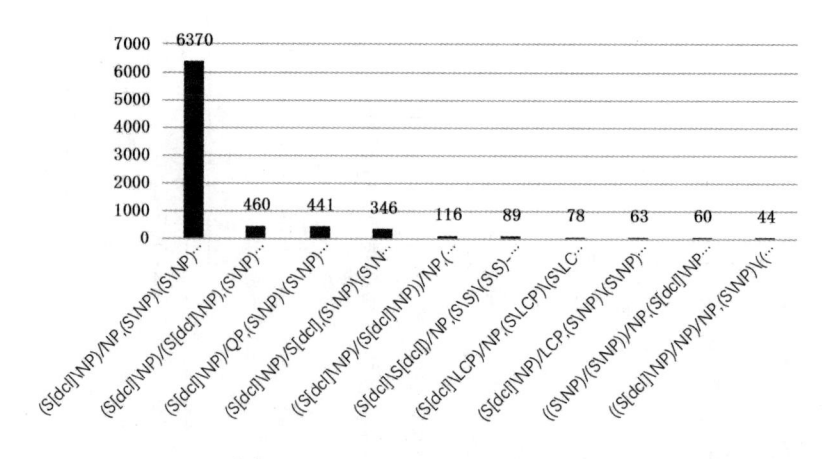

图83　Y/Z X\Y --> X/Z 规则

下面，我们对主要出现在 CCGBank 中的 Y/Z X\Y --> X/Z 类型规则例进行举例。

(3-50) (S[dcl]\NP)/NP, (S\NP)\(S\NP) --> (S[dcl]\NP)/NP 活动取得了圆满成功。

$$
\begin{array}{cccccc}
\text{活动} & \text{取得} & \text{了} & \text{圆满} & \text{成功} \\
\overline{NP} & \overline{(S[dcl]\backslash NP)/NP} & \overline{(S\backslash NP)\backslash(S\backslash NP)} & \overline{NP/NP} & \overline{NP} \\
& \multicolumn{2}{c}{\underline{\qquad\qquad\qquad\qquad}_{<B_\times}} & \multicolumn{2}{c}{\underline{\qquad\qquad}_{>}} \\
& \multicolumn{2}{c}{(S[dcl]\backslash NP)/NP} & \multicolumn{2}{c}{NP} \\
& \multicolumn{4}{c}{\underline{\qquad\qquad\qquad\qquad\qquad\qquad}_{>}} \\
& \multicolumn{4}{c}{S[dcl]\backslash NP} \\
\multicolumn{5}{c}{\underline{\qquad\qquad\qquad\qquad\qquad\qquad\qquad}_{<}} \\
\multicolumn{5}{c}{S[dcl]}
\end{array}
$$

(3-51) (S[dcl]\NP)/(S[dcl]\NP), (S\NP)\(S\NP), (S\NP)\(S\NP)/(S[dcl]\NP) --> (S[dcl]\NP)/(S[dcl]\NP) 但看得出来，她很开心。

$$
\begin{array}{ccccccc}
\text{但} & \text{看} & \text{得} & \text{出来} & & \text{她} & \text{很} & \text{开心} \\
\overline{S/S} & \overline{(S[dcl]\backslash NP)/(S[dcl]\backslash NP)} & \overline{(S\backslash NP)\backslash(S\backslash NP)} & \overline{S[dcl]\backslash NP} & & \overline{NP} & \overline{(S\backslash NP)/(S\backslash NP)} & \overline{S[dcl]\backslash NP} \\
& \multicolumn{2}{c}{\underline{\qquad\qquad}_{<B_\times}} & & & & \multicolumn{2}{c}{\underline{\qquad\qquad}_{>}} \\
& \multicolumn{2}{c}{(S[dcl]\backslash NP)/(S[dcl]\backslash NP)} & & & & \multicolumn{2}{c}{S[dcl]\backslash NP} \\
& \multicolumn{3}{c}{\underline{\qquad\qquad\qquad\qquad}_{>}} & & \multicolumn{3}{c}{\underline{\qquad\qquad\qquad}_{<}} \\
& \multicolumn{3}{c}{S[dcl]\backslash NP} & & \multicolumn{3}{c}{S[dcl]} \\
& \multicolumn{3}{c}{S/S} & & & & \\
\multicolumn{8}{c}{\underline{\qquad\qquad\qquad\qquad\qquad\qquad\qquad\qquad\qquad\qquad}} \\
\multicolumn{8}{c}{S[dcl]}
\end{array}
$$

(3-52) (S [dcl] \ NP) /QP, (S \ NP) \ (S \ NP) --> (S [dcl] \ NP) /QP 而中国只是在 1995 年由马晓春得过两次。

而	中国	只	是	在	1995年	由	马晓春	得	过	两	次
S/S	NP	(S\NP)/(S\NP)	(S[dcl]\NP)/(S[dcl]\NP)	((S\NP)/(S\NP))/NP	NP	((S\NP)/(S\NP))/NP	NP	(S[dcl]\NP)/QP	(S\NP)\(S\NP)	QP/M	M

(3-53) (S [dcl] \ NP) /S [dcl], (S \ NP) \ (S \ NP) --> (S [dcl] \ NP) /S 坐到我先生可以出来嘛, 陪他走过这条辛苦的路。

坐	到	我	先生	可以	出来	嘛	,	陪	他	走	过	这	条	辛苦	的	路
(S[dcl]\NP)/S[dcl]	(S\NP)/(S\NP)	NP/NP	NP	(S[dcl]\NP)/(S[dcl]\NP)	S[dcl]\NP	S/S		((S[dcl]\NP)/(S[dcl]\NP))/NP	NP	(S[dcl]\NP)/(S\NP)	(S\NP)\(S\NP)	(NP/NP)/M	M	S[dcl]\NP	(NP/NP)\(S[dcl]\NP)	NP

(3-54) ((S[dcl]\NP)/(S[dcl]\NP))/((S[dcl]\NP))\NP), (S[dcl]\NP), ((S[dcl]\NP))\((S[dcl]\NP))/NP))
--> (S[dcl]\NP)/NP 她被指控犯有间谍罪。

```
 她         被                                    指控                              犯有                   间谍罪
 ──       ─────────────────────────────────   ──────────────────────────         ──────────────────        ──
 NP       (S[dcl]\NP)/((S[dcl]\NP)/NP)        ((S[dcl]\NP)/((S[dcl]\NP))/NP      (S[dcl]\NP)/NP            NP
                                                                                 ────────────────────────────>
                                                                                       S[dcl]\NP
                                                                                 ────────────────────────────
                                                                                       (S[dcl]\NP)\((S[dcl]\NP)/(S[dcl]\NP))  <T
                                                                                 ────────────────────────────────────<Bx
                                              (S[dcl]\NP)/NP
                                         ────────────────────────────────
                                                 S[dcl]\NP
                                    ──────────────────────────────────<
                                                  S[dcl]
                               ─────────────────────────────────────<
                                              S[dcl]
```

(3-55) (S[dcl]\LCP)/NP, (S\LCP)\(S\LCP)\LCP --> (S[dcl]\LCP)/NP 孩子的心灵里, 积压着许多压力。

```
 孩子      的            心灵   里         ,       积压               着                         许多     压力
 ──   ─────────────     ──── ──────             ──────────────   ─────────────────────────     ──────  ──
 NP   (NP/NP)\NP         NP  LCP\NP              (S[dcl]\LCP)/NP  (S\LCP)\(S\LCP)              NP/NP   NP
     ─────────<                                                                                ───────────>
        NP/NP                                                                                      NP
     ──────────>
         NP
     ─────────────────────<
              LCP
     ─────────────────────
              LCP
                                                 ──────────────────────────────────<Bx
                                                       (S[dcl]\LCP)/NP
                                                 ─────────────────────────────────────────
                                                            S[dcl]\LCP
                           ─────────────────────────────────────────────<
                                           S[dcl]
                      ───────────────────────────────────────────────────
                                       S[dcl]
```

(3-56) (S[dcl]\NP)/LCP, (S\NP)\(S\NP) \ (S[dcl]\NP)/LCP --> (S[dcl]\NP)/LCP 再把尸体跟凶器丢到桥下。

```
     再                把              尸体  跟       凶器        丢              到         桥      下
(S\NP)/(S\NP)  (S[dcl]\NP)/S[dcl]    NP   conj      NP      (S[dcl]\NP)/LCP  (S\NP)\(S\NP)  NP   LCP\NP
                                         ─────────────                     ─────────────────   ──────────
                                           NP[conj]                          (S[dcl]\NP)/LCP        LCP
                                         ─────────────                     ─────────────────  
                                              NP                              S[dcl]\NP
                                                                            ─────────────────
                                                                                 S[dcl]\NP
                                                                           ──────────────────
                                                                                  S[dcl]
```

(3-57) ((S[dcl]\NP)/NP, (S\NP)\((S\NP)/NP) --> (S[dcl]\NP)/NP 已故的书法、篆刻名家王壮为, 人称壮老。

```
  已故           的                  书法    ,      篆刻             名家        王壮为  ,     人            称             壮老
S[dcl]\NP  (NP/NP)\(S[dcl]\NP)  (NP/NP)/(NP/NP) conj (NP/NP)/(NP/NP)  NP/NP      NP          NP     ((S[dcl]\NP)/NP)/NP   NP
─────────────────────                                                                     ────────                      ─────────────
       NP/NP                                                                              S/(S\NP)                      (S\NP)\((S\NP)/NP)
                                                  ──────────                                                            ─────────────
                                                    NP/NP                                                               (S[dcl]\NP)/NP
                                                      ──────                                                          ─────────────
                                                       NP/NP                                                            S[dcl]\NP
                                                    ──────                                                           ─────────────
                                                      NP                                                               S[dcl]
                                                  ──────────
                                                   S/(S\NP)
                                                 ──────────
                                                     S[dcl]
```

3. 类型提升

①X - - > T/ (T \ X) 类型规则

表格44 出现次数最多的前十个类型提升规则 X - - > T/ (T \ X) 规则例

规则例	数量
NP, None - - > S/ (S \ NP)	3362
NP, None - - > (S \ NP) / (S \ NP)	45
S [dcl], None - - > S/ (S \ S)	31
LCP, None - - > S/ (S \ LCP)	27
S [dcl] \ NP, None - - > (S \ NP) / ((S \ NP) \ (S \ NP))	24
QP, None - - > S/ (S \ QP)	12
NP, None - - > NP/ (NP \ NP)	6
NP, None - - > (S/S) / ((S/S) \ NP)	4
S [dcl] \ NP, None - - > S/ (S \ (S \ NP))	2
NP, None - - > ((S \ NP) / (S \ NP)) / (S \ NP)	2

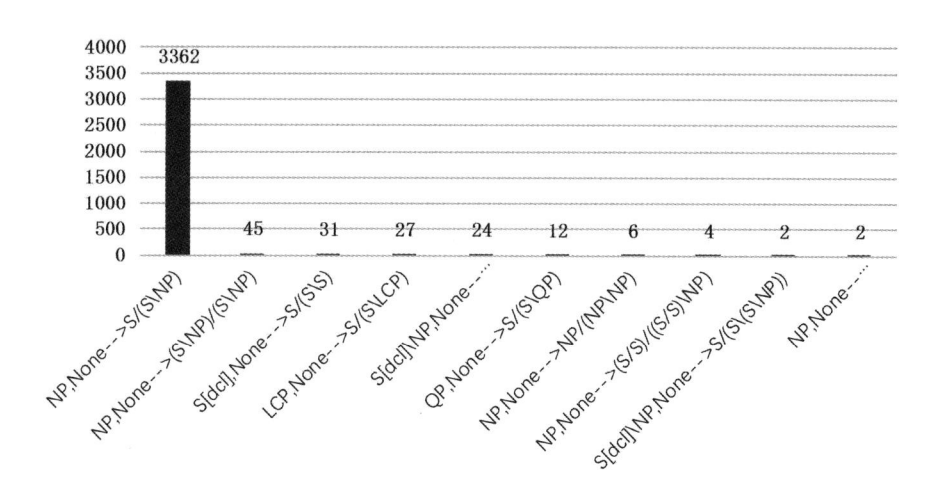

图84 X - - > T/ (T \ X) 规则

下面，我们对主要出现在CCGBank中的 X - - > T/ (T \ X) 类型规则例进行举例。

(3-58) NP - - >S/ (S\NP) 没有啦没有，我帮他订的机票我怎么会不清楚呢？

(3-59) NP - - > (S\NP) / (S\NP) 精英赛头两天举行职业——业余配对赛，之后举行精英赛。

（3-60）S［dcl］-->S/（S\S）是否增加或减少主要由国际地球自转研究中心决定。

（3-61）LCP, None -->S/（S\LCP）《涨潮日》一书中所呈现的风貌是多面向的。

184 / 汉语组合范畴语法研究

(3-62) S[dcl] \ NP --> (S\NP) / ((S\NP) \ (S\NP)) 天津港保税区：中国北方最具活力的开放区域。

$$
\begin{array}{c}
\text{天津港} \quad \text{保税区} \quad : \quad \text{中国} \quad \text{北方} \quad \text{最} \quad \text{具} \quad \text{活力} \quad \text{的} \quad \text{开放} \quad \text{区域} \\
\dfrac{NP/NP \quad NP}{NP}> \quad : \quad \dfrac{((S\backslash NP)/((S\backslash NP)/(S\backslash NP))}{(S\backslash NP)/(S\backslash NP)} \quad \dfrac{(S\backslash NP)/(S\backslash NP)}{} \quad \dfrac{(S[dcl]\backslash NP)/NP \quad NP}{S[dcl]\backslash NP}> \quad \dfrac{((S\backslash NP)/((S\backslash NP)\backslash((S\backslash NP)/(S\backslash NP)))}{S[dcl]\backslash NP} \quad \dfrac{S[dcl]\backslash NP}{S[dcl]\backslash NP}
\end{array}
$$

(3-63) QP --> S/(S\QP) 市场大饼百家分

$$
\begin{array}{c}
\text{市场} \quad \text{大} \quad \text{饼} \quad \text{百} \quad \text{家} \quad \text{分} \\
\dfrac{NP/NP \quad NP/NP \quad NP}{NP}> \quad \dfrac{QP/M \quad M}{QP}> \quad \dfrac{(S[dcl]\backslash QP)/NP}{S[dcl]/NP}>B \\
\dfrac{S/(S\backslash NP)}{} \quad \dfrac{S/(S\backslash QP)}{} \\
S[dcl]
\end{array}
$$

②X - - >T \ (T/X) 类型规则

表格 45 出现次数最多的前十个类型提升规则 X - - > T \ Z 规则例

规则例	数量
S [dcl] \ NP, None - - > (S [dcl] \ NP) \ ((S [dcl] \ NP) / (S [dcl] \ NP))	237
NP, None - - > ((S [dcl] \ NP) /QP) \ (((S [dcl] \ NP) /QP) /NP)	59
QP, None - - > (S [dcl] \ NP) \ ((S [dcl] \ NP) /QP)	59
NP, None - - > (S\ NP) \ ((S\ NP) /NP)	44
QP, None - - > (S\ NP) \ ((S\ NP) /QP)	29
NP, None - - > ((S [dcl] \ NP) / (S [dcl] \ NP)) \ (((S [dcl] \ NP) / (S [dcl] \ NP)) /NP)	20
NP, None - - >NP \ (NP/NP)	17
S [dcl], None - - >S \ (S/S)	13
PP, None - - > (S\ NP) \ ((S\ NP) /PP)	12
NP/NP, None - - > (NP/NP) \ ((NP/NP) / (NP/NP))	10

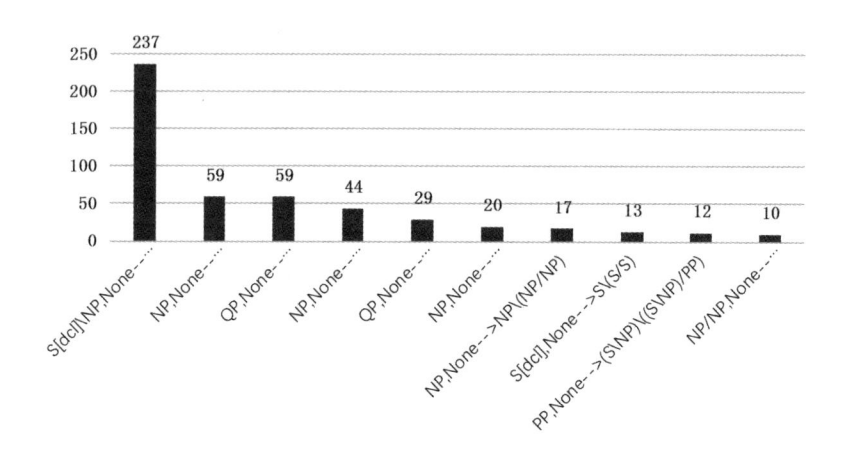

图 85 X - - >T \ (T/X)

下面，我们对主要出现在 CCGBank 中的 X - - >T \ (T/X) 类型规则例进行举例。

(3-64) NP --> ((S [dcl] \ NP) /QP) \ (((S [dcl] \ NP) /QP) /NP)

集团	全	年	共	生产	原油	超过	一亿	吨	天然气	一百四十八亿	立方米
NP	(NP/NP)/M	M	(S\NP)/(S\NP)	(S[dcl]\NP)/QP)/NP	NP	QP/QP	QP/M	M	NP	QP/M	M

(说明：此处为 (3-64) 的 CCG 推导树，逐步组合得到 S[dcl]。)

(3-65) QP --> (S [dcl] \ NP) \ ((S [dcl] \ NP) /QP) 据这位官员介绍，目前中国共开发油田三百五十个，气田一百一十个。

据	这	位	官员	介绍	，	目前	中国	共	开发	油田	三百五十	个	，	气田	一百一十	个
(S/S)/S[dcl]	(NP/NP)/M	M	NP	S[dcl]\NP	:	S/S	NP	(S\NP)/(S\NP)	((S[dcl]\NP)/QP)/NP	NP	QP/M	M	:	NP	QP/M	M

(说明：此处为 (3-65) 的 CCG 推导树，通过逐层组合得到 S[dcl]。)

（3-66）NP --> (S\NP)\((S\NP)/NP) 他们两人未经控罪已经被关押了一个星期。

（3-67）QP --> (S\NP)\((S\NP)/QP) 这位发言人还说："以色列总理巴拉和决定把镇压巴勒斯坦人骚乱的行动推迟几天。"

188 / 汉语组合范畴语法研究

(3-68) NP --->NP\(NP/NP) 最后，再晒两三天太阳，晒出多余的油分，才大功告成。

最后	，	再	晒	两	三	天	太阳	，	晒出	多余	的	油分	，	才	大功告成
S/S		(S\NP)/(S\NP)	(S[dcl]\NP)/NP	((NP/NP)/(NP/NP))/M	(NP/NP)/M	M	NP		(S[dcl]\NP)/NP	(NP/NP)\(NP/NP)	NP/NP	NP		(S\NP)/(S\NP)	S[dcl]\NP

$$\frac{(NP/NP)/(NP/NP)}{\text{————}}>$$

$$\frac{NP/NP}{\text{————}}>$$

$$\frac{NP}{\text{————}}<$$

$$\frac{(S[dcl]\backslash NP)}{\text{————}}>$$

$$\frac{NP/NP}{\text{————}}>_B$$

$$\frac{S[dcl]\backslash NP}{\text{————}}>$$

$$\frac{S[dcl]}{\text{————}}$$

$$\frac{S[dcl][conj]}{\text{————}}$$

(3-69) S[dcl] --->S\(S/S) 但是由于酒店被示威者们损坏，需要紧急维修，因此会议被迫推迟几个小时举行。

但是	由于	酒店	被	示威者们	损坏	，	需要	紧急	维修	，	因此	会议	被迫	推迟	几	个	小时	举行
S/S	(S/S)/S[dcl]	NP	((S[dcl]\NP)/(S[dcl]\NP))/NP	(S[dcl]\NP)/(S[dcl]\NP)	S[dcl]\NP		(S[dcl]\NP)/NP	NP/NP	NP		S/S	NP	((S[dcl]\NP)/(S[dcl]\NP))/NP	(S\NP)/(S\NP)	(NP/NP)/M	NP/NP/M	M	S[dcl]\NP

$$\frac{S/(S\backslash NP)}{\text{————}}>T$$

$$\frac{(S[dcl]\backslash NP)/(S[dcl]\backslash NP)}{\text{————}}>$$

$$\frac{(S[dcl]\backslash NP)/S[dcl]}{\text{————}}>$$

$$\frac{(S[dcl]\backslash NP)}{\text{————}}>$$

$$\frac{S[dcl]}{\text{————}}$$

$$\frac{(S[dcl]\backslash NP)}{\text{————}}>$$

$$\frac{(S[dcl]\backslash NP)/NP[conj]}{\text{————}}$$

$$\frac{(S[dcl]\backslash NP)/NP}{\text{————}}>$$

$$\frac{S[dcl]\backslash NP}{\text{————}}>$$

$$\frac{S[dcl]}{\text{————}}>_B$$

$$\frac{NP}{\text{————}}>$$

$$\frac{(S\backslash NP)/(S\backslash NP)}{\text{————}}>$$

$$\frac{S[dcl]\backslash NP}{\text{————}}$$

$$\frac{S[dcl]}{\text{————}}$$

$$\frac{S(S/S)}{\text{————}}$$

$$\frac{S[dcl]\backslash NP}{\text{————}}$$

$$\frac{S[dcl]\backslash NP}{\text{————}}$$

(3-70) PP, None - - > (S\NP) \ ((S\NP) /PP) 二十年来，这个省平均每年用于公路建设的资金达二十亿元。

4. 替换规则

1) (X/Y) /Z Y/Z - - > X/Z 规则

表格 46　　替换规则 (X/Y) /Z Y/Z - - > X/Z 规则例

规则例	数量
((S\NP) / (S\NP)) /NP, (S [dcl] \NP) /NP - - > (S [dcl] \NP) /NP	3
((S [dcl] \NP) / (S\NP)) /NP, (S [dcl] \NP) /NP - - > (S [dcl] \NP) /NP	1

下面，我们对主要出现在CCGBank中的 (X/Y) /Z Y/Z - - > X/Z 类型规则例进行举例。

(3-71) ((S\NP) / (S\NP)) /NP, (S [dcl] \NP) /NP - - > (S [dcl] \NP) /NP 说起壮老，最先为人们忆起而津津乐道的，是壮老嗜酒的轶文趣事。

(3-72)（(S [dcl] \ NP) / (S \ NP)) / NP, (S [dcl] \ NP) / NP - - > (S [dcl] \ NP) / NP

由三十三岁的产妇姚红自然妊娠出生的中国首例六胞胎目前先后有两名死亡。

本章小结　语言学的数字化发展

陆俭明在《语言研究要与未来接轨》[①] 一文中大声疾呼:"我们期盼中国语言学更快地走上数字化的道路,以使语言学能为当代科技特别是人工智能处理出力,能在构建人类命运共同体事业中做出自己的贡献。"

在以往,语言主要是服务人类的,服务于人类的交流沟通需求,服务于人类的知识文化传承。语言也是人类智能的一个重要载体与表征。然而,当人类社会迈向信息文明时代,计算革命引发了机械智能(人工智能)的浪潮,智能不再由人类所独有。在信息时代,语言不再仅仅服务于人类,它还需要服务于计算机,服务于机器学习和智能处理。

语言天然是适合于人类的,语言与人类智能本身就是一体的。当将语言用于机器学习和智能处理的时候,我们实际上需要将语言进行一些特殊的处理,例如进行标引、结构化以及各种处理。本质上而言,从计算机的视角,当进行语言信息处理的时候,它只不过将语言看作一种"信息",或者说与其他数据无异的比特流。因此,为使计算机充分利用语言中所蕴含的"结构"与"知识",我们需要将语料进行各类智能化加工(标引其词性、语义角色和其他各类特征)。从这个视角而言,语言学的一个未来发展方向或许就是如何更好地服务于人工智能的发展。[②]

通过语言学的数字化,将语言和语言研究成果的各个层面、各种单位、各种规则的性质都用特征加以表征,融合机器学习与智能计算等方法,将会极大地促进人工智能的发展,推动人类智能与机械智能的交互与融合,共同奏响信息文明的交响乐。

[①] 陆俭明:《语言研究要与未来接轨》,《语言战略研究》2021 年第 6 期第 1 卷。
[②] 计算语言学或许可以算是语言学服务人工智能发展的一个尝试。

第四章

应用:CCG 应用述评

4.1 面向大规模自然语言处理的形式文法综述

4.1.1 语法形式化

语法形式化（grammar formalism）是具体描述语言句法规则（syntax）的形式化（formal）系统。它们模拟语言使用者识别语法序列，生成新序列和在数学意义上准确地为序列赋予语义解释的能力，并将这种能力赋予计算系统，它是一种规则重写的方法（rewrite rules）。可以说，语法形式化就是由文法形式赋予语言可计算性。

对自然语言的形式化主要通过形式语法来实现，从某种意义上来讲，形式语法是架接语言的表层字符串（如："我爱真理"）与携带意义的表达式［囊括逻辑表达式、谓词论元结构和依存图等，例如：【爱（我，真理）】］的桥梁。

形式语法通过定义基本对象（树、字符串和特征结构）以及从基本对象构成复杂对象的递归操作，提供能够表达并实现语言理论的语言，同时，语法的形式化通常会实施某种约束（如：它们能够捕获的依存类型）。

一套形式语法系统指的是一个用来规定语言中有效语言字符串集合的元语言。在历史上，语法形式化的发展主要有两条线路，一条是获取语言字符串中潜在的语义或逻辑形式。另一条则是描绘字符串的生成，间接约束可能的语言字符串集合。

语法学家帕尼尼（Panini）在描述传统梵语的词形和句法规则时首先

使用了语法形式化这一概念,在这很久之后巴克斯(Backus)才再现了这种重写规则方法,用来刻画一个完全不同语言(计算机编程语言ALGOL-58)的句法规则。

由于深受语法学家索绪尔的影响,结构语言学方法论将语言视为一种机械式系统,但是在描述的形式化系统中却避开了结构主义语言学。语法形式的诞生始于埃米尔·珀斯特(Emil Post)的范型系统[①],乔姆斯基的上下文无关语法以及爱裘凯维茨、巴-希勒尔和兰贝克三人不同的范畴语法。这些以数学的精确化方式刻画类似语言的系统最终都证明对自然语言自动解析是有效的。

组合范畴语法是爱裘凯维茨和巴希勒尔所创立的范畴语法的后裔。范畴语法是词汇形式化(理想情形下,与语言依赖的变体源单一或主要取决于语言的词汇)的一个实例。一个上下文无关语法的实例则会详细规定一系列的重写规则和生成规则,与之不同,范畴语法的实例只包含了词汇项目到范畴的映射,加一些隶属于理论、与语言无关的核心操作规则。组合范畴语法的词汇化操作允许句法规则中的变化能在单个的词汇条目粒度中体现出来。

乔姆斯基观察到,类似动词一致性(verbal agreement)和被动化(passivization)的现象在上下文无关文法中并不能够容易地阐释出来,他随后使用了一个转换设置将深层结构树映射为表层结构树,从而改进了该理论。巴-希勒尔等人证明了在单纯范畴算法和上下文无关语法之间的弱生成能力的等价性,这与现代和当代语言学家的信念相一致,即跨语言句法规则现象的分析研究需要的不仅仅是生成能力还远远不够的上下文无关语法。这使得大家对语法形式化的研究兴趣有所下降。

在20世纪80年代,计算语言学的成熟促使计算科学家寻求语法理论,通过语法形式化,由计算方法进行操纵。卡尔·波拉德(Carl Pollard)和伊万·萨格(Ivan A. Sag)将这些具体的优势表述如下:"基于

---

① Post Emil L, "Formal Reductions of the General Combinatorial Decision Problem", *American Journal of Mathematics*, Vol. 65, No. 2, Jan 1943, pp. 197-215.

合一算法的语言学研究有一个最重要的贡献,就是开发了一个通用的、从数学上精确的形式化序列,在其中,各种不同的理论(以及在一个特定的理论中对某一给定现象的不同假设)都能够被明确地建构并有意义地被加以比较。"

斯蒂德曼将柯里等人的组合逻辑组合子补充到了单纯范畴运算之中,所产生的语法被称为组合范畴语法。通过使用这些用于提升生成能力的组合子,足以处理跨语言句法规则中的常见元素,包括被动化、右节点提升以及成分并列等多种非转换现象。阿拉维德·乔希(Aravind K. Joshi)等人的弱等价性证明将所形成的形式化定位于由大卫·威尔(David Weir)定义的适度上下文相关语法中,与树邻接语法和线性索引语法等价。[①]

4.1.2　大规模 NLP 中的典型形式语法

目前,尤其是从工程角度,有不少形式语法在大规模自然语言处理中得到广泛应用。其中典型的包括词汇功能语法(Lexical – functional Grammar LFG)、中心语驱动短语结构语法(Head – Driven Phrase Structure Grammar HPSG)、词汇化树邻接语法(Lexicalized Tree – adjoining Grammar LTAG)和组合范畴语法(Combinatory Categorial Grammar CCG)。

HPSG 是一种词汇形式化,旨在解释短语结构、词汇和语义以及与语言相关或者无关的约束下的一般规则。HPSG 强调中心语在短语结构规则中的作用,根据中心语的次范畴化特征,就有可能十分方便地把中心语的语法信息与句子中其他成分的语法信息联系起来,使得整个句子中的信息以中心语为核心而连接起来,同时用复杂特征来表示句子的各种信息,为自然语言的计算机处理提供了方便。

LFG 依托短语结构语法已有的树结构,通过自底向上(bottom – up)层层传递的方式把词汇所负载的各种信息传播、汇集到上层节点中

---

① Joshi A. K., Shanker K. V., Weir D., "The convergence of mildly context – sensitive grammar formalisms", *University of Pennsylvania Department of Computer and Information Science Technical Report No. MS – CIS – 90 – 01*, January 1990.

去，最终形成关于一个句子的完整结构信息和功能信息描述。在构成成分结构时，在树形图的节点上，还附有"附加性功能等式"和"约束等式"。

LTAG包括一组有限的初始树和辅助树，用一个TAG语法生成的自然语言的句子，就是从S类型的初始树开始，不断地进行替换和插接操作，直到所有带替换标记的节点都被替换了，所有带插接标记的节点都已经被插接了，最后得到的叶子节点序列就是句子集合。

CCG采用的是"大词库、小规则"的形式化方式，每个词依据其在句法中的功能，被指派为相应的范畴（可能携带着复杂的毗邻关系），同时根据少量的句法组合操作，例如前向和后向应用，组合和类型提升进行语法识别和生成。

上述四种形式语法（HPSG、LFG、LTAG和CCG）在形式化框架、语言描述的模型、语法与语义的接口上都有许多的异同之处。

1. 形式化框架与方法

HPSG中所有的语言单位都是通过特征结构来表示的。特征结构要描述语音、句法和语义的信息，把它们分别表示为［PHON］、［SYNSEM］。再把这些特征值结合起来，就可以确定语言单位的声音和意义之间在语法上的关系。语法也是以特征结构的方式来表示的，这些特征结构也就是语言单位的合格性的限制条件。HPSG特别重视词汇的作用，词汇借助于合一的形式化方法，构成一个层级结构，在这个词汇层次结构中的信息可以相互流通和继承，在全部的句法信息中，词汇信息占了很大的比重，而真正的句法信息只占了不多的比例。在HPSG中，一个语法被视为一个原则（principles）集合，定义语言结构、一些通用成分和一些语言特定的词法。原则定义不同的语言描述层级的约束。

LFG的句法表达分成两个层次，即成分结构（constituent structure，c-structure）和功能结构（function structure，f-structure）。LFG在每个层次都采用不同的形式化方式，对于成分采用树状结构，对于功能属性和次范畴化采取属性值（特征）矩阵。管辖是否合语法的原则既在单独的层次上，也跨层次上，例如，约束结构到功能的对照或者论元的链接等。这种共描述（co-description）的形式化架构能够包容结构之间的非同构，尤其是在表层结构中的词序变化和非连续性。对于成分和功能嵌入的非局部隔离，正如在长距离依赖中，LFG 采用功能不确定性（functional uncertainty）作为桥接 c 结构和 f 结构之间映射的论元实现的分离。

LTAG 包括一组有限的初始树和辅助树，在初始树中封装论元结构，利用树插接作为其主要的句法组合操作。由于初始树必须表达大量不同的结构，存在研究来寻找一种"元语法"的方法作为描述和分解 TAG 语法的通用框架，并为定义一个给定语言的可接受初始树集合提供一个抽象的语法描述层次。在 LTAG 中，由于树插接作为一般的组合装置，不需要额外装置来说明非局部依赖。然而，这种特定的递归方式使得在插接作为一种递归构造过程和插接作为语言修饰的结构指示出现不对称。

CCG 的形式化是通过范畴的毗邻以及组合来实现。CCG 以词汇为核心，采用少量的句法组合操作，例如前向和后向应用，组合和类型提升。在 CCG 中，类型提升和组合说明大量的构造，包括长距离依赖。类型提升也可以用于编码格的概念。论元结构通过复杂词法范畴来定义。从这些词法定义，依赖表征能够在解析过程中进行派生。这样句法形式化证明同构和表征稀疏，提供句法属性和语义内容的结构指数。

2. 对跨语言的模型和一些非局部依赖现象的描述

不同的形式化在表达和表征语言结构和泛化中具有不同的焦点。

在 HPSG 中，并没有单独用来表征一个子句的完整句法论元结构。论元结构在词法的 subcat 列表中定义，其中它直接与语义表征相联系。在句法组合中，subcat 列表在每个短语投射中被重新定义来记录论元的饱和与实现。在这个结构中，复杂谓词的形成可以通过语法中的论元组合来定义，然而在词法中预先定义主要谓词的 subcat 列表吸引合作谓词的论元进入它自己的论元列表中。HPSG 的原则驱动的形式化为跨语言句法描述提供形式化支持。泛化能够使用类型继承来定义，以及一般原则的语言特定参数（成分顺序、格等）。

复杂谓词对于 LFG 提出特定的挑战。为了说明它们的单一属性，两个词法谓词需要被转化为单个谓词，并重新定义论元特征。对于成分和功能嵌入的非局部隔离，如在长距离依赖中，LFG 采用功能不确定性作为桥接 c 结构和 f 结构之间映射的论元实现的分离。LFG 的焦点是 f 结构作为语法描述的独立层次。因此，这个理论将语法功能概念链接到跨语言泛化。这包括论元实现在链接理论和在抽取和约束构造中观察的约束。不那么明显的是考虑成分和映射原则到 f 结构的泛化。多语言语法开发已经证明 f 结构能够对于从跨语言的角度对齐文法提供基础。

LFG 和 HPSG 都通过联合指向单个论元来描述并列中的论元共享。在 HPSG 中，它并列项编码在词条中，即所有并列短语的非消耗论元都与在短语的 subcat 列表中的论元形成共指。这使得共享主语的标准并列结构在并列的动词短语之外。在 LFG 中，在并列动词短语之外实现的主语在短语的 f 结构中定义。

在 LTAG 和 CCG 的研究限制于很小的范围。相应的多语言的研究并不丰富，然而，通过大规模树库基于的文法归纳和解析，这些形式化能够分析大量的语言构造。

3. 语法与语义的接口

HPSG 的语法与语义紧密结合，语法与语义约束都是统一地由表示式（Sign）来描述，而表示式由特征结构统一表示。

LFG 的语法处理和语义处理是分离的。LFG 由于采用了分布式的投射架构，将基于上下文无关的表层成分编码和特征结构中的功能表征相分离，能够单独地研究语法与语义。

CCG 的语法与语义的接口是透明的，在语法处理的派生的同时，语义能够并行地进行生成。

LFG 和 LTAG 假定在语法和语义之间存在一个清晰的界面，将语法看作一个独立的句法系统，然而 HPSG 和 CCG 并没有刻意地从语法中区分出语义。

综上，HPSG、LFG、LTAG 和 CCG 四种常见语法形式的特性对比如表格 47 所示。

表格 47		形式语法的特性对比	
特性	形式化框架	语言模型	语法与语义的接口
HPSG	特征结构	跨语言、复杂谓词用论元组合来定义	紧密,统一表述
LFG	成分结构、功能结构	跨语言、功能不确定性桥接 c 结构和 f 结构的分离	分离
LTAG	初始树、辅助树		分离
CCG	范畴、组合规则	跨语言	融合,并行推演

4.2 CCG 适用于计算语言学中的特性

肯尼斯·丘奇（Kenneth Church）于 2007 年在《语言技术中的语言学问题》杂志上发表了一篇题为"A Pendulum Swung Too Far"的文章。[①] 文中通过整理、分析和研究自 1940 年以来关于自然语言处理的文章，发现了一个非常有趣的规律，即如果将自然语言处理的文献划分成为"理性主义"和"经验主义"两大阵营的话，双方的优势局面呈现连续振荡的现象，而且存在一个每二十年一个周期的规律。两大阵营研究的巅峰期如下：（1）20 世纪 50 年代，由香农（Shannon）、斯金纳（Skinner）、弗斯（Firth）和哈里斯（Harris）为代表的经验主义高峰时间；（2）20 世纪 70 年代由乔姆斯基、明斯基（Minsky）所主导的理性主义全盛时期；（3）20 世纪 90 年代由 IBM 语音团队与 AT&T 贝尔实验室所引发的新一轮经验主义巅峰时代。

当然，对丘奇的研究，或许我们可以说，理性主义和经验主义并没有非常清晰的界定。此外，许多基于算法的统计和深度学习方法在传统分析数学的视角上是一种经验主义的做法，但是若将图灵机模型本身看作一个理性主义产物，那么很多的所谓"经验主义"方法其实仍然不失为一种"理性主义"成果。姑且抛开对丘奇研究的一些争议，他的文章对当前学界的一些批

[①] Kenneth Church, "A Pendulum Swung Too Far", *Linguistic Issues in Language Technology*, Vol. 6, No. 5, October 2011, pp. 1 - 27.

判和反思是完全值得我们深思的。

其一，在实用主义的驱动下，计算语言学领域的教与学的工作向统计学极度倾斜，而逻辑、代数等基础学科却得不到应有的发展。

其二，在经验主义的诱惑下，学者倾向于从采用统计学方法把唾手可得的低枝果实采摘下来，而极少地人愿意去攀登更具挑战性和科研风险的理性主义高峰，为人类的自然语言处理甚至人工智能开拓一条新的道路。

尽管已经过去十数年，然而丘奇所忧虑的问题却日益凸显。当今的计算技术发展日新月异，大数据技术甚至推动整个科学领域发生范式转换，形成所谓"数据密集型科学研究"。在这种环境下，在整个计算语言学领域，"经验主义"更是以绝对性、压倒性的优势浩荡前进，似乎只要在摩尔定律①、吉尔德定律②的指导下，只要计算机速度不断加快、存储容量不断扩充、网络速度不断提升，一切问题都会迎刃而解。

然而，事实并非如此。实事求是讲，近些年，随着计算和网络速度与效率的提升，自然语言信息处理能力得到极大的改善，能够处理的语言信息容量、处理的速度和效率也取得了较大的突破。然而，正如丘奇所言，这些更多的是简单地应用新技术工具而唾手可得的，那些计算语言学中的"硬核"问题，例如语义理解问题，并未得到解决。应该说，如果不解决计算语言学中的"硬核"问题，那么我们在语言信息处理方面的成果只能是量变，而不能够形成质变。

反观近些年来自然语言信息处理的"理性主义"路线，相比而言，这条研究路线冷清了许多，仅仅是少量的欧洲传统的自然语言逻辑学派和一些拥有坚定理性主义信念的研究者在从事这方面的工作。在这中间，我们会发现出现了一条非常有趣且颇具价值的研究路径，它源于理性主义，但又不局限在理性主义，它将自身根基已经逐步蔓延到经验主义的土壤中，并从中汲取养分，在诸多的大规模自然语言应用中获得广泛的

---

① 摩尔定律：集成电路的复杂度（可被间接理解为芯片上可容纳的晶体管数目）每两年增加一倍，性能也将提升一倍。

② 吉尔德定律：主干网带宽的增长速度至少是运算性能增长速度的三倍。

应用，同时还对于一些自然语言处理的"硬核"问题展开探索。这项研究就是基于组合范畴语法（CCG）的自然语言信息处理应用。

组合范畴语法（CCG）应该算作20世纪末的理性主义产物，它在20世纪80至90年代开始出现，在AB演算基础上进行扩展而产生，其核心的扩展在于"组合"，即基于范畴语法增添了函项范畴的组合运算，从而增强了表达与描述能力。另外，由于组合规则与柯里的组合算子非常接近，因此，每个组合规则在分析过程中都具有一个语义解释，这样使得句法派生的同时，又能够构造谓词 – 论元结构。

从2000年以来，CCG就已经广泛地应用在计算语言学的各个方面，可以说CCG是计算语言学中的一个全栈的模型，从自然语言的分析、转换到生成等各方面都得到普遍应用①。之所以如此，主要有以下两大方面的原因。②

1. 基于CCG的自然语言信息处理系统能很好地协调计算、规则和算法几方面的因素。

现代的自然语言信息处理系统都可以抽象为一个三元组 < R，C，O > 中，其中，R代表规则、C代表计算、O表示Oracle，规则是整个语言信息系统的内核，例如上下文无关文法（CFG）或者组合范畴文法（CCG），计算是在计算系统中实现的算法，O表示一些经验性的语料或者人为的干涉等。

< R，C，O > 三元组三个部件相互协同，体现了计算语言学中理性主义与经验主义的调和。正如我国计算语言学家冯志伟所主张的，自然语言处理应该将理性主义与经验主义结合起来。在自然语言处理中，理性主义与经验主义各有优缺点，理性主义更贴近自然语言本身，更注重自然语言本身的规则与规律，能有效处理如句子中长距离的主语和谓语动词之间的一致关系（subject – verb agreement），wh移位（wh – movement）等长距离依存关系（long – distance dependencies）问题。经验主义

---

① The Combinatory Categorial Grammar Site ［EB/OL］.［2016 – 03 – 27］. http：//groups. inf. ed. ac. uk/ccg/publications. html.

② 陈鹏：《组合范畴语法（CCG）的计算语言学价值》，《重庆理工大学学报》（社会科学版）2016年第8期。

在大规模和工程化方面具有显著优势，结合强大的计算和信息处理能力，可以进行语言的自动学习和统计分析。[①]

自然语言信息处理系统通常需要这三个部件之间的协同，同时也受到这三个部件之间的彼此约束。例如，如果系统采用了上下文相关文法（1型文法），那么基于该文法，对自然语言进行分析过程的计算复杂性通常都是 NP。反过来，如果你选择一个计算复杂性较低的文法，例如正则文法（3型文法），那么又存在该文法在描述和表达能力上不够强的问题。详细的关联情况如表格 48 所示。

表格 48　　　　　文法形式化与计算复杂性的关联

计算复杂度	P	NP	不可计算
3 型文法	√		
2 型文法	√		
1 型文法		√	
0 型文法		√	

注：在 R 中，存在乔姆斯基体系，从 0 型文法到 3 型文法，其中存在一个表达能力和计算能力的折中；在 C 中存在多项式可计算、指数可计算、不可计算的层次。

CCG 在规则与计算上做了一个很好的折中。CCG 在文法的描述和表达能力上是介于上下文无关文法（2 型文法）和上下文相关文法（1 型文法），属于一类适度上下文相关文法。所谓适度上下文相关语言具有如下特点：

（1）有限的交叉依赖。

（2）连续增长，即如果存在一个界值 k，只要有两个语句之间的长度差异超过 k，那么必然存在一个语句，其长度介于这两个语句之间。

（3）分析的时间复杂度是多项式复杂度（P）。

[①] 冯志伟：《自然语言处理中的理性主义和经验主义》，全国民族语言文字信息学术研讨会，云南，2007 年 2 月。

与此同时，要想系统发挥最佳作用，＜R，C，O＞三个部件需要相互协同。例如，如果你选择了一种上下文无关文法来描述自然语言，那么在对该语言进行分析时，你需要设计一种多项式复杂性的计算算法，同时能够有效地进行消歧。甚至，如果可能的话，你需要对上下文无关文法的模型进行概率化，引入一些优选机制来对生成规则进行排序，从而提高处理效率和扩展处理的规模。

　　除了很好地调和计算、算法和规则几个因素之外，CCG 本身具有一些非常有益于自然语言信息处理的特性。

　　2. CCG 在文法形式化、语言与计算和逻辑语义等方面都具有非常有益于自然语言的计算机信息处理的特性。

　　从计算语言学的视角来看，CCG 的优势主要可以从以下几个方面来阐述：

　　（1）从语法理论方面来看，CCG 是词汇形式化的思路，词汇形式化是以词作为单位的形式化方法。在进行大规模的自然语言信息处理过程中，CCG 的词汇形式化能够在处理的信息的规模、计算效率和复杂性方面都有比较明显的优势。

　　（2）从计算语言学方面来看，CCG 属于一类适度上下文相关文法。适度上下文相关文法在描述和表达能力上要明显优于上下文无关文法，能描述一些在自然语言中经常出现的交叉依赖现象。分析适度上下文相关语言的时间复杂度通常是在多项式时间复杂度上，这对于计算而言是非常融洽的。

　　（3）从逻辑语义学方面来看，CCG 是一种组合性的文法。此外，句法与语义之间融洽的接口使得 CCG 在对自然语言的语义进行分析和计算时非常便捷。

4.2.1　词汇形式化以及适度上下文相关特性

　　CCG 是一种基于词汇的形式化理论，即 CCG 将自然语言生成过程凝缩在词条的范畴构造上。[①] 我们以（4-1）和（4-2）为例加以说明。

---

① 邹崇理：《关于组合范畴语法 CCG》，《重庆理工大学学报》（社会科学版）2011 年第 8 期。

(4-1)

S → NP VP

VP → TV NP

TV → {喜欢，爱，…}

(4-2) 喜欢：= (S \ NP) /NP

(4-1) 是一个上下文无关文法所表达的产生式规则，(4-2) 是对单个词指派范畴。可以说通过 (4-2) 中所指派的词法范畴，捕获了 (4-1) 中的句法规则。

通过 (4-2) 中的句法范畴，将及物动词"喜欢"标识为一个函项，并说明了其论元的类型和方向以及结果的类型。例如"喜欢"作为一个函数，其从右边接受一个类型为 NP 的论元，同时计算结果的类型为 S \ NP。

CCG 体现的是一种词本位的思想，形式化聚焦在词条上，而规则是相对简洁和紧致的。这种词汇形式化特性在自然语言信息处理上具有以下两方面的优势。

1. 可以为每一种自然语言构建一个 CCG 范畴语料库。

CCG 范畴语料库中的内容包括覆盖每一个词的范畴库（通常一个词语对应一个或者多个范畴）、一些典型语句的加标记 CCG 范畴派生树库。这样的 CCG 范畴语料库可以为自然语言处理提供以下用途：

（1）作为词法——范畴字典，可以在语料库中检索和查找任何一个词所对应的范畴（当然，有可能出现多个范畴）。

（2）作为自然语言分析过程中的训练语料和测试模型。在开发学习器和分析器的过程中，可以使用语料库进行学习器的训练语料，同时也作为测试分析器的精度和准确性的测试样本。

目前，已经有许多语种都开发出相应的 CCG 范畴语料库，有些是重新构建，有些是基于以往的一些语料库进行自动转换而来。例如从宾州树库转换而得到的英语 CCGBank、汉语 CCGBank、德语 CCGBank，清华大学汉语树库转换而来的清华 CCGBank 等。我们在第三章介绍的就是转换而来的一个汉语 CCGBank。

2. 极大地促进大规模自然语言分析工程化的可行性。

在基于文法的大规模自然语言分析应用中，普遍存在着歧义性问题，通常每一个句子成分都会对应大量的分析，从而使得解析空间爆炸式增长，极大地提升了各类复杂性，使得大规模应用难以实施与开展。

基于 CCG 的自然语言分析过程大致可以为分成两阶段。第一阶段是将句子中的词指派给词法范畴，第二个阶段便是使用 CCG 组合规则组合起这些范畴。在第一阶段中，由于有些词对应的可能范畴多达上百个以上①，对应数十个范畴的词也非常普遍。因此，如果采取完全指派，那么大规模应用显然是行不通的。因此，在 CCG 范畴语料库基础上，采用了一种称为"超级标记器"（super tagging）的技术来减少范畴规模。

超级标记器是在进行自然语言分析之前，使用统计序列标记技术（statistical sequence tagging techniques）为语句中的每一个词都择优指派少量的词法范畴，其择优标准采取的是一种概率模型：

$$p(c \mid h) = \frac{1}{Z(h)} e^{\sum_i \lambda_i f_i (c, h)}$$

其中，f_i 代表一种特征，λ_i 是其对应的权重，$Z(x)$ 是一个规范化常量。语境是围绕目标词的 5－词的窗口，特征通过窗口内的每个词和每个词的词性来定义。

通过这种超级标记技术，极大地提供了分析的速度和效率，根据斯蒂芬·克拉克（Stephen Clark）和詹姆斯·柯伦（James R. Curran）的研究表明，采用超级标记技术的 CCG 分析器比一般的分析器的速度提升了接近 80 倍。

关于自然语言究竟位于乔姆斯基形式文法的哪一个层级尚存在争议。首先，乔姆斯基本人否定自然语言是正则语言，但是他也不确认自然语言是不是上下文无关语言。有许多的学者根据自然语言出现的一些复杂交叉依赖的现象，认为自然语言必定是超越上下文无关语言，而接近于上下文相关语言。阿拉维德·乔希（Aravind K. Joshi）在 1985 年对自然语言的形式化层次做了一个假设，即人类的自然语言是适度上下文相关的。总之，虽然对自然语言究竟属于哪一形式语言层次尚未有定论，但大多数的学者还是倾向于人文自然语言应该介于上下文无关语言和上下

---

① 例如，在我们转换而来的汉语 CCGBank 中，"的"一词对应的范畴就有 181 个之多。

文相关语言之间,类似于适度上下文相关语言。

二阶 CCG 的范畴规则,例如 B^2 规则,允许我们"生成"任何高价的范畴,在类似荷兰语、瑞士德语和西佛兰芒语等德语系语言中,B^2 规则使得 CCG 具有比上下文无关更高的生成能力。CCG 是一种适度上下文相关文法,其一个优势是处理一些内在于语言构造的长距离依赖现象,在使用 CCG 进行分析的时候,长距离依赖能够直接融入分析过程中,而不需要像其他一些分析器那样,在后处理阶段中再去处理远距离依赖。例如(4-3)所示,在 CCG 中可以处理一些非常复杂的交叉依赖现象。

(4-3) das mer d'chind em Hans es huus lönd hälfe aastriiche.
We let the children help Hans paint the house.
我们让孩子们帮助汉斯粉刷房间。

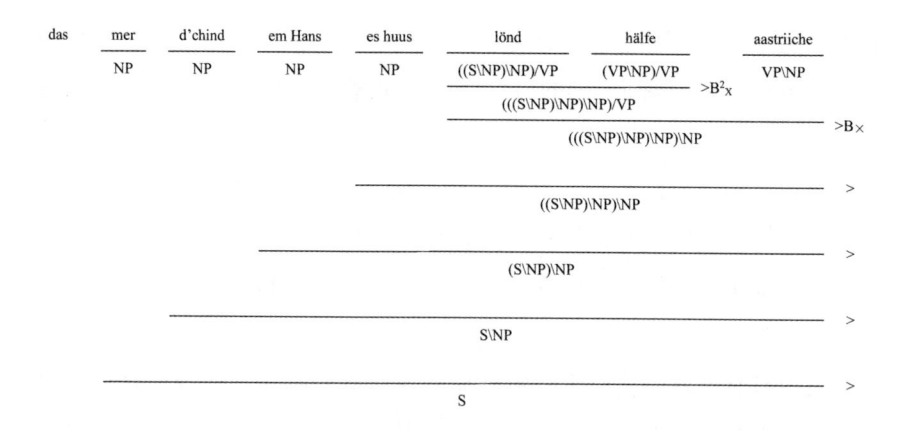

das	mer	d'chind	em Hans	es huus	lönd	hälfe	aastriiche
NP	NP	NP	NP	NP	((S\NP)\NP)/VP	(VP\NP)/VP	VP\NP

$$((S\backslash NP)\backslash NP)/VP \quad (VP\backslash NP)/VP \quad >B^2_\times$$
$$(((S\backslash NP)\backslash NP)\backslash NP)/VP$$
$$((((S\backslash NP)\backslash NP)\backslash NP)\backslash NP \quad >B_\times$$
$$((S\backslash NP)\backslash NP)\backslash NP \quad >$$
$$(S\backslash NP)\backslash NP \quad >$$
$$S\backslash NP \quad >$$
$$S \quad >$$

类似(4-3)这种交叉依赖是不能够由上下文无关文法来描述的。

3. 适度上下文无关文法特性使得 CCG 在描述与表达能力和计算复杂度之间取得一个较好的折中。

我们以基于 CCG 的移位-归约分析算法为例。在算法上,可以基于上下文无关文法的移位-归约(Shift-Reduce)算法进行改进和优化,增加操作符 {SHIFT, COMBINE, UNARY, FINISH}。我们以对(4-4)的处理为例进行介绍。图 86 是对(4-4)的移位-归约算法的展示。

(4-4) 我爱真理。

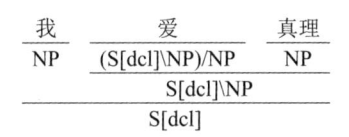

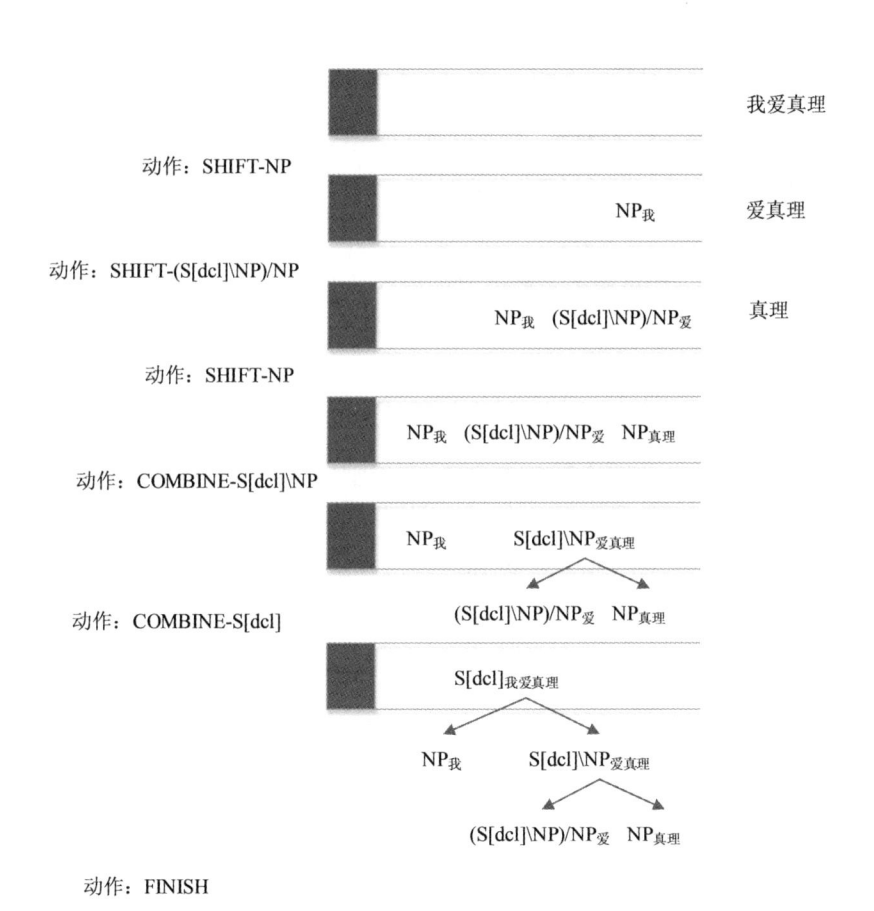

我	爱	真理
NP	(S[dcl]\NP)/NP	NP
	S[dcl]\NP	
S[dcl]		

动作：SHIFT-NP　　　　　　　　　　　　　　　　　　　　我爱真理

动作：SHIFT-(S[dcl]\NP)/NP　　　　　　　　NP_我　　　　　爱真理

动作：SHIFT-NP　　　　　　　　NP_我　(S[dcl]\NP)/NP_爱　　真理

动作：COMBINE-S[dcl]\NP　　　NP_我　(S[dcl]\NP)/NP_爱　NP_真理

动作：COMBINE-S[dcl]　　　　　NP_我　　S[dcl]\NP_爱真理
　　　　　　　　　　　　　　　　　　(S[dcl]\NP)/NP_爱　NP_真理

　　　　　　　　　　　　　　　　S[dcl]_我爱真理
　　　　　　　　　　　　　　NP_我　　S[dcl]\NP_爱真理
　　　　　　　　　　　　　　　　(S[dcl]\NP)/NP_爱　NP_真理

动作：FINISH

图86　"我爱真理"的基于CCG的移位归约分析示意

4.2.2　组合性以及句法与语义接口的融洽性

在计算语言学中，存在着一些"硬核"任务，或者说是最为困难的任务，其中之一就是对自然语言的语义分析，即将自然语言语句映射为表征其意义的形式化（通常是某种逻辑式）。

CCG 为句法提供非常直观的组合语义,使得句法与语义的接口是透明的。CCG 只需要在词条项中增加语义标记,并解释少量的组合规则,便能提供组合语义。CCG 透明的句法－语义接口,分析器能够直接或者间接地访问谓词－论元结构,不仅包括局部的,也包括远距离依赖(由并列、抽取和控制所导致的)。

4. CCG 的组合性以及句法与语义接口的融洽性使得分析、处理大规模自然语言的语义成为可能。

组合原则是逻辑语义学的基本原则,是其基础和出发点。组合原则表现为函项的思想和句法与语义的对应,可以简单表述为:

"如果表达式 E 依据某个句法规则由部分 E1 和 E2 所构成,则 E 的意义 M(E)是依据某个语义规则把 E1 的意义 M(E1)和 E2 的意义 M(E2)合并起来而获得的。"

严格来讲,组合原则意味着一个复合表达式的意义是其部分的意义和合并这些部分的句法运算的意义形成的函项。所以该原则又叫意义的函项原则。需要特别指出的是,复合表达式的意义不仅仅依靠其部分的意义,还取决于合并这些部分的句法运算的意义。借助定义 4-1 所示的同态映射的数学定义可以显示出组合原则所要求的句法运算的意义。

定义 4-1

令 $A_\tau = <A, F>$ 和 $\mathcal{B} = <B, G>$ 都是代数,映射 $h: A_\tau \rightarrow \mathcal{B}$ 是同态的,当且仅当,存在映射 $h': F \rightarrow G$ 使得对所有 $f \in F$ 和所有 $a_1, a_2, \cdots a_n \in A$ 都有:

$$h(f(a_1, a_2, \cdots a_n)) = h'(f)(h(a_1), \cdots h(a_n))$$

其中,A_τ 是句法代数,$\mathcal{B}$ 是语义代数,h 是满足组合原则的意义指派。

CCG 直观地体现了意义组合原则,其规则中语法与语义严格对应。

近年,在计算语言学中,语义分析是一个难点和热点问题,语义分析方法是将一个自然语言句子,按照特定的句法,解析成逻辑表达式,基于这些逻辑表达式可以实现逻辑和知识操作,并构建相应的顶层应用,例如自动问答系统和知识推理系统等。

CCG 在语义分析方面具有较好的优势，除了能够结合一些统计、学习的方法之外，CCG 能够进行一个规则映射。一方面，CCG 可以通过类似概率 CCG 的模型来解决歧义解析问题。另外，CCG 的句法与语义接口的融洽性非常有助于语义学习，例如卢克·泽特尔莫耶（Luke S. Zettlemoyer）等人基于 CCG 开发了一个语义分析框架[①]，在该框架中使用了一些规则，将逻辑式反向映射为范畴与语义，其规则如（4-5）所示。

(4-5)

a. 对于一个常元 c，那么其输出的范畴是：

$$NP: c$$

b. 对于一个一元谓词 p，那么其输出的范畴是：

$$N: \lambda x. p(x)$$

或者

$$S \backslash NP: \lambda x. p(x)$$

$$N/N: \lambda g. \lambda x. p(x) \wedge g(x)$$

c. 对于一个二元谓词 p，那么其输出的范畴是：

$$(S \backslash NP)/NP: \lambda x. \lambda y. p(y, x)$$

$$(S \backslash NP)/NP: \lambda x. \lambda y. p(x, y)$$

$$N/N: \lambda g. \lambda x. p(x, c) \wedge g(x)$$

d. 对于一个二元谓词 p 和一个常元 c，其输出的范畴是：

$$N/N: \lambda g. \lambda x. p(x, c) \wedge g(x)$$

e. 对于一元函数 f，其输出的范畴是：

$$NP/N: \lambda g. \text{argmax/min}(g(x), \lambda x. f(x))$$

$$S/NP: \lambda x. f(x)$$

例如，对于（4-6）中对应的逻辑式，依据（4-5）可以展开相应的语义分析。

(4-6) borders (utah, idaho)

[①] Luke S Zettlemoyer, Michael John Collins, "Learning to Map Sentences to Logical Form: Structured Classification with Probabilistic Categorial Grammars", UAI'05: Proceedings of the Twenty-First Conference on Uncertainty in Artificial Intelligence, Edinburgh, Scotland, July 26–29, 2005, pp. 658–666.

由于 utah 和 idaho 都对应两个常元，因此有：

NP：utah

NP：idaho

此外，borders 对应一个二元谓词，那么有：

(S \ NP) /NP：λx. λy. borders (y, x)

CCG 的反向映射不仅能够辅助大规模的语义学习，而且使得 CCG 能够作为机器翻译中的中介语言，实现由源语言到逻辑表达式，再由逻辑表达式到"范畴和语义词项"，再到目标语言的一个三阶段机器翻译的方法，这样的机器翻译将有使得"意义保真"。

4.3 CCG 的应用

语法－语义接口透明，并列现象和其他结构简易一致，语法分析算法有效实用，语法覆盖范围广，以及实用的语法分析器使得 CCG 受到了很多自然语言处理系统的青睐，这些应用系统涵盖自然语言生成、语义角色标记、问题回答和机器翻译等。

4.3.1 生成和实现 (Generation and realization)

在黑盒概念中，语法分析指的是语言字符串到逻辑形式的映射，表层实现指的逻辑形式到自然语言字符串的反向映射。大多数的实现系统都用到了一些带有句法－语义结构的语法形式来将任务分解为转化逻辑形式为语法形式框架（如 LFG 中的 f－结构，CCG 中的范畴或 HPSG 中的属性－值矩阵），然后通过这些结构寻找可能的释义候选结果。

CCG 中协调现象的类型驱动型分析将规则类型赋值给类似论元簇、右节点提升的合取项和其他空位短语等非成分类型，这个特点引导迈克·怀特（Mike White）和杰森·鲍德里奇（Jason Baldridge）使用 CCG 在生成系统中限制可能的语法实现空间。[①] 在这个系统中，逻辑形式由来

[①] Mike White, Jason Baldridge, "Adapting Chart Realization to CCG", Proceedings of the Ninth European Workshop on Natural Langage Generation, Budapest, Hungary, April 13－14, 2003.

自混合逻辑依存语义（HLDS）的表达式表征，而表达式又与成对的词汇条目和 CCG 相联系，图生成则被用于创造并实现候选对象。

CCG 实现的进一步工作集中于从大幅词汇中提取生成词汇，同时避免繁重的人工注释工作。迈克·怀特等人从英语 CCG 库的谓词－论元架构中提取 HLDS 逻辑形式。多米尼克·埃斯皮诺萨（Dominic Espinosa）等人随后证明斯蒂芬·克拉克和詹姆斯·柯伦所提出的超级标记方法极大提高了 CCG 类型词汇条目标记的效率和准确度，而这同样也能用于标记 CCG 类型图实现准备中的逻辑形式。

4.3.2 问答（question answering）

问答（Question answering，QA）就是依据来自知识库的答案，对用户针对自然语言提问的回应。

斯蒂芬·克拉克等人发现由华盛顿邮报文本学习得来的一个超级标记模型在问答中表现很差，这是因为在 CCG 库中 wh 问题（when where why，何时、何地、为何的问题）稀疏以致一些对应的问题也很稀少（how，which 即如何、哪一个），或者甚至是完全没有（如 What + N：什么 + N）。他们仅仅标记了 1171 个附带正确 CCG 类型的 What 或 What + N 问题，而没有手动提供完全的 CCG 派生标记。在他们重新训练超级标记之后，在基于问题的数据集之上的词汇级别准确度从 84.8% 上升到了 98.1%。

泽特尔莫耶和科林斯利用 CCG 中的透明语法—语义界面，使得 CCG 语法获得来自 GeoQuery 的数据，从而将输入问题转化为了逻辑形式。

4.3.3 OpenCCG

与 CCG 相关的一些常见软件如表格 49 所示。

表格 49　　　　　　　　　常用的 CCG 软件

软件	语言	介绍
OpenCCG	Java XML	提供句子解析功能的系统，通过 GraphViz 工具可将详细的解析过程生成可视化语义图

续表

软件	语言	介绍
StatCCG		统计 CCG 解析器
C&C CCG 和 Supertagger	C++	自然语言文字处理工具，能够足够高效率进行大型的自然语言处理工作
Ccg2sem	XML	被设计成在一个附加的 C&C 解析器（基于 CCG-bank），并实现了非常高的覆盖率
AspCcgTk	Tk	AspCcgTk 提供了试验台，用于以不同的理论 CCG 框架试验，而不需要制作特定的解析算法。AspCcgTk 还包含可视化由解析器发现 CCG 推导的模块
NL2KR system	lambda 演算	该系统采用学习单词的新含义训练语料的初始词汇。然后将新学到的词汇来翻译新句子，使用一个 CCG 语法分析器来构造解析树

其中，OpenCCG 是应用较为广泛的系统。OpenCCG 系统支持 MM – CCG 语法发展，并执行语句分析和实现，鲍德里奇将其广泛地运用于对话系统。埃斯皮诺萨、怀特和梅艾把这项工作扩展到 CCG 库，引导一个使用 OpenCCG 的语法，此语法支持大范围的语句实现。

OpenCCG 是由 Java 语言实现的，所有关于 OpenCCG 的规范都源于 XML 语言，包含组合规则，词汇（词汇化的语法），特征结构，LF，形态等等。在掌握 XML 语言的基础上，要熟练使用层级处理和线性组织的标签（他们必须用 </tag> 或者/封闭起来得到正确的嵌套）。

构建 OpenCCG 的 Java 部分使用所完成的脚本"ccg – build"，这个工程的 Windows 和 Unix 下的，但需要从顶层目录（build.xml 文件的位置）运行。如果一切是正确的，所有需要的软件包可见，这一行动将产生一个在名为 openccg.jar 文件。

OpenCCG 运行时的语法通常包含以下五个规范名称的基本的文件：grammar.xml、lexicon.xml、morph.xml、rules.xml、types.xml，这五个 xml 文件恰好构成了 OpenCCG 的语法构架。xml 文件中涉及的语义标签参见表格 50。

表格50　　　　　　　　　　xml 语义标签一览表

标签	含义
< family > ... </family >	定义词汇族
< entry > ... </entry >	条目
< complexcat > ... </complexcat >	复合范畴
< atomcat > ... </atomcat >	原子范畴
< fs > ... </fs >	特征结构
< lf > ... </lf >	逻辑形式

1. grammar. xml

例 4 – 1 以 tiny 语法为例,在下方 tiny – grammar. xml 文件中,定义了语法 tiny 的名称和涉及其他文件的名称。

例 4 – 1　tiny – grammar. xml

```
< grammaname = " tiny" >
< lexiconfile = " lexicon. xml" / >
< morphologyfile = " morph. xml" / >
< rulesfile = " rules. xml" / >
< typesfile = " types. xml" / >
</grammar >
```

2. lexicon. xml

在 lexicon. xml 中定义了不同的词汇族,每一个词汇族相应会定义一个或者多个范畴。传统上,词汇的范畴语法每个词都有指定的范畴。在 OpenCCG 中,范畴被编入了关系到整组词汇的词汇族当中,这避免了在词典中反复给出相同的限定。词能与词汇族关联起来的最简单的方法是通过词类。对于词来说,我们必须指定其词类,对于词汇族来说,我们必须为词指定一个为了适用于整个词汇族而必须具有的词类。为了调控一个词汇族的适用性,我们也可以将其声明为关闭状态。但是,封闭性的家族对于词类出现的每一个词不都是有效的,仅仅对于家族的成员有效。要注意,由于开放类词(特别是动词)经常是被列在封闭式家族成员当中的,而要为他们设计一个适当的范畴框架,封闭性家族是不会与开放类词的概念十分一致的。

例4-2 名词词汇族

```
< family name = " Noun" pos = " N" >
< entry name = " Primary" >
……
</entry >
</family >
```

例4-3 代词词汇族

```
< family name = " ProNP" pos = " Pro" closed = " true" >
< entry name = " Primary" >
……
</entry >
< member stem = " pro1" / >
< member stem = " pro2" / >
< member stem = " pro3f" / >
< member stem = " pro3m" / >
< member stem = " pro3n" / >
</family >
```

例4-2和例4-3给出名词词汇族和代词词汇族的示例,其中使用name作为名字属性说明,pos属性标明词类为N和Pro。在代词ProNP族当中,closed属性为"true",表明其为封闭式词汇族。它的成员包括

pro1、…、pro3n，其中pro1是第一人称代词I，即为"we，me，us"的一个抽象词根。

在任一个族中，我们会用条目元素定义一个或者多个条目。每一个条目会定义一个伴随的特征结构和逻辑形式的范畴。通常给主条目命名为"Primary"。

例4-3 多条目动词族

```
< family name = " DitransitiveBeneficiaryVerbs" pos = " V" closed = " true" >
< entry name = " DTV" >
…
</entry >
< entry name = " NP – PPfor" >
…
</entry >
< member stem = " buy" / >
< member stem = " rent" / >
</family >
```

例4-3中的第一个条目关于双宾语动词，命名为DTV，它可以指定有两个NP补语的动词范畴。第二个条目命名为NP-PPfor，是一个以PP（宾语补足语）作为范畴，这个范畴包含了以NP补语为首后紧接PP宾语补足语的动词范畴。

有了条目，我们可以定义范畴，这个范畴可以是原子范畴也可以是复合范畴（一个函数）。例4-4的例子说明了我们如何用原子元素定义一个原子范畴，我们将这个标签作为属性type的值。

例4-4 原子范畴

```
< family name = " Noun" pos = " N" >
< entry name = " Primary" >
< atomcat type = " n" >
…
</atomcat >
</entry >
</family >
```

我们用 fs 元素为原子范畴分配的特征结构。fs 元素有一个 id 的属性,当我们需要的时候就可以明确地应用到特征结构中。例 4-5 展现了为原子范畴分配特征结构的示意。

例 4-5　为原子范畴分配特征结构

```
< atomcat type = " n" >
< fs id = " 2" > .. </fs >
…
</atomcat >
```

此外,我们可以使用 fest 元素添加一个独立的特征。例 4-6 展示了为例 4-5 进一步描述独立特征的示意。在这个最简单的形态中,feature 有一个属性 attr 和它的值 val。

例 4-6　为原子范畴的特征结构添加独立特征

```
< fs id = " 2" >
< feat attr = " num" val = " sg" / >
</fs >
```

通过条目,我们还可以指定复合范畴,即一个函项。为此,我们使用 complexcat 元素。这个元素实际上是一个范畴列表。例 4-7 展示一个复合范畴的示例。

例 4-7 复合范畴

```
< complexcat >
< atomcat type = " s" >
< fs id = " 1" > .. </fs >
</atomcat >
< slash dir = " \ " mode = " &lt;" / >
< atomcat type = " np" >
< fs id = " 2" > < feat attr = " case" val = " nom" / > .. </fs >
</atomcat >
< slash dir = " /" mode = " &gt;" / >
< atomcat type = " np" >
< fs id = " 3" > < feat attr = " case" val = " acc" / > .. </fs >
</atomcat >
……
</complexcat >
```

---

3. morph.xml

lexicon.xml 中定义了词汇族，然而针对同一个词汇族，它们在语法中可以出现的位置也有所不同。例如，第一人称代词 I 可以出现在主语的位置，而 me 可以出现在对象宾语的位置，不然则相反。这很自然地引导我们在 morph.xml 文件中定义词的属性。对于每个词来说，morph.xml 中定义其词性和词类，如例 4-8 所示。

例 4-8 词条的示例

< entry pos = " N" word = " policemen" stem = " policeman" .. / >

morph.xml 和 lexicon.xml 之间的关系如图 85 所示，其中 morph.xml 中的词性 pos 和词根 stem 都引用来自 lexicon.xml 中的定义。

```
                    ┌─────────────────────────┐
                    │ <family=  pos ="  " >   │
    lexicon.xml     │        ：                │
                    │ menber stem ="  "       │
                    │ </family>               │
                    └─────────────────────────┘
                              ⇕ pos                    引用在 lexicon
                    ┌─────────────────────────┐        中定义的词根
                    │ <entry>                 │
    morph.xml       │ pos ="  " word="  "     │
                    │ stem ="  ">             │
                    │ </entry>                │
                    └─────────────────────────┘
```

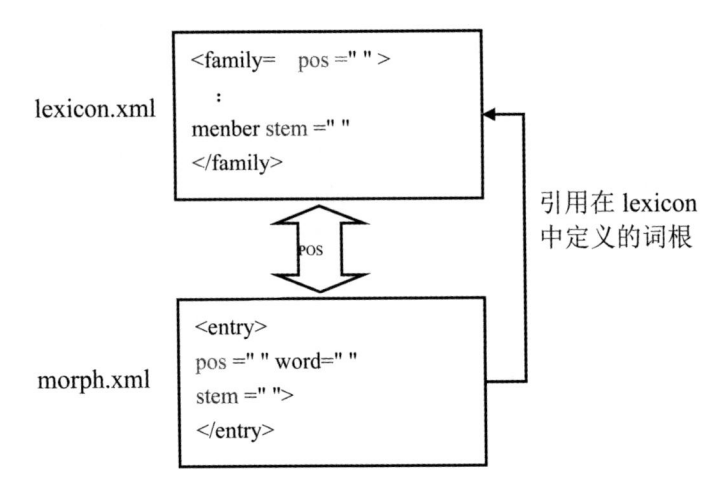

图 87　morph.xml 和 lexicon.xml 之间的关系

为了添加更深层的信息，在 morph.xml 中我们使用 macros。如例 4-9 所示，基于例 4-3 所定义的第一人称代词条目，给出了由 macros 属性定义的宏句法。命名为 @ nom 和 @ acc 的宏，是由 macro 元素定义的。这些 macros 通过分别访问 id = 2 的特征结构和建立特征值 nom 和 acc，使范畴的特征和词关联起来。

例 4-9　在 morph.xml 中使用 macro

```
< entry pos = " Pro" word = " I" stem = " pro1" macros = " @1st @sg @nom .. " / >
< entry pos = " Pro" word = " me" stem = " pro1" macros = " @1st @sg @acc .. " / >
< entry pos = " Pro" word = " we" stem = " pro1" macros = " @1st @pl @nom .. " / >
< entry pos = " Pro" word = " us" stem = " pro1" macros = " @1st @pl @acc .. " / >
…
< macro name = " @nom" >
< fs id = " 2" attr = " case" val = " nom" / >
</macro >
< macro name = " @acc" >
< fs id = " 2" attr = " case" val = " acc" / >
</macro >
```

例4-10作为另一个例子，显示了人称宏（同时也有数量宏）如何使用在建立根据buy不同动词形式的人称和数量协议。注意时态宏@pres和@past不是句法特征；取而代之的是逻辑结构中的语义特征。此外，还要注意宏@non-3rd提供了一个句法人称的值，这和在types.xml定义的1st和2nd是兼容的。

例4-10 动词buy的不同词性与人称宏的关联

```
< entry pos = " V" word = " buy" macros = " @ pres @ non – 3rd @
< entry pos = " V" word = " buys" stem = " buy" macros = " @ pres
< entry pos = " V" word = " buy" macros = " @ pres @ pl" / >
< entry pos = " V" word = " bought" stem = " buy" macros = " @ past" / >
…
< macro name = " @ 1st" >  < fs id = " 2" attr = " pers" val = " 1st" / >
< macro name = " @ 2nd" >  < fs id = " 2" attr = " pers" val = " 2nd" / >
< macro name = " @ 3rd" >  < fs id = " 2" attr = " pers" val = " 3rd" / >
< macro name = " @ non – 3rd" >
< fs id = " 2" attr = " pers" val = " non – 3rd" / >
< / macro >
```

4. types.xml 和 rules.xml

types.xml 用于定义语法和语义的层次结构，如图88所示。

在 rules.xml 中定义了语法可使用的组合规则。

4.3.4 语义计算

如果在十数年前，自然语言的语义研究还更多是语义学家的象牙塔工作，近年来，得益于以下几个方面的进展，使得事情有所改观。

第一，树库的发展，尤其是标记句法结构的大规模文本树库在近些年得到了长足的发展。

第二，在树库基础上训练出不少鲁棒的统计解析器，这些解析器在

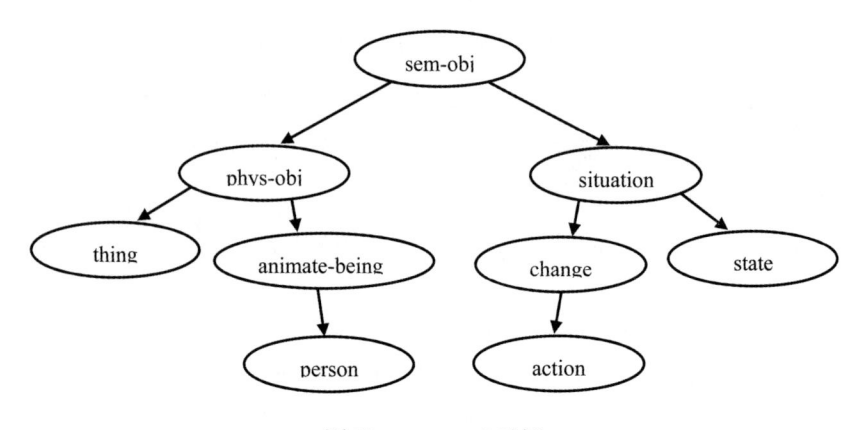

图 88 type. xml 示例

精准率上有了长足的进步。

第三，大规模语义库的发展，例如 WordNet、VerbNet、PropBank 和 FrameNet 等。

基于 CCG 的计算语义研究中比较有代表性的工作来自约翰·博斯（Johan Bos）的工作。博斯基于组合范畴语法（CCG）和话语表征理论（DRT）开发了一个面向大规模真实文本的语义分析工具，称为 Boxer。[①] Boxer 主要包含以下部分。

1. 预处理

针对真实文本，首先进行预处理工作。将每一行的每一句话都进行符号化（Tokenised），然后使用一个 CCG 语法处理工具 C&C 对符号化的语句进行词性标记（POS - tagging）、命名实体识别以及解析等工作。其中词性标注用于刻画带有歧义 CCG 范畴的词汇语义，命名实体标签被传输到话语表征结构层进行处理，并成为一种命名话语指称。

2. 词库

在 CCG 中，句法词库包括词法范畴集合。CCG 树库包含上千个不同

---

① J. Bos, "Wide–Coverage Semantic Analysis with Boxer, Semantics in Text Processing", Proceedings of the 2008 Conference on Semantics in Text Processing, Venice, Italy, September22 – 24, 2008, pp. 277 – 286.

的范畴。语义词库定义范畴到语义表征的映射。在 Boxer 中，语义表征是由 Lambda – DRSs 的形式来表征。Boxer 实现了 C&C 解析器中所有的范畴。

仅仅通过范畴不足以定义词汇语义，因为一个词汇范畴可能引起多个不同的语义解释。因此，在 Boxer 中引入了更多的资源，例如与范畴相关的被指派的词性、词形、命名实体类型。对于大多数范畴而言，尤其是开放类型的词项，我们需要了解词的词根。

尽管在 CCG 范畴与语义类型之间存在一对一的映射，然而即使在单个范畴内语义类型的实例化也是有所不同的。例如，范畴 N/N 能够对应一个形容词、序表达，甚至通名和专名。在后面两种情形下，词项引入一个新的话语指称，前两种则不然。要阐述这种差异，我们需要查看所指派的词性。

3. 消解

Boxer 实现了由名称短语引入的各种预设触发，包括人称代词、所属代词、反身代词、强调代词、指示代词、专名、其他照应与限定摹状词。此外，一些时态体态也被实现为预设触发。

照应和预设消解在构建表征后分别在不同的阶段进行。Boxer 实现旨在实现消解的高精度，人称代词消解为命名实体，限定摹状词和专名与先前的话语被指联系在一起。如果找不到合适的先行词，那么将进行全局的照应话语指称和条件的匹配。

4. 举例

我们以（4-7）为例，阐述 Boxer 的应用。

（4-7）

Cervical cancer is caused by a virus. That has been known for some time and it has led to a vaccine that seems to prevent it. Researchers have been looking for other cancers that may be caused by viruses.

Boxer 对（4-7）语句进行解析处理后，得出的话语表征结构如图 89 所示。

Boxer 处理的结果是由话语表征结构所表征的语义，其中嵌入了新戴维森事件语义，同时采用了 VerbNet 的主题角色。所产生的话语表征结构

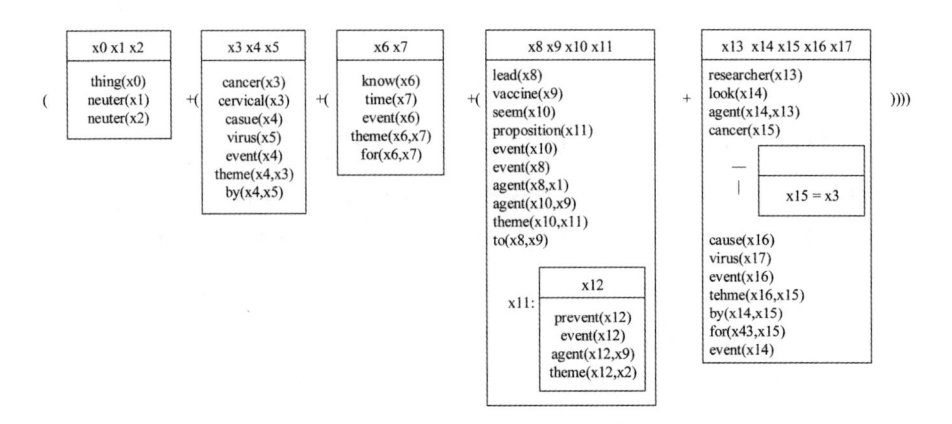

```
( x0 x1 x2        x3 x4 x5        x6 x7          x8 x9 x10 x11       x13 x14 x15 x16 x17
  thing(x0)      cancer(x3)      know(x6)       lead(x8)            researcher(x13)
  neuter(x1)   + cervical(x3)  + time(x7)     + vaccine(x9)       + look(x14)           ))))
  neuter(x2)     casue(x4)       event(x6)      seem(x10)           agent(x14,x13)
                 virus(x5)       theme(x6,x7)   proposition(x11)    cancer(x15)
                 event(x4)       for(x6,x7)     event(x10)          ─────────────
                 theme(x4,x3)                   event(x8)           │ x15 = x3 │
                 by(x4,x5)                      agent(x8,x1)        ─────────────
                                                agent(x10,x9)       cause(x16)
                                                theme(x10,x11)      virus(x17)
                                                to(x8,x9)           event(x16)
                                                                    tehme(x16,x15)
                                 x11:    x12                        by(x14,x15)
                                       prevent(x12)                 for(x43,x15)
                                       event(x12)                   event(x14)
                                       agent(x12,x9)
                                       theme(x12,x2)
```

图 89　示例语句的话语表征结构

能够被翻译为普通的一阶逻辑，并能够由一阶逻辑定理证明器进行进一步的推理。

  Boxer 的语义处理也可以应用到问答系统中。首先把句子分析为话语表征结构，并将话语表征结构交给定理分析器，让定理分析器从前提推导到结论。在问答中，通常采用蕴含测试，其结果应该是语句 A 或者蕴含，或者不蕴含语句 B。在实际应用中，Boxer 系统能够从定理分析器获得反馈的句子，结果都很好，能够达到 75% 的准确率，但是只有 5% 的句子能够反馈，所以召回率很差。究其原因，不是话语表征理论的问题，而是推理问题太难，因为对于任何定理证明过程，搜索空间都太过巨大。

4.4　人工智能时代 CCG 的处境与发展

4.4.1　钟摆再一次摆向经验主义

  正如肯尼斯·丘奇所忧虑的一般，当今人类社会正迎来第三次人工智能浪潮，推动此次浪潮的一个关键性和标志性的事件之一是谷歌的 AlphaGo 在人类引以为傲的围棋领域击败了人类最伟大的棋手，而其核心技术是基于神经网络的深度学习技术。大数据技术与深度学习技术整合形成自然语言处理中经验主义的新高峰。在深度神经网络技术的助力下，钟摆再一次摆向了经验主义这一端。

实事求是地讲,近年来,随着计算和网络速度与效率的提升,自然语言信息处理能力得到极大的改善,能够处理的语言信息容量、处理的速度和效率也取得了较大的突破,具体体现在以下各个方面。

(1) 词汇向量化表征

罗南·科洛伯特 (Ronan Collobert) 等人提出了使用神经网络的方法自动学习词汇的向量化表征[1],其基本原则是一个词包含的意义应该由该词周围的词决定。首先将词汇表中的每一个词随机初始化为一个向量,然后用大规模的单语语料作为训练数据来优化此向量,使相似的词具有相近的向量表示。

与替换中间词的方法不同,米可洛夫 (Mikolov) 等人提出了一种使用周围词预测中间词的连续词袋模型 (CBOW)。[2] 连续词包模型将相邻的词向量直接相加得到隐藏层,并用隐藏层预测中间词的概率。同词袋模型一样采用的是直接相加,所以周围词的位置并不影响预测的结果,因此也称为词袋模型。米可洛夫等人还提出了一种连续 skip-gram 模型。同连续词袋模型的预测方式相反,连续 skip-gram 模型通过中间词来预测周围词的概率。这两个模型是基于开源工具 word2vec 开发的。埃里克·H. 黄等人将词语在句子中的上下文同全局上下文相结合来学习词向量表征[3],这里的全局上下文指的是出现该词的文档中所有词向量的加权平均。

(2) 语言模型

约书亚·本吉奥 (Yoshua Bengio) 等人提出了一种基于神经网络的

---

[1] Ronan Collobert, Jason Weston, Léon Bottou, et al., "Natural language processing (almost) from scratch", *Journal of Machine Learning Research*, Vol. 12, 2011, pp. 2493-2537.

[2] Tomas Mikolov, Kai Chen, G. S. Corrado, J. Dean, "Efficient estimation of word representations in vector space" *arXiv preprint arXiv*:1301.3781v3, 2013.

[3] Eric H. Huang, Richard Socher, Christopher D. Manning, Andrew Y. Ng, "Improving word representations via global context and multiple word prototypes" Proceedings of the 50th Annual Meeting of the Association for Computational Linguistics, Jeju Island, Korea, July 8-14, 2012, pp. 873-882.

语言模型。① 该神经网络将词表示为向量的形式，作为神经网络的输入，训练的过程中会对词向量进行优化和更新。米可洛夫等人引入了循环神经网络来训练语言模型。② 循环神经网络通过不断地将输入词的信息添加到历史向量中，理论上可以保存无限的历史。

（3）句法分析

理查德·索赫（Richard Socher）等人提出了使用递归神经网络实现对树形结构的预测。③ 递归神经网络的输入层有两部分，分别是左子节点的向量表示和右子节点的向量表示。两个子节点的向量表示通过神经网络后生成父节点的向量表示，同时生成一个分值。该分值表示创建父节点的可信程度。句法分析树的叶子节点是句子中的词，而叶子节点的向量化表示通过在大规模的单语数据上训练得到的词向量初始化，并通过递归神经网络进行更新。为了更好地描述不同的句法结构信息，索赫将标准的递归神经网络扩展为组合矢量文法。④

（4）机器翻译

深度神经网络同样被引入统计机器翻译的研究中。杨南等人借鉴和扩展了语音识别中的 CD – DNN – HMM 模型，将其应用于词汇对齐中。⑤ 该方法一方面通过词向量解决了对齐的数据稀疏问题，另一方面引入语

---

① Yoshua Bengio, Réjean Ducharme, Pascal Vincent, Christian Janvin, "Neural probabilistic language models" *The Journal of Machine Learning Research*, Vol. 3, 2006, pp. 137 – 186.

② Tomas Mikolov, Karafiát, M., Burget et al., "Recurrent neural network based language model", Proceedings of INTERSPEECH, September 26 – 30 2010, Makuhari, Chiba, Japan, 2010, pp. 1045 – 1048.

③ Richard Socher, Cliff Chiung – Yu Lin, Andrew Ng, Chris Manning, "Parsing natural scenes and natural language with recursive neural networks", Proceedings of the 28th International Conference on International Conference on Machine Learning, Washington, USA, June20 – July 2, 2011, pp. 129 – 136.

④ Richard Socher, John Bauer, Christopher D. Manning, Andrew Y. Ng, "Parsing with compositional vector grammars", Proceedings of the 51st Annual Meeting of the Association for Computational Linguistics, The Annual Meeting of the Association for Computational Linguistics, Sofia, Bulgaria, August 4 – 9, 2013.

⑤ Yang Nan, Liu Shujie, Li Mu, Nenghai Yu, "Word alignment modeling with context dependent deep neural network", Proceedings of the 51st Annual Meeting of the Association for Computational Linguistics, The Annual Meeting of the Association for Computational Linguistics, Sofia, Bulgaria, August 4 – 9, 2013. pp. 166 – 175.

境来对翻译进行消歧。迈克尔·奥利（Michael Auli）等人通过词对齐信息引入源语言的信息来扩展循环神经网络，并在基础上提出了一种翻译和语言的联合模型。① 该联合模型的打分作为特征添加到对数线性模型中，从而提高了翻译性能。刘乐茂等人提出了一种累加神经网络来描述翻译概率，该方法将单语数据训练得到的词向量输入一个单隐含层的神经网络，并输出一个基于词向量的翻译概率。②

基于词汇的最大熵调序模型采用边界词作为特征来判断目标语言片段是顺序还是逆序。李鹏、孙茂松等人提出了使用递归自动编码神经网络的方法来利用整个片段信息。③ 递归自动编码神经网络在初始化递归神经网络的参数时，使用自动编码的原则来训练，即给定两个子节点，通过递归神经网络获得父节点的编码，然后基于父节点的编码，尽可能地还原输入的两个子节点。张家俊等人将递归自动编码的神经网络用于学习双语的片段向量化表示④，但是分别生成的源语言和目标语言的片段向量化表示并不存在语义上的对应关系。

传统的递归神经网络在组合两个子节点时，并不能像循环神经网络那样引入新的信息。为了将语言模型知识引入递归神经网络，对统计机器翻译的解码过程进行建模，刘树杰等人提出了递归重现神经网络

---

① Michael Auli, Michel Galley, Chris Quirk, Geoffrey Zweig, "Joint language and translation modeling with recurrent neural networks", Proceedings of the 2013 Conference on Empirical Methods in Natural Language Processing, Seattle, Washington, USA, October 18 – 21, 2013, pp. 1044 – 1054.

② Lemao Liu, Taro Watanabe, Eiichiro Sumita, Tiejun Zhao, "Additive neural networks for statistical machine translation", Proceedings of the 51st Annual Meeting of the Association for Computational Linguistics, The Annual Meeting of the Association for Computational Linguistics, Sofia, Bulgaria, August 4 – 9, 2013. pp. 791 – 801.

③ Peng Li, Yang Liu, and Maosong Sun. Recursive autoencoders for ITG – based translation. Proceedings of the 2013 Conference on Empirical Methods in Natural Language Processing, Seattle, Washington, USA, October 18 – 21, 2013, pp. 567 – 577.

④ Jiajun Zhang, Shujie Liu, Mu Li, Ming Zhou, Chengqing Zong, "Bilingually – constrained phrase embeddings for machine translation" Proceedings of the 52nd Annual Meeting of the Association for Computational Linguistics, Baltimore, Maryland, USA, June 23 – 25 2014, pp. 111 – 121.

(R2NN)方法,将递归神经网络和重现神经网络结合在一起。[1]

崔磊等人将深度神经网络学习到的主题表达用于统计机器翻译消歧。[2] 传统方法通常使用句子内部的信息来对翻译进行消歧,而崔磊等人的方法则是通过信息检索技术获取与要翻译的句子相关的文档,这些文档使用深度神经网络方法学习得到句子的主题表达,进而利用翻译候选的主题表达与句子主题表达的一致性来对翻译候选进行消歧。户保田等人提出一种翻译选择的新方法,该方法采用卷积神经网络判定两种语言中短语对的相似性。[3]

(5)问答系统

基于一个知识库回答自然语言问题对于计算机而言是一个非常有挑战性的问题。大多数现存的系统通常依赖手工特征和规则进行问题理解或者答案排序。董力等人引入多列卷积神经网络从三个不同的方面(答案路径、答案语境和答案类型)来理解问题,并学习它们的分布表征。[4]

里亚西·塞弗林(Aliaksei Severyn)和亚历山德罗·莫斯基蒂(Alessandro Moschitti)提出使用卷积神经网络来学习问题和答案语句的最优表示。[5] 该方法的关键之处在于使用问题和答案之间词语匹配的关系型信息。这种方法能够很好地捕获问题和答案之间的交互关系,使得精确

---

[1] Shujie Liu, Nan Yang, Mu Li, Ming Zhou, "A recursive recurrent neural network for statistical machine translation", Proceedings of the 52nd Annual Meeting of the Association for Computational Linguistics, Baltimore, Maryland, USA, June 23 – 25 2014, pp. 1491 – 1500.

[2] Lei Cui, Dongdong Zhang, Shujie Liu et al., "Learning topic representation for SMT with neural networks", Proceedings of the 52nd Annual Meeting of the Association for Computational Linguistics, Baltimore, Maryland, USA, June 23 – 25 2014, pp. 133 – 143.

[3] Baotian Hu, Zhaopeng Tu, Zhengdong Lu, Hang Li, Qingcai Chen, "Context – Dependent Translation Selection Using Convolutional Neural Network", Proceedings of the 53rd Annual Meeting of the Association for Computational Linguistics and the 7th International Joint Conference on Natural Language Processing (Short Papers), Beijing, China, July 26 – 31, 2015, pp. 536 – 541.

[4] Dong Li, Furu Wei, Ming Zhou, Ke Xu, "Question Answering over Freebase with Multi – Column Convolutional Neural Networks, Proceedings of the 53rd Annual Meeting of the Association for Computational Linguistics and the 7th International Joint Conference on Natural Language Processing, Beijing, China, July 26 – 31, 2015, pp. 260 – 269.

[5] Aliaksei Severyn, Alessandro Moschitti, "Modeling Relational Information in Question – Answer Pairs with Convolutional Neural Networks", eprint arXiv: 1604.01178, 2016.

性得到极大提升。

（6）情感分析

为了更好地处理情感分析的语义合成，索赫等人提出了矩阵－向量递归神经网络。为了刻画两个向量之间的相互作用，索赫等人进一步提出了递归张量神经网络。① 与普通神经网络的不同，递归张量神经网络使用基于张量的合成函数来取代原有的线性函数，以此扩展语义合成函数的能力范围。同样为了解决语义合成问题，董力等人提出自适应递归神经网络（AdaRNN）。在构建短语向量表示时，自适应递归神经网络根据当前合成向量自适应地使用多个语义合成函数。② 这样可将每个词的情感语义操作信息嵌入词向量中，进而用来选择不同的语义合成函数。通过结合依存关系树信息，董力等人将自适应递归神经网络用于解决目标依赖的情感分类任务。③

纳尔·卡奇布伦纳（Nal Kalchbrenner）等人在卷积神经网络中引入动态 k－max 池化技术来处理自然语言变长的特性，在情感分类任务上取得了不错的效果。④ 谷歌科学家 Quoc V. Le 等人在神经网络语言模型中引入段落向量来表示全局语义信息，从而得出段落（或句子）的向量表示。通过结合情感类别的监督信息，在句子级与文档级的情感分类任务上得到了提高。⑤

---

① Socher, Richard, Alex Perelygin et al., "Recursive deep models for semantic compositionality over a sentiment treebank", Proceedings of the 2013 Conference on Empirical Methods in Natural Language Processing, Seattle, Washington, USA, October 18 – 21, 2013, pp. 1631 – 1642.

② Li Dong, Furu Wei, Ming Zhou, Ke Xu, "Adaptive multi – compositionality for recursive neural models with applications to sentiment analysis", Québec, Canada, Proceedings of the Twenty – Eighth AAAI Conference on Artificial Intelligence, July 27 – 31, 2014, pp. 1537 – 1543.

③ Li Dong, Furu Wei, Chuanqi Tan et al., "Adaptive recursive neural network for target – dependent Twitter sentiment classification", Proceedings of the 52nd Annual Meeting of the Association for Computational Linguistics (Short Papers), Baltimore, Maryland, USA, June 23 – 25 2014, pp. 49 – 54.

④ Nal Kalchbrenner, Edward Grefenstette, Phil Blunsom, "A convolutional neural network for modelling sentences", Proceedings of the 52nd Annual Meeting of the Association for Computational Linguistics, Baltimore, Maryland, USA, June 23 – 25 2014, pp. 655 – 665.

⑤ Quoc Le, Tomas Mikolov, "Distributed representations of sentences and documents", Proceedings of the 31st International Conference on Machine Learning, Beijing, China, 21 – 26 June 2014, pp. 2931 – 2939.

为了学习含有情感信息的词向量,伊戈尔·拉布托夫(Igor Labutov)等人在现有词向量的基础上加入了情感分类监督信息,使新修改的词向量尽可能与原有向量相像,同时又能在分类任务上表现得更好。实验结果表明,根据情感分析任务修改过的词向量能够获得更好的分类效果。[1] 唐都钰等人将推特中的表情符作为弱标注,在学习词向量时直接将情感信息嵌入向量表示中[2],而不是修改无监督学习得来的词向量。经过此思路的扩展,唐都钰等人将词(或短语)向量作为词语的特征,用来自动构建大规模的情感词典。[3]

(7)其他自然语言处理任务

罗南·科洛伯特等人基于深度神经网络提出了一个统一的多任务框架来处理自然语言处理中的词性标注、浅层句法分析、命名实体识别和语义角色标注,并发布了基于这个框架的开源工具 SENNA。吕正东等人将深度神经网络同层次主题模型相结合,解决了复杂的多层次匹配问题,并将其成功应用于自动问答和微博评论的匹配中。[4] 何正焱等人使用去噪自动编码的神经网络建立了一个新的实体消歧模型。[5] 安托万·鲍德斯(Antoine Bordes)等人将深度神经网络应用于语义消歧,显著地提高了性能。[6]

---

[1] Igor Labutov, Hod Lipson, "Re-embedding Words", Proceedings of the 51st Annual Meeting of the Association for Computational Linguistics, Sofia, Bulgaria, August 4-9 2013, pp. 489-493.

[2] Duyu Tang, Furu Wei, Nan Yang et al., "Learning sentiment-specific word embedding for Twitter sentiment classification", Proceedings of the 52nd Annual Meeting of the Association for Computational Linguistics, Baltimore, Maryland, USA, June 23-25 2014, pp. 1555-1565.

[3] Duyu Tang, Furu Wei, Bing Qin et al.. Building large-scale Twitter-specific sentiment lexicon: a representation learning approach. Proceedings of COLING 2014, the 25th International Conference on Computational Linguistics: Technical Papers, Dublin, Ireland, August 23-29 2014, pp. 172-182.

[4] Lu, Zhengdong, Hang Li, "A deep architecture for matching short texts", Advances in Neural Information Processing Systems 26 (NIPS 2013), Lake Tahoe, Nevada, USA, December 5-10, 2013, pp. 1367-1375.

[5] Zhengyan He, Shujie Liu, Mu Li et al, "Learning entity representation for entity disambiguation", Proceedings of the 51st Annual Meeting of the Association for Computational Linguistics, The Annual Meeting of the Association for Computational Linguistics, Sofia, Bulgaria, August 4-9, 2013.

[6] Antoine Bordes, Xavier Glorot, Jason Weston, Yoshua Bengio, "Joint learning of words and meaning representations for open-text semantic parsing", International Conference on Artificial Intelligence and Statistics, La Palma, Canary Islands, April 21-23, 2012, pp. 127-135.

以上还只是部分的研究情况，"窥斑见豹"，我们大致可以了解到学界对自然语言处理领域中"深度学习技术"（机器学习技术）的推崇。甚至从某种意义上来讲，可能也出现了新一轮的经验主义至上的倾向：无论什么问题，用深度学习"学一学"就可以搞定。

4.4.2 深度学习的软弱性

事实上，随着深度学习技术的发展，在知识图（如：FreeBase）的语义解析归纳领域，CCG 和其他基于语法的解析器已经被基于深度神经网络的半监督端到端训练模型所超越[1][2]，这再一次引发了一个问题，即深度神经网络在自然语言处理领域是否将完全取代基于语法的结构化模型？

深度神经网络方法之所以如此高效，原因在于它并不需要获取普遍语义表征，更不用提普遍思维语言，它只需要使用小的、特质的数据集来归纳语义解析，通过端到端的深度神经网络的强大算力解析归纳。那么，解析问题可以通过深度学习完全解决吗？语义解析作为一种端到端的翻译学习者实际上学习的是句法？

事实上，端到端语义角色标注解析器和神经机器翻译对于远距离 wh-依存仍然存在问题，其中一个关键原因在于远距离依存的详细特质证据过于稀疏。例如，在英语和法语中，对待嵌套主语抽取作为一个特例，要么涉及特定光杆补语动词范畴（英语），要么作为一个特定的补语"qui"（法语）。[3]

(4-8)

a. A woman who I believe (*that) won.

b. Une femme que je crois qui/*que à gagn'e.

---

[1] Li Dong, Mirella Lapata, "Language to logical form with neural attention", Proceedings of the 54th Annual Meeting of the Association for Computational Linguistics, Berlin, Germany, August 7-12, 2016., pp. 33-43.

[2] Li Dong, Mirella Lapata, "Coarse-to-fine decoding for neural semantic parsing", Proceedings of the 56th Annual Meeting of the Association for Computational Linguistics (Long Papers), Melbourne, Australia, July 15-20, 2018, pp. 731-742.

[3] Steedman M., "The Lost Combinator", *Computational Linguistics*, Vol. 44, 2018, pp. 613-629.

一个非常著名的端到端的深度神经网络翻译系统"Near You"并没有学习到这些句法。从一个合语法的英语，我们得到一个歧义法语，再翻译回来，我们得到一个与之前语句意义完全不同的英语句子，如（4－9）所示。

(4－9)

This is the company that the agency told us owned the title.

≠ C'est la compagnie que l'agence nous a dit d'etenir le titre.

= This is the company that the agency told us to hold the title.

同样地，如果我们从法语主语抽取开始，我们获得一个不合法的英语语句，如（4－10）所示。

(4－10)

C'est la compagnie que l'agence nous a dit qui d'etient le titre.

≠ *This is the company that the agency told us *that holds the title.

= C'est la compagnie que l'agence nous a dit qui d'etient le titre.

如果反过来，我们从合法的英语主语抽取开始，使用一个光杆补语，翻译出来的一个不及物动词，在回译的时候出错，如（4－11）所示。

(4－11)

This is the company that they said had owned the bank.

≠ C'est la compagnie qu'ils ont dit avoir poss'ed'e la banque.

= *This is the company they said they owned the bank.

端到端的模型在面临远距离一致性问题的时候同样不可靠，甚至当源语句在这个方面是完全非歧义的，如（4－12）所示。

(4－12)

The banks think that the chairman owns the stock, and know that it is stolen:

≠ Les banques pensent que le pr'esident est propri'etaire du stock et sait qu'il est vol'e:

= Banks think that the president owns the stock and knows it is stolen:

这些构造从原则上而言可以被基于语法的语义解析归纳通过实例中学习到。通过上述例子，不难发现深度学习并不是万能的，它也不能完全地解决自然语言的解析问题。

4.4.3 CCG 的未来之路

类似长短期记忆网络（LSTM）和循环神经网络（RNN）这样的人工智能算法在实际应用中非常有效，但是它们在理论上仍然遭遇到非常严峻的挑战，尤其是针对自然语言中的大量长尾现象（如非成分并列、主语抽取、交叉依存等），深度学习算法通常是无能为力的。究其原因，不难发现，深度学习这一类机器学习方法并不是真的学习句法，而是学习大量有限状态转导器或者一个增强转换网络。此外，深度学习普遍缺乏解释性，这与为语言和思维提供计算解释的初衷相去甚远。即使钟摆摆得再远，它仍然有回摆的时候。在自然语言处理过程中，结构化表征方法仍必不可少，类似 CCG 这样的形式语法仍有其重要且不可替代的理论地位。

那么面对着 CCG 语法在应对大规模自然语言真实文本中的不足，CCG 应该如何发展？或许仍然应该秉承的是经验主义与理性主义的融合之路。例如，在某个涉及自然语言理解的应用中，我们可以使用深度学习进行前端消岐，而采用 CCG 语法进行组合意义表征。毫无疑问，自然语言理解是自然语言处理中的难题，也是人工智能领域的一颗明珠。

假如，你问了一个有关商业的问题，如（4-13）。

（4-13）阿里巴巴收购饿了么吗？

我想在真实文本中会出现很多文本能够对该问题进行回复。

（4-14）

a. 阿里巴巴宣布95亿美元全资收购饿了么。

b. 饿了么？95亿美元！刚刚阿里终于把饿了么买下了。

c. 阿里巴巴为什么要收购饿了么？

d. 阿里巴巴旗下公司-饿了么

e. 饿了么终于变成阿里巴巴的一把刀。

f. 当年把饿了么卖给马云，套现665亿的外卖小哥，如今怎样？

g. "饿了么"被收购意味着什么？

(4-14) 中的语句实际上都可以视为对 (4-13) 的回复。

(4-14) a 和 (4-14) b 给出的回复是肯定的，只不过 (4-14) b 使用了与收购不完全相同的动词。(4-14) c 给出的回复是肯定的，只不过它使用了预设。(4-14) d 和 (4-14) e 其实都是通过名词的形式来给出问题的肯定回答。(4-14) f 给出的回复也是肯定的，它是用把字句来体现收购行为。(4-14) g 给出的回复是模态的，是有可能性的，它使用的是被动句。

可以看出，自然语言理解避不开语义问题，也会涉及推理，其中意义表征是解决语义问题的重要方式。要获取与形式独立（甚至与语言独立）的意义表征语言，我们可以使用 CCG 解析器从互联网中读取类型命名实体之间的关系。为了探测相同类型的命名实体上关系的一致蕴含模式，使用实体向量的有向相似度表征关系。通过 CCG，可以构造一个蕴含图，在蕴含图中相互依存的关系组构成了可以转换为单个关系标识符的释义。然后，可以用相关的释义簇标识符替换关系表达式的原始朴素语义，并使用现在不依赖于形式和不依赖语言的语义表征来重新解析整个语料库，构建一个以实体为节点的巨大知识图。

在基于 CCG 的巨大的知识图中，我们便可以将问题 Q 解析为相同的形式无关的语义表征形式，该表征形式现在是知识图本身的语言。为了回答这个问题，我们使用知识图和蕴含图，以及以下规则：

a. 如果 Q 或任何蕴含 Q 的知识出现在知识图中，则给予肯定回答。

b. 如果¬Q 或任何蕴含 Q 的否定知识出现在知识图中，则给予否定回答。

在基于 CCG 的巨大知识图中，我们将复杂表达式（包括否定、辅助词、模态词、暗示动词等）自身成为知识图和蕴含图的节点。这样，我们应该可以抛弃类似 Freebase 这样的手工构建知识图，而转向用思维语言构架的真正有机的语义网络，从而消除在语义表征和知识图语言之间的学习端到端转导的需求。

在基于 CCG 的巨大知识图中，与语言无关的重述簇标识将扮演语义表征中解构语义特征的"隐藏"版本，然而蕴含图将形成"意义假说"的隐藏版本。

本章小结　CCG 对语言本质的探索

与其他科学理论所探究的终极理论一样，语言学家，尤其主张理性主义的语言学家都梦想可以找到一个相对简洁的理论来解释复杂且无穷的人类语言。在这条探索之路中，乔姆斯基是一个里程碑式的人物。早在 20 世纪中叶，乔姆斯基就提出了乔姆斯基文法体系，他试图通过几个简单的语法规则完全地刻画自然语言。非常不幸的是，后来我们发现自然语言不能够结构为某一种文法结构。虽然乔姆斯基文法体系并没有如愿，然而乔姆斯基仍让紧紧地抱住"递归"机制这一核心，孜孜不倦地求索自然语言的奥秘。近年来，乔姆斯基还与神经科学家开展合作，从生物学的视角揭示语言的递归本质。

应该说，在这个方面，CCG 的发明者斯蒂德曼深受乔姆斯基的影响。斯蒂德曼揭示语言本质奥秘的工具是"组合子"。斯蒂德曼于 2018 年荣获计算语言学学会所颁发的终身成就奖时发表了一篇题为"失落的组合子"（The Lost Combinator）的演讲。在演讲中，斯蒂德曼认为通过组合范畴语法的组合子（B、T、S）可以很好地刻画人类的自然语言。此外，斯蒂德曼也找到了这四个组合子的生物学与进化论解释。

斯蒂德曼说过："希望 CCG 的理论发展一直保持经验性的，而非公理化的，CCG 应该探索语言事实的最简单解释，而非对已接收的语言观念进行理论确认，无论是直觉上是多么的不言自明。"

或许，许多学者已经丧失了对理性主义的耐心，抑或在许多学者心中，优雅的语法理论只不过是极个别理论学家自己臆造出来用来把玩的一个玩具模型而已。然而，莫非我们真的要把对人类语言的探索交给机器的无穷算力吗？人类将永远不能够自主地揭开人类语言这一最为深刻的奥秘吗？我想这应该不是我们所希望的。更何况，不觉得吗？优雅的语法理论不正是对抗语言现象中长尾那个无尽苍穹的永恒寂静的最佳良方吗？

结 语

组合范畴语法是逻辑学发展过程中的一个新的理论，它可以看作在"语言、逻辑和计算"交叉创新的典型产物。无论是逻辑学界、语言学界或者是计算机科学界都对组合范畴语法报以同样热情的姿态，尤其是在自然语言的信息处理方面，组合范畴语法在语法分析和语义分析上都取得广泛的应用。

本书主要研究了组合范畴语法在汉语中的应用，除了描述一般的汉语语法之外，还深入研究组合范畴语法对一些特殊汉语句式的表述，此外，还进一步扩展到汉语语义的计算解析上。

我国著名逻辑学家金岳霖先生说过："各种学问都有它自己的系统……，既为系统，就不能离开逻辑。"可以说，逻辑学是自然科学和人文社会科学共同的基础学科，逻辑是构筑科学理论的工具。

组合范畴语法的研究是从逻辑出发，研究自然语言和自然语言信息处理的一个非常好的案例，也是"语言、逻辑与计算"的互动研究典型。我们认为未来无论是逻辑学、语言学或者是计算机科学应该更加注重"语言、逻辑与计算"的互动研究，而三者的互动要充分尊重自然语言、逻辑和计算各自的特性：①自然语言的丰富性和生动性；②逻辑的严谨性和形式性；③计算的自动性与大规模处理特性。此外，三者的互动要充分地研究人与机器作为主体的差异性，人之于自然语言理解和计算机之于信息处理之间的"同与异"要以逻辑的视角去分析，而逻辑更是要创新，要区分以人为主体的逻辑和以计算机为主体的逻辑。只有充分考虑三者不同的特性，再结合彼此之间的优势，我们相信，无论是在自然语言处理领域，或者是在更为广泛的人工智能领域，"语言、逻辑与计算"的互动研究都会发挥重大的作用，甚至会成为人类破解"智能之谜"的一把金钥匙。

西方的《圣经》中讲述了一个关于巴别塔的故事。当人类齐心协力建造通天塔时，上帝只是略施手段，使不同地方的人都讲不同的语种，从而轻而易举地分化了人类，从而中断了人类通往上帝之路。或许，人类以计算为媒，可以重温莱布尼茨之梦，便能重新建造通往上帝的通天塔。

参考文献

一 中文文献

蔡曙山:《自然语言形式理论研究》,人民出版社 2010 年第 1 版。

陈鹏:《组合范畴语法（CCG）的计算语言学价值》,《重庆理工大学学报》（社会科学版）2016 年第 8 期。

陈鹏:《语法与语义接口理论的两条进路》,《逻辑学研究》2020 年第 2 期,第 92—104 页。

[美] 戴维斯:《逻辑的引擎》,张卜天译,湖南科学技术出版社 2005 年版。

冯志伟:《自然语言处理中的理性主义和经验主义》,全国民族语言文字信息学术研讨会,云南,2007 年 2 月。

陆俭明:《语言研究要与未来接轨》,《语言战略研究》2021 年第 6 期第 1 卷。

宋彦、黄昌宁、揭春雨:《中文 CCG 树库的构建》,《中文信息学报》2012 年第 26 期。

邹崇理:《关于组合范畴语法 CCG》,《重庆理工大学学报》（社会科学版）2011 年第 8 期。

周礼全:《形式逻辑和自然语言》,《哲学研究》1993 年第 12 期。

二 外文文献

Bharat Ram Ambati, Tejaswini Deoskar, Mark Steedman, "Hindi CCG-bank: A CCG treebank from the Hindi dependency treebank", *Language Re-*

sources and Evaluation, Vol. 52, Iss. 1, 2018.

Michael Auli, Michel Galley, Chris Quirk, Geoffrey Zweig, "Joint language and translation modeling with recurrent neural networks", Proceedings of the 2013 Conference on Empirical Methods in Natural Language Processing, Seattle, Washington, USA, October 18 – 21, 2013.

Emmon Bach, *Informal Lectures on Formal Semantics*, New York: State University of New York Press, 1989.

Bar – Hillel, Yehoshua, Chaim Gaifman, and Eliyahu Shamir, 1964, "On Categorial and Phrase Structure Grammars", In Yehoshua Bar – Hillel, ed., Language and Information, 99 – 115. Reading, MA: Addison – Wesley.

Yoshua Bengio, Réjean Ducharme, Pascal Vincent, Christian Janvin, "Neural probabilistic language models", *The Journal of Machine Learning Research*, Vol. 3, 2003.

Antoine Bordes, Xavier Glorot, Jason Weston, Yoshua Bengio, "Joint learning of words and meaning representations for open – text semantic parsing", International Conference on Artificial Intelligence and Statistics, La Palma, Canary Islands, April 21 – 23, 2012.

J. Bos, "Wide – Coverage Semantic Analysis with Boxer, Semantics in Text Processing", Proceedings of the 2008 Conference on Semantics in Text Processing, Venice, Italy, September 22 – 24, 2008.

Bos J., Bosco C, Mazzei A, "Converting a Dependency Treebank to a Categorial Grammar Treebank for Italian", In Proceedings of the Eighth International Workshop on Treebanks and Linguistic Theories, Milan, Italy, December 4 – 5, 2009.

Jeongwon Cha, Geunbae Lee, JongHyeok Lee, "Korean Combinatory Categorial Grammar and Statistical Parsing", *Computers and the Humanities*, Vol. 36, 2002.

Chomsky N., "Three models for the description of language", *IRE Transactions on Information Theory*, Vol. 2, No. 3, 1956.

Chomsky N, . George A. Miller, "Finite State Languages", *Information* and Control, Vol. 1, Iss. 2, 1958.

Chomsky N., "On certain formal properties of grammars", *Information and Control*, Vol. 2, Iss. 2, 1959.

Chomsky N., "Formal Properties of Grammars." In Luce, Bush, Galanter, eds., *Handbook of Mathematical Psychology* 2, New York: Wiley and Sons, 1963.

Kenneth Church, "A Pendulum Swung Too Far", *Linguistic Issues in Language Technology*, Vol. 6, No. 5, October 2011.

Ronan Collobert, Jason Weston, Léon Bottou, et al., "Natural language processing (almost) from scratch", *Journal of Machine Learning Research*, Vol. 12, 2011.

Clark, S., Curran, J. (2003), Log – Linear Models for Wide – Coverage CCG Parsing. 2003 Conference on Empirical Methods in Natural Language Processing (EMNLP), USA: Association for Computational Linguistics (ACL).

CLARK S., CURRAN J R, The importance of supertagging for wide – coverage CCG parsing [C]. International Conference on Computational Linguistics. Association for Computational Linguistics, 2004.

Lei Cui, Dongdong Zhang, Shujie Liu, et al., "Learning topic representation for SMT with neural networks", Proceedings of the 52nd Annual Meeting of the Association for Computational Linguistics, Baltimore, Maryland, USA, June 23 – 25 2014.

Curry, H. B. and Feys, R., *Combinatory Logic*, volume *I*, Amsterdam: North – Holland, 1958.

Li Dong, Furu Wei, Ming Zhou, Ke Xu, "Adaptive multi – compositionality for recursive neural models with applications to sentiment analysis", Québec, Canada, Proceedings of the Twenty – Eighth AAAI Conference on Artificial Intelligence, July 27 – 31, 2014.

Li Dong, Furu Wei, Chuanqi Tan et al., "Adaptive recursive neural network for target – dependent Twitter sentiment classification", Proceedings of the

52nd Annual Meeting of the Association for Computational Linguistics (Short Papers), Baltimore, Maryland, USA, June 23 – 25 2014.

Dong Li, Furu Wei, Ming Zhou, Ke Xu, "Question Answering over Freebase with Multi – Column Convolutional Neural Networks, Proceedings of the 53rd Annual Meeting of the Association for Computational Linguistics and the 7th International Joint Conference on Natural Language Processing, Beijing, China, July 26 – 31, 2015.

Li Dong, Mirella Lapata, "Language to logical form with neural attention", Proceedings of the 54th Annual Meeting of the Association for Computational Linguistics, Berlin, Germany, August 7 – 12, 2016.

Li Dong, Mirella Lapata, "Coarse – to – fine decoding for neural semantic parsing", Proceedings of the 56th Annual Meeting of the Association for Computational Linguistics (Long Papers), Melbourne, Australia, July 15 – 20, 2018.

Dowty David R., "Grammatical Relations and Montague Grammar", In Pauline Jacobson and Geoffery K. Pallum, eds., *The Nature of Syntactic Representation*, Landon: D. Reidel Publishing Company, 1982.

Jason Eisner, "Efficient Normal – Form Parsing for Combinatory Categorial Grammar", Proceedings of the 34th Annual Meeting of the ACL, Santa Cruz, June 1996.

Geach, P., "A program for syntax", in D. Davidson and G. Harman, eds., *Semantics of Natrual Language*, Dordrecht: Springer, 1972.

Goldstine and Herman H., *The computer from Pascal to von Neumann*, NewJersey: Princeton University Press, 1972.

Harris Randy Allen, *The Linguistics Wars*, Oxford: Oxford University Press, 1995.

Zhengyan He, Shujie Liu, Mu Li et al, "Learning entity representation for entity disambiguation", Proceedings of the 51st Annual Meeting of the Association for Computational Linguistics, The Annual Meeting of the Association for Computational Linguistics, Sofia, Bulgaria, August 4 – 9, 2013.

Julia Hockenmaier, Statistical Parsing for CCG with Simple Generative Models in Proceedings of the Student Research Workshop of the 39th Annual Meeting of the Association for Computational Linguistics/10th Meeting of the European Chapter of the Association for Computational Linguistics, Toulouse, July 2001.

Julia Hockenmaier, Data and models for statistical parsing with Combinatory Categorial Grammar, Ph. D. dissertation, University of Edinburgh, 2003.

Julia Hockenmaier, "Creating a CCGbank and a wide – coverage CCG lexicon for German", Proceedings of COLING/ACL 2006, Sydney, 2006.

Baotian Hu, Zhaopeng Tu, Zhengdong Lu, Hang Li, Qingcai Chen, "Context – Dependent Translation Selection Using Convolutional Neural Network", Proceedings of the 53rd Annual Meeting of the Association for Computational Linguistics and the 7th International Joint Conference on Natural Language Processing (Short Papers), Beijing, China, July 26 – 31, 2015.

Eric H. Huang, Richard Socher, Christopher D. Manning, Andrew Y. Ng, "Improving word representations via global context and multiple word prototypes", Proceedings of the 50th Annual Meeting of the Association for Computational Linguistics, Jeju Island, Korea, July 8 – 14, 2012.

Joshi A K, Shanker K V, Weir D, "The convergence of mildly context – sensitive grammar formalisms", *University of Pennsylvania Department of Computer and Information Science Technical Report No. MS – CIS – 90 – 01*, January 1990.

Nal Kalchbrenner, Edward Grefenstette, Phil Blunsom, "A convolutional neural network for modelling sentences", Proceedings of the 52nd Annual Meeting of the Association for Computational Linguistics, Baltimore, Maryland, USA, June 23 – 25 2014.

Igor Labutov, Hod Lipson, "Re – embedding Words", Proceedings of the 51st Annual Meeting of the Association for Computational Linguistics, Sofia, Bulgaria, August 4 – 9 2013.

Lambek J., "The Mathematics of Sentence Structure". *American Mathe-*

matical Monthly, Vol. 65, No. 3, 1958.

Quoc Le, Tomas Mikolov, "Distributed representations of sentences and documents", Proceedings of the 31st International Conference on Machine Learning, Beijing, China, 21 – 26 June 2014.

Leibniz, Zur allgemeinen Charakteristik. Hauptschriften zur Grundlegung der Philosophie, *Philosophische Werke Band* 1. trans., Artur Buchenau. Hamburg: Felix Meiner, 1966.

Peng Li, Yang Liu, and Maosong Sun. Recursive autoencoders for ITG – based translation. Proceedings of the 2013 Conference on Empirical Methods in Natural Language Processing, Seattle, Washington, USA, October 18 – 21, 2013.

Lemao Liu, Taro Watanabe, Eiichiro Sumita, Tiejun Zhao, "Additive neural networks for statistical machine translation", Proceedings of the 51st Annual Meeting of the Association for Computational Linguistics, The Annual Meeting of the Association for Computational Linguistics, Sofia, Bulgaria, August 4 – 9, 2013.

Shujie Liu, Nan Yang, Mu Li, Ming Zhou, "A recursive recurrent neural network for statistical machine translation", Proceedings of the 52nd Annual Meeting of the Association for Computational Linguistics, Baltimore, Maryland, USA, June 23 – 25 2014.

Lu, Zhengdong, Hang Li, "A deep architecture for matching short texts", Advances in Neural Information Processing Systems 26 (NIPS 2013), Lake Tahoe, Nevada, USA, December 5 – 10, 2013.

Manna Z and Waldinger R, *The Logical Basis for Computer Programming*, Boston: Addison – Wesley, 1985.

Tomas Mikolov, Karafiát, M., Burget, et al., "Recurrent neural network based language model", Proceedings of INTERSPEECH, September 26 – 30 2010, Makuhari, Chiba, Japan, 2010.

Tomas Mikolov, Kai Chen, G. S. Corrado, J. Dean, "Efficient estimation of word representations in vector space", *arXiv preprint arXiv*: 1301. 3781v3, 2013.

Montague R. , "Pragmatics and intensional logic", *Dialectica*, Vol. 22, No. 1, 1970.

Montague R. , "English as a formal language", in B. Visentini, eds. , *Linguaggi Nella Societa E Nella Tecnica*, Rome: Edizioni Di Comunita, 1970.

Montague R. "Universal grammar", *Theoria*, Vol. 36, No. 3, 1970.

Montague R. "The Proper Treatment of Quantification in Ordinary English", in Hintikka K. J. J. , Moravcsik J. M. E. and Suppes P. eds. , *Approaches to Natural Language*, Dordrecht: Springer, 1973.

Moortgat M. , "Categorial Type Logics", Johan van Benthem and Alice ter Meulen, eds. , *Handbook of Logic and Language*, North Hollan: Elsevier, 1997.

Pentus M, "Lambek grammars are context free", Logic in Computer Science, Proceedings of Eighth IEEE Symposium on. 1993.

Post Emil L. , "Formal Reductions of the General Combinatorial Decision Problem", *American Journal of Mathematics*, Vol. 65, No. 2, Jan 1943.

Aliaksei Severyn, Alessandro Moschitti, "Modeling Relational Information in Question – Answer Pairs with Convolutional Neural Networks", eprint arXiv: 1604.01178, 2016.

Richard Socher, Cliff Chiung – Yu Lin, Andrew Ng, Chris Manning, "Parsing natural scenes and natural language with recursive neural networks", Proceedings of the 28th International Conference on International Conference on Machine Learning, Washington, USA, June 20 – July 2, 2011.

Richard Socher, John Bauer, Christopher D. Manning, Andrew Y. Ng, "Parsing with compositional vector grammars", Proceedings of the 51st Annual Meeting of the Association for Computational Linguistics, The Annual Meeting of the Association for Computational Linguistics, Sofia, Bulgaria, August 4 – 9, 2013.

Socher, Richard, Alex Perelygin et al. , " Recursive deep models for semantic compositionality over a sentiment treebank", Proceedings of the 2013 Conference on Empirical Methods in Natural Language Processing, Seattle,

Washington, USA, October 18 – 21, 2013.

Steedman, Mark, "Combinatory grammars and parasitic gaps", *Natural Language and Linguistic Theory*, Vol. 5, No. 4, 1987.

Steedman, Mark, "Combinators and grammars", In Richard T., Oehrle, Emmon Bach and Deirdre Wheeler, eds., *Categorial Grammars and Natural Language Structures*, Dordrecht: Springer, 1988.

Steedman, Mark, "Gapping as constituent coordination", *Linguistics and Philosophy*, Vol. 13, No. 2, 1990.

Steedman M., "Information Structure and the Syntax – Phonology Interface", *Linguistic Inquiry*, Vol. 31, No. 4, 2000.

Steedman M., "ON 'THE COMPUTATION'", in Gillian Ramchand and Charles Reiss, eds., *The Oxford Handbook of Linguistic Interfaces*, Oxford: Oxford University Press, 2007.

Steedman M., "The Lost Combinator", *Computational Linguistics*, Vol. 44, 2018.

Duyu Tang, Furu Wei, Nan Yang et al., "Learning sentiment – specific word embedding for Twitter sentiment classification", Proceedings of the 52nd Annual Meeting of the Association for Computational Linguistics, Baltimore, Maryland, USA, June 23 – 25 2014.

Duyu Tang, Furu Wei, Bing Qin et al., Building large – scale Twitter – specific sentiment lexicon: a representation learning approach. Proceedings of COLING 2014, the 25th International Conference on Computational Linguistics: Technical Papers, Dublin, Ireland, August 23 – 29 2014.

Mike White, Jason Baldridge, "Adapting Chart Realization to CCG", Proceedings of the Ninth European Workshop on Natural Langage Generation, Budapest, Hungary, April 13 – 14, 2003.

Naiwen Xue, Fei Xia, Fudong Chiou, Martha Palmer, "The Penn Chinese TreeBank: Phrase structure annotation of a large corpus", *Natural Language Engineering*, Vol. 11, No. 2, June 2005.

Yang Nan, Liu Shujie, Li Mu, Nenghai Yu, "Word alignment modeling with context dependent deep neural network", Proceedings of the 51st Annual Meeting of the Association for Computational Linguistics, The Annual Meeting of the Association for Computational Linguistics, Sofia, Bulgaria, August 4 – 9, 2013.

Luke S Zettlemoyer, Michael John Collins, "Learning to Map Sentences to Logical Form: Structured Classification with Probabilistic Categorial Grammars", UAI'05: Proceedings of the Twenty – First Conference on Uncertainty in Artificial Intelligence, Edinburgh, Scotland, July 26 – 29, 2005.

Jiajun Zhang, Shujie Liu, Mu Li, Ming Zhou, Chengqing Zong, "Bilingually – constrained phrase embeddings for machine translation", Proceedings of the 52nd Annual Meeting of the Association for Computational Linguistics, Baltimore, Maryland, USA, June 23 – 25 2014.

附录 A 宾州中文树库(PCTB)的标记集

A.1 词性标记 Part–Of–Speech tags（33）

标记	中文解释	举例
AD	副词	还
AS	体态词，体标记	了、在、着、过
BA	"把"，"将"的词性标记	把、将
CC	并列连词	和
CD	数字	一百
CS	从属连词	若、如果、如、虽然
DEC	关系从句中的"的"	的
DEG	联结词"的"	的
DER	"得"	得
DEV	动词短语前的"地"	地
DT	限定词	这
ETC	等，等等	等，等等
FW	外来词	ISO
IJ	感叹词	啊
JJ	其他的名词修饰语	男、共同
LB	在长"被"字句中的"被"	被、给
LC	方位词	里
M	量词	个
MSP	其他助词	所
NN	普通名词	书

续表

标记	中文解释	举例
NR	专名	中国
NT	时序词，表示时间的名词	今天
OD	序数词	第一
ON	拟声词	哈哈、哗哗
P	除了"被"和"把"的介词	从
PN	代词	他
PU	标点	、?。
SB	短"被"字句中的"被"	被、给
SP	句尾小品词	吗
VA	表语形容词	红
VC	系动词	是
VE	"有"作为主动词	有
VV	其他动词	走

A.2　句法标记 Syntactic tags（23）

A.2.1　短语标记 Tags for phrase（17）

标记	英语解释	中文解释
ADJP	Adjective phrase	形容词短语
ADVP	Adverbial phrase headed by AD（adverb）	由副词开头的副词短语
CLP	Classifier phrase	量词短语
CP	Clause headed by C（complementizer）	以补足语为中心语的补语从句
DNP	Phrase formed by "XP + DEG"	"的"为中心语，其补足语位于左侧，通常为 NP、PP、LCP、QP 或者 ADJP
DP	Determiner phrase	限定词短语
DVP	Phrase formed by "XP + DEV"	"地"为中心语，其补足语为 VP、NP 或者 IP
FRAG	fragment	片段

续表

标记	英语解释	中文解释
IP	Simple clause headed by I (INFL 或其屈折成分)	小句
LCP	Phrase formed by "XP + LC"	方位词为中心语的短语
LST	List marker	列表标记,如"--"
NP	Noun phrase	名词短语
PP	Preposition phrase	介词短语
PRN	Parenthetical	括号
QP	Quantifier phrase	量词短语
UCP	unidentical coordination phrase	非对等同位语短语
VP	Verb phrase	动词短语
WHNP	Wh - noun Phrase	关系代词

A.2.2 复合动词标记 Tags for verb compounds (6)

标记	英文解释	中文解释
VCD	Coordinated verb compound	并列动词复合,例子: "(VCD(VV 观光)(VV 游览))"
VCP	Verb compounds formed by VV + VC	动词+系词,例子: "(VCP(VV 估计)(VC 为))"
VNV	Verb compounds formed by A – not – A or A – one – A	"(VNV(VV 看)(CD 一)(VV 看))" "(VNV(VE 有)(AD 没)(VE 有))"
VPT	Potential form V – de – R or V – bu – R	V – de – R, V 不 R "(VPT(VV 卖)(AD 不)(VV 完))" "(VPT(VV 出)(DER 得)(VV 起))"
VRD	Verb resultative compound	动词结果复合, "(VRD(VV 反映)(VV 出))" "(VRD(VV 卖)(VV 完))"
VSB	Verb compounds formed by a modifier + a head	定语+中心词 "(VSB(VV 举债)(VV 扩张))"

A.3 功能标记 Functional tags（26）

标记	英语解释	中文解释
ADV	Adverbial	副词
APP	appositive	同位语
BNF	Beneficiary	受益
CND	Condition	条件
DIR	Direction	方向
EXT	Extent	范围
FOC	Focus	焦点
HLN	Headline	标题
IJ	Interjective	插入语
IMP	Imperative	祈使句
IO	Indirect object	间接宾语
LGS	Logic subject	逻辑主语
LOC	Locative	处所
MNR	Manner	方式
OBJ	Direct object	直接宾语
PN	Proper nouns	专有名词
PRD	Predicate	谓词
PRP	Purpose or reason	目的或理由
Q	Question	疑问
SBJ	Subject	主语
SHORT	Short term	缩略形式
TMP	Temporal	时间
TPC	Topic	话题
TTL	Title	标题
WH	Wh－phrase	Wh－短语
VOC	Vocative（special form of a noun, a pronoun or an adjective used when addressing or invoking a person or thing）	呼格

A.4 空范畴标记 Empty categories（null elements）（7）

标记	英文解释	中文解释
OP	operator	在 relative constructions 相关结构中的操作符
pro	dropped argument	丢掉的论元
PRO	used in control structures	在受控结构中使用
RNR	right node raising	右节点提升
T	trace of A' – movement	A'移位的语迹，话题化
*	trace of A – movement	A 移位的语迹
?	other unknown empty categories	其他未知的空范畴

附录 B "的"在汉语 CCGBank 中的范畴

NP\QP	((S/S)/NP)\S[dcl]
((NP/NP)/(NP/NP))\QP	(S\NP)\(S\NP)
((NP\NP)/NP)\S[dcl]	((NP/NP)/NP)\NP
((NP/NP)\NP)\S[dcl]	((S/S)/(S/S))\(S[dcl]\NP)
((NP\S)/(NP\S))\S[dcl]	((((S\NP)/(S\NP))/((S\NP)/(S\NP)))/(((S\NP)/(S\NP))/((S\NP)/(S\NP))))\NP
((NP\NP)/(NP\NP))\NP	
(NP/NP)\QP	
(((S/S)/S)/((S/S)/S))\S[dcl]	(((S\NP)/(S\NP))/((S\NP)/(S\NP)))\(S[dcl]/NP)
NP\(S[dcl]\NP)	
S\(S[dcl]/NP)	(S\QP)\(S\QP)
((S\NP)/(S\NP))\PP	((NP/NP)/(NP/NP))\PP
(NP/NP)\(S/NP)	NP\PP
(NP/NP)/(NP/NP)	(((S\NP)/(S\NP))/((S\NP)/(S\NP)))\NP
(((S\NP)/(S\NP))/(S\NP))\(S[dcl]\NP)	(NP/NP)\PP
(PP/NP)\(S[dcl]\NP)	(S/S)\(NP/NP)
((NP/NP)/(NP/NP))/((NP/NP)/(NP/NP))	(S/NP)\(S[dcl]\NP)
(NP/NP)\(S[dcl]\NP)	((NP/NP)/(NP/NP))\(S[dcl]/NP)
((NP\(S\NP))/(NP\(S\NP)))\(S[dcl]\NP)	(QP/QP)\PP
(((NP/NP)/(NP/NP))/((NP/NP)/(NP/NP)))\(S[dcl]/NP)	NP\S[dcl]
	(((S/S)/(S/S))/((S/S)/(S/S)))\LCP
NP\(S[dcl]/NP)	S[dcl]\S[dcl]

续表

(S/(S\NP))\LCP	((NP/NP)/(NP/NP))\(S\NP)
((S/(S\NP))/(S/(S\NP)))\(S[dcl]/NP)	(QP/QP)\(S[dcl]/NP)
((S/(S\NP))/(S/(S\NP)))\PP	(NP/NP)\M
(QP/QP)\NP	((NP/NP)/(NP/NP))\NP
(S/(S\NP))\NP	(((S\LCP)/NP)/((S\LCP)/NP))\NP
(S/S)\(S/S)	((S/S)/(S/S))\S[dcl]
((S\NP)/QP)\LCP	((S\S)/(S\S))\PP
(QP/QP)\LCP	((NP/NP)/(NP/NP))\(NP/NP)
(((NP/NP)\NP)\NP)\NP	(S/(S\NP))\(NP/NP)
((S\QP)/(S\QP))\(S[dcl]\NP)	(NP/NP)\(S[dcl]\QP)
(NP/NP)\(NP/NP)	((NP/NP)/(NP/NP))\((S[dcl]\NP)/NP)
(S/S)\(S[dcl]\NP)	(((S/S)/(S/S))/((S/S)/(S/S)))\(S[dcl]/NP)
(S/S)\S[dcl]	((NP\NP)/(NP\NP))\(S[dcl]\NP)
(QP/QP)\QP	((S\NP)/(S\NP))\QP
(QP/QP)\(S[dcl]\QP)	((NP/NP)/(NP/NP))\S[dcl]
NP\(S\NP)	((((S/S)\NP)/((S/S)\NP))/(((S/S)\NP)/((S/S)\NP)))\S[dcl]
NP\(NP\NP)	
(S/NP)\S[dcl]	((((S\NP)/(S\NP))/(S\NP))/(((S\NP)/(S\NP))/(S\NP)))\S[dcl]
(NP/NP)\((S[dcl]\NP)/M)	
(((S/S)/(S/S))/((S/S)/(S/S)))\(S[dcl]\NP)	((((S/S)\S)/((S/S)\S))/((((S/S)\S)/((S/S)\S)))\(S[dcl]\NP)
S/S	
((S\NP)/NP)\(NP/NP)	(S/(S\NP))\(S[dcl]/NP)
((S\NP)/(S\NP))\LCP	((S\NP)/(S\NP))\S[dcl]
((LCP/LCP)/(LCP/LCP))\NP	(NP/NP)\((S[dcl]\NP)/NP)
((S/S)/(S/S))\(S[dcl]/NP)	S[dcl]
(((S/S)\NP)/((S/S)\NP))\(S[dcl]\NP)	
(((S\NP)/(S\NP))/QP)\NP	
NP\NP	
((S/S)/NP)\NP	(LCP/LCP)\(NP/NP)

((QP/QP)/(QP/QP))\(S[dcl]\NP)	(((NP/NP)/(NP/NP))/((NP/NP)/(NP/NP)))\S[dcl]
((S/(S\NP))/(S/(S\NP)))\NP	(NP/(S\NP))\NP
(QP/QP)\(NP/NP)	((((S\NP)/(S\NP))/(S\NP))/(((S\NP)/(S\NP))/(S\NP)))\(S[dcl]\NP)
(LCP/LCP)\S[dcl]	(((S/S)\NP)/S)\(((S/S)\NP)/S)
((NP/NP)\(NP/NP))\NP	(S/S)/NP
((S/S)/(S/S))\(NP/NP)	(((S\NP)/(S\NP))/((S\NP)/(S\NP)))\(S[dcl]\NP)
(QP/NP)\(S[dcl]\NP)	(NP/NP)\(S[dcl]/NP)
(((S/S)/S)/((S/S)/S))\(NP/NP)	((NP/NP)\(NP/NP))\(S[dcl]\NP)
(((NP/NP)/(NP/NP))/((NP/NP)/(NP/NP)))\NP	((S/S)/(S/S))\PP
(S/S)\PP	(QP/NP)\NP
((QP/NP)/(QP/NP))\(S[dcl]\NP)	(QP/QP)\S
NP\LCP	(NP/NP)/NP
((NP/NP)/(NP/NP))\(S[dcl]\NP)	((NP/NP)\NP)\(S[dcl]\NP)
NP/NP	(((S/S)/S)/((S/S)/S))\LCP
((S/S)/(S/S))\QP	(((S/S)\NP)/(S\NP))\(((S/S)\NP)/(S\NP))
(LCP/LCP)\NP	((NP\S)/(NP\S))\NP
(NP/NP)\S[dcl]	((S/S)/(S/S))\LCP
((S/(S\NP))/(S/(S\NP)))\S[dcl]	((S\NP)/(S\NP))\NP
S\S	(NP\NP)\NP
S[q]\S[dcl]	((NP/NP)\QP)\M
((S\LCP)/(S\LCP))\(S[dcl]\NP)	(((S\NP)/(S\NP))/((S\NP)/(S\NP)))\QP
(QP/NP)\(S\NP)	(((NP/NP)/(NP/NP))/((NP/NP)/(NP/NP)))\(S\NP)
((NP/NP)/(NP/NP))\LCP	(S/S)\(S[dcl]/NP)
((NP/NP)\QP)\NP	
(S\NP)/(S\NP)	
((NP/NP)/QP)\NP	

续表

((S\NP)/(S\NP))\((S\NP)/(S\NP)))	((S\NP)/(S\NP))/((S\NP)/(S\NP))
((S/S)\(S/S))/NP	((S\NP)/(S\NP))\(NP/NP)
((S\NP)/(S\NP))/(S\NP)	((S\NP)/(S\NP))\(S[dcl]\NP)
S\(S[dcl]\NP)	(NP/NP)\(S\NP)
(((S\NP)/(S\NP))/(S\NP)/(S\NP)))\(NP/NP)	(((NP/NP)/(NP/NP))/((NP/NP)/(NP/NP)))\(S[dcl]\NP)
((S\NP)/(S\NP))\(S[dcl]/NP)	((NP/NP)\NP)\((S[dcl]\NP)/NP)
((S/S)/(S/S))\NP	(QP/QP)\S[dcl]
((NP\S)/(NP\S))\(S[dcl]/NP)	(S/S)\QP
((S/NP)/(S/NP))\((S/NP)/((S/NP)\(S/NP)))	(QP/QP)\(S[dcl]\NP)
(S/NP)\NP	(S/(S\NP))\(S/(S\(S\NP)))
(NP/NP)\((S\NP)/(S\NP))	((S\NP)\(S\NP))/NP
(((S\NP)/(S\NP))/((S\NP)/(S\NP)))\LCP	(((S\NP)/(S\NP))/((S\NP)/(S\NP)))\PP
((NP/NP)\NP)\NP	NP\(NP[dcl]/NP)
(((S/S)/S)/NP)\S[dcl]	((QP/QP)/(QP/QP))\S[dcl]
((NP/NP)\QP)\(S[dcl]\NP)	((QP/QP)/(QP/QP))\NP
(S[dcl]\NP)\(S[dcl]\NP)	NP\(NP/NP)
((S\S)/(S\S))\(S[dcl]\NP)	NP\((S[dcl]\NP)/NP)
((S\S)\NP)\((S\S)\NP)	(((S\NP)/(S\NP))/((S\NP)/(S\NP)))\S[dcl]
(QP/NP)\LCP	(((S\NP)/(S\NP))/NP)\(((S\NP)/(S\NP))/NP)
(NP/NP)\LCP	
(NP/NP)\NP	
((NP\S)/(NP\S))\(S[dcl]\NP)	(S/S)\NP

附录 C　斯蒂德曼访谈

2019 年 4 月 20 日和 21 日在湖南的湘潭大学举办了"范畴语法 2019 国际会议",会议期间邀请了组合范畴语法发明人马克·斯蒂德曼进行主题报告,此间,我们对斯蒂德曼做了一个访谈。①

(问题 1)让我们从您去年的获奖开始。您获得了 ACL(计算语言学学会)颁发的 2018 年终身成就奖,您能谈谈您个人的研究兴趣以及获奖理由吗?

斯蒂德曼:我对自然语言处理的很多方面都感兴趣,包括语法、语义,尤其是韵律和信息结构等。我多年来一直致力于这些理论研究,但我认为这个奖项主要是因为 CCG 在计算方面所发挥的作用。CCG 确实是当今最为广泛使用的语法形式化理论之一。究其原因,最为重要的是在 CCG 中语法与语义紧密关联。这意味着,通过相对较低的计算开销,任何涉及语义的应用都会发现 CCG 很有吸引力,基于我近期的工作,我认为确认如此,CCG 在大规模真实文本环境下的效果足以使计算语言学感兴趣。

(问题 2)您提到 CCG,它是计算领域中非常重要的语法形式方法。您能谈谈:

(a)为什么发明 CCG?它又是如何诞生的呢?

---

① 参与访谈的人员除了本书作者之外,还包括邹崇理、满海霞、石云宝和赵靓。

斯蒂德曼：它是如何诞生的？你可能会惊讶地发现，CCG 起初实际上是作为一个句子处理的心理学模型。我们对心理学家所感兴趣的一切也都很感兴趣，包括花园小径句、中心嵌套句诸如此类。我们特别感兴趣的观点是，语义在人类语言处理中起着非常重要的作用。虽然我毕业时是人工智能领域的计算机科学家，但在我毕业的那一年，英国有一份报告说，人工智能永远无法实现，因此不应该得到资助。所以，毕业后的 10 年我在心理学系工作，因为心理学系仍然将人工智能作为一种有趣的理论。所以我开始逐渐成为一名心理学家。在我和托尼·阿德斯（Tony Ades）开始语言理论研究后不久，我们就意识到乔姆斯基是对的，我们必须先理清语言能力（Competence）理论，然后才能开始谈论语言运用（Performance），所以我在接下来的几年里，也许是 20 年左右，研究出了组合范畴语法（CCG），基本上遵循语言学标准将它开发为一种语法理论，同时将相关成果发表在语言学杂志上。然后不久又有另一份官方报告称，英国在人工智能领域的研究不足，可能会被日本打败。这样（资助人工智能研究的）资金也到位了，我便重新回到了计算机科学系，从那以后我一直都待在那里。

它最初是作为一种（语言）处理模型，后来发展成一种语言学理论，并再次回归成为一种计算处理模型。

（b）您提到了乔姆斯基和乔姆斯基的转换语法（TG），但您却发明了另一种模型（CCG）。您能谈谈二者（TG 与 CCG）的优缺点或者对比一下这两种模型吗？为什么您会想要提出另一种模型呢？

斯蒂德曼：我认为乔姆斯基对问题的定义是正确的，尤其是当你考虑语言处理和语义之前，首先需要厘清句法，在这个意义下我是乔姆斯基主义者。然而，我并不完全同意乔姆斯基对问题的解决方案。特别是，由于我早期对处理和语义涉及的兴趣，我希望在语法和语义之间有一个更紧密和明确的关系，这使得我不太习惯转换语法中的一些强大操作，特别是无约束位移，包括 wh 位移和消去。这些操作都具有远距离行为的特性，它们不仅给你一个非常强大的系统，而且这个系统很难直接与语义关联起来。你可以这样想，每个人都从上下文无关语法处开始，正如乔姆斯基自己在他的第一本书和第二本书《句法理论的若干问题》中所做的那样，但是每个人都必须在其中添加一些东西。（是的）转换语法增加了移位，尤其是 wh 位移和消去；HPSG（中心语驱动的短语结构语法，一个后来非常成功的理论）增加了合一（unification），从而实现相同的远距离行为，所以你没有明确的形式统一；CCG 只增加了毗邻操作，这样做的动机在于为了与人类增量处理保持一致，并尽可能早地裹入语义。我们所做的只是添加组合子，因为在毗邻的句子元素上需要进行操作。

（c）您是如何发现组合子，并将它们添加到范畴语法中的呢？

斯蒂德曼：CCG 的工作方式只是观察句法现象，寻找毗邻操作，这些操作将完成与移位操作相同的语义目的，很早托尼·阿德斯和我一起就发现了组合算子，因为这是毗邻元素，是从低层结构解析出论元需求的有效方式，后来我自己又添加了类型提升算子。从文献上来看，实际上兰贝克将这两个操作作为一个定理，而蒙太格将这两个操作添加到语义学中。但我们把它们作为一类算子引入语法中，后来安娜·萨布尔西（Anna Szabolcsi）出于类似的经验原因也同样地引入这两个算子。起初我并不相信，因为这些句子非常罕见，这些句子涉及寄生空位：

（C-1） a book which I shell without the reading

上面的语句有两个空位，填充后应该是 "I shell the book without reading it"，我加上了第三类操作，即替换 S。当安娜和我加上 S 时，很明显我们都遵循一个非常严格的原则，即组合投射原则，从本质上说，该原则指的是句法规则必须服从我们在词汇中所做的决定。这不仅使它成为一个简单的理论，而且使它成为一个较低表达能力的理论。

（问题 3）CCG 只有 4 个这样的规则集和一个大的词库，汉语语法学家认为这种语法是"大词库，小句法"。小句法是足够的吗？或者需要什么样的词汇来补充句法？

斯蒂德曼：我认为我们需要一个大的词汇，而词汇中歧义太多的原因是我们试图把实际字符串[①]的数量保持在很小的范围内，这样它就不会过于庞杂，所以我们最终使用相同的语音表达式，表征不同的范畴和意

---

① 这里的"实际字符串"指的是人类的词汇数量。

义。但我认为所有语言的词汇实际上都是非常庞大，我认为它包含了各种各样的东西。在杰肯多夫（Jackendoff）那里，我看到了"Monday night football"的例子，它只是美国人在他们的词汇中的单个概念。至于小句法是否能起作用，这是一个经验性的问题，到目前为止，在我们所研究的任何语言中，没有任何一种语言不能用这个组合操作小集合来表达。

（a）现在这四组规则足够吗？

斯蒂德曼：我们认为这是一个经验性的问题，答案并不十分直截了当，因为有些句子你无法决定它们是否符合语法，你只需要举起手，说"理论要么起作用要么不起作用"，理论并不能决定什么。我不想说太多，我想说的是，对我来说，我还没有意识到任何语言现象表明目前的组合类型是不足够的。

（问题4）CCG是范畴语法的一个分支，范畴语法还有一些其他的分支，例如类型逻辑语法、对称范畴语法等。CCG相对于所有其他分支的优势是什么？

斯蒂德曼：在范畴形式化家族中，存在着各种友好的、理想化的分类。CCG假设你观察语言现象，然后你推断出某些算子的存在，这些算子可能需要调整，但其初始调整旨在拟合数据，我们可以解释英语关系从句，荷兰语动词投射提升等，还有很多基于算子的结构。范畴语法族的另一个分支是类型逻辑族。它们的假设是语法即逻辑。如果他们同意我们的观点，认为组合是一个很好的想法，他们想做组合，他们希望组合是一个定理，遵循比CCG更小的公理集。当然，在CCG中我们可以看到它是一个逻辑，组合类型是公理，但是一个逻辑学家会说，你知道为什么是这组公理。我们说，我们不知道，但这些是公理，我们之后将解释它们，事实上，我确实有一个就潜在行为规划的解释，其中一些是我们与我们的动物同伴们共同分享的。但是类型逻辑语法的研究旨在逻辑，它使结构出现在理论中，这是一个非常光荣的愿景，很多结果在数学上是非常漂亮的，但是结果主要并不是为了解释广泛的语言现象，它们也关注了大量的语言现象。然而让我吃惊的是，在许多相关文献中居然提及它们很严肃认真地解释语言现象［我认为是格林·莫里尔（Glyn Morrill），马克·赫普尔（Mark Hepple）不在其列]。但范畴类型语法这一族的主要重点在于证明语法系统作为一个整体的性质，例如可判定性。这一点实际上我们此次研讨会有所涉及。首先，我一直不明白为什么语法即逻辑。我只是不明白为什么如此，计算理论中没有任何东西鼓励我这样思考。我也认为可判定性是一个有优美的结论，但并不是一个很好的系统，在证明它是多项式可判定性之前，它并不是一个重要的结果。但是如果我们对此感兴趣，且多项式可判定性之所以重要的原因在于多项式可判定性可以保证我们能够使用一些非常好的且简单的算法，我们将之称为分而治之算法，其本质上说的是你可以把一个大问题拆分成许多个局部决策问题。很少有逻辑系统具有多项式可判定性质。对于一个我们希望使用的语法形式化方法，我们证明它是多项式可判定的方式通常采用递归理论的方法，而并不是逻辑证明。现在在某种深层意义上，这些系统是等价的，但事实上，通过证明泵引理和在递归过程中使用归纳方法，要比判定性逻辑证明要容易得多。所以在很多方面，我认为两个分支①，以及在两个分支中相当多的工作都有了明显的分界线，无论是理论上、形式逻辑领域或者是语言应用领域。当然，就计算应用而言，我想，你知道 CCG 是更高效的。

（问题5）此前您提到句法与语义的关系，您能否进一步解释一下您对句法与语义关系的看法吗？同时就相关方面对与转换语法和蒙太格语法进行一个比较。

斯蒂德曼：我的立场和蒙太格语法的很接近。蒙太格实际上拒绝相信语法有任何实质的困难。如果你把语义弄清楚了，语法就自然而然地显露了。他基本上是一个范畴语法学家，但他不能用他那个时代的上下文无关的范畴语法做他想做的一切。转换语法学家的立场是复杂的，一方面，如果你仔细解读乔姆斯基，他总是说句法和语义的关系显然是非常密切的，儿童如果能够以与语言相关的形式或者概念形式获取意义，那么他们又通常能够学习并掌握各种人类语言，基于此，句法与语义的

---

① 这两个分支指的是组合范畴语法（CCG）与范畴类型逻辑语法（TLG）。

关系必然是紧密，这是唯一合理且可行的解释。然而，乔姆斯基更坚持另一点，那就是因为我们对语义本身几乎一无所知，我们要做的只是，方法论是先把语法厘清，然后，如果我们获得正确的语法，那么把语义附着其上就会变得容易得多。

（a）语义附加到语法上？

斯蒂德曼：是的，所以他可能认为当我们把语法弄好时，它对语义是透明的，我不明白我们怎么不相信这一点。同样地，这是一个经验问题。我认为他是对的，首先分析语法对理解整个系统更有成效。我已经阐述过了，我认为如果语法脱离语义太远的话，它就处于极大的危险之中，因为在某种意义上，它在世界中没有任何锚点，它也没有一个标准来告诉自己它是否真的在进步，还是说它只是在用形式化转圈圈。

（问题 6）您正在提出普遍语义学。您能就此谈谈吗？

斯蒂德曼：好吧，那是另外一个问题，因为我相信你知道我们应该将语法和语义紧密关联，令我很沮丧的事实是，正如乔姆斯基所说，所有的语言语义学都似乎在某种程度上与我们头脑中所思考的东西无关。我认为语言语义学在分析逻辑算子方面取得了一些成功，比如量词、否定、析取、合取，在某种程度上，这些都是非常有价值的信息，我认为这与我们在语法中看到的非常契合。然而，真正的问题是内容词，我们不知道，因为有不同的语言，必须有不同的内容包装方式，我刚才说过的，这些方式对于儿童学习语言时候都是可获取到的，语言包装内容的方式确实不同。但是，所有的尝试是刻画一组更原始的元素，所有的语言通过这些原始的元素进行表达，而语义则未能。这个问题太大了，我认为这个问题是一个本原问题，与世界上物质的存在问题紧密地联系在一起。我认为我们看待世界的方式是作为脊椎动物在地球上大约 5 亿年的进化条件。所以我们对世界的很多看法，都是和其他脊椎动物，甚至是低等脊椎动物所共享的。我想我们应该认为世界对于某一类动物而言是大同的。给你举个例子。我认为要推理世界你所需要做的事情之一就是要知道事物在一个时刻，只能出现在一个地方。我认为我的猫也知道事物在一个时刻，只能出现在一个地方，对这一点，她从来没有表现出任何困惑的迹象，我认为她必须做一点学习，但我认为有许多知识艰巨的工作，我认为这使得内容词语义对我们来说完全如同一种协议。

（a）这就是普遍语义学？

斯蒂德曼：我和刘易斯的工作是使用我们在句法理论基础上开发的非常快速的解析器来解析大量的文本，并针对同一事物的不同陈述得出结论。因此，如果我们读取到"Google purchasing YouTube" "Google's purchase YouTube" 和 "Google owning YouTube" "Google buying YouTube"，我们知道，这些都是谈论同一事件的方式，至少我们假设这些都是谈论同一事件的方式，只要仔细检查一下，我们就可以确定。这意味着我们知道在那些看起来非常不同的表达之间存在着蕴含关系。你知道"Google search things" 是非常不同的，但它们之间有一个意义关系。我们实际上可以使用它将潜在原语视为隐藏的，并从文本的统计中发现它们。这实际上与另一种方法形成了对比，这种方法使用文本的统计，并将意义视为搭配的分布，即与内容词共同出现的词库。我们认为使用解析器的结构化方法更有可能获胜。我们一直在关注分配方法，我们一直在自己尝试。因子表征的问题是我不知道如何将它们与逻辑运算结合起来。所以我不知道如何否定一个行动者。我知道如何反转因子，但那不是我们所知道的。我不知道如何量化。所以我对这件事充满信心。我们通过阅读数十亿字的文本来试图提取这种关系。

（问题7）您也提到了进化和人类语言的发展，也就是说您也是从进化的视角来看待语言的。您曾经写了一篇关于乔姆斯基新书《为什么只有我们》的书评。您对进化所产生的语法有什么样的观点？

斯蒂德曼：我和乔姆斯基的理论有很多共同点，特别是他在最近这本书中非常清楚陈述的方式，但是他所采取的立场有两点我不赞同。其一，他是基于这样一个事实，即在他的理论中心有一个关键的操作，即移位（movement），而做出的很强的假设。而对于删除（deletion）的讨论不多，但实际上两者是非常类似的操作。它们都涉及远距离操作，你实际上知道在结构的某个地方，某些东西必须被视为等同于结构中其他地方的东西，可能它被删除，可能它被移位，它实际上是在远距离上，这是一个非常奇特的操作，似乎没有非常明显的动机，这也是一个非常强大的操作，似乎与其他任何事情都没有关系。我认为乔姆斯基致力于这样一种观点，即这种操作是使语言成为可能的关键进化进步。我认为这肯定是错的，因为我们对进化有三点了解。

关于进化，我们知道的第一件事是，进化被保存在它可以搜索的空间中，该空间是巨大的。换言之，如果我们思考这种搜索，它必定是平行搜索。因此，有机体赋予了大量后代权利，这些后代各有不同，继承了父母的特征，这些后代可以相互竞争，并为了适应环境而选择一种特定的解决方案。这个过程，当它能想出解决办法的时候，是值得称赞的，如此巨大，以至于它能在那个空间里找到非常奇特的解决办法。所以遗传密码本身就是一个非常独特的代码，非常适合做它所做的工作。如果你认为可能的代码是一种分布式的东西，那就是长尾。进化能够发现长尾，这种方式是我们无法复制的，因为我们无法承受这种资源的竞争。从本质上讲，进化只限于地球的资源。

关于进化的第二件事是它不会通过突然的整体解决方案来解决那些无法预料的问题。它的工作方式是逐步解决问题，通常占用很短的时间与空间，并对非常严重的威胁作出反应，但它的运作方式也是完全独立地一次又一次地重复使用相同的基本解决方案，但这些都是在做好工作的压力下很容易想到的。眼睛的进化就是一个很有意义的例子，我不记得有多少种不同的方法来制造相机的摄像头，但是人类、哺乳动物和其他物种都是以完全不同的方式来实现的，这就是进化的工作方式，有一些解决问题的方法需要反复使用。乔姆斯基还认为，他所发现的这些关键的奇特进化步骤确定发生在近期，我认为有化石证据反对这一点。这些证据是基于艺术活动、音乐活动的可辨认遗迹的出现，但我认为我们谈论的过程中来得晚得多。但我同意乔姆斯基的观点是，在人类存在的条件下，有一种预先存在的心理语言，它能立即或几乎立即支持人类语言的使用。在人类语言的进化过程中，一定有一些东西在早期的类人猿身上是不存在的，在我们所知道的其他动物身上也是不存在的。但我认为这与某种合作行为有非常小的关系。我认为它出现在数百万年前，而不是几千年前，我认为最基本的证据在于，从 600 万年前到我们自己，人类进化的几乎每个阶段都存在工具制造，这是其他类人猿无法做到的，我认为这就是早期变化的证据。我认为这种变化与制造工具的突然发展无关。我想这一定是我们在灵长类动物王国其他地方看到的东西。我听到的最好的建议是，首先应该是合作行动，我在灵长类动物身上看到的最有可能的合作行动是合作育儿，这在一些猴子物种中是自发发生的，但它们没有猿类学习的其他进化优势。在人类身上，我认为它的两种能力是结合在一起的，正如乔姆斯基所说，我认为一旦你制订了这样的计划，你就在思考这样的想法：首先，你可能有一个沟通的理由来获得做事的帮助；其次，你知道，我们所做的各种计划都包含着合作。有一本赫迪（Hrdy）写的书，她涉及这些内容，与人类学家和生物学家一起，我认为她很有说服力。

（a）儿童能够学会的语言有什么特征吗？

斯蒂德曼：嗯，它们必须是同态的（homomorphic），我不想说同构（isomorphic），那太强了。它们必须与潜在概念表征同态。当一个孩子听到一声好听的"doggy"，也许是他所说的第一句话。这或许简化了一个想法，即一个可爱的小狗在那里。并没有"nice"指可爱，也没有"doggy"指的是那只小狗。事实上，他们必须在统计模型的基础上理解这个问题。有一点对于语言学习来说是很重要的，那就是在词的元素之间和逻辑形式，意义表征，或许儿童所拥有的更原始的概念表征之间应该有一个同态映射。通过应用组合子，这些也必须加上，你不能学习组合，你只能被赋予，这是我与乔姆斯基的另一个共同点。通过对逻辑形式应用组合子来分解它，直到得到 NICE 和 DOGGIE 这样的元素，他们可以考虑映射到他们所考虑的世界，这些同态是必不可少的。

（b）这是否意味着在学习语言之前，这些组合子就已经嵌入到你的大脑了？

斯蒂德曼：是的，事实上我在幻灯片中提出的论点是，实际上是一种组合子的进化演替。应用（A 算子）并不是真正的组合子，因为你需要应用来应用组合子，它更原始。每一种动物，每一种脊椎动物都需要把像"咬"这样的概念应用到一个可能的论元，他们需要决定是否应用。

我认为，即使是像老鼠这样的哺乳动物也需要组合（B 算子）来计划行动，比如把东西储藏到巢穴里，你必须来到某个地方，抓住一小块食物，把它带到巢穴，再次回到那个地方，来来回回做一系列动作，其中一个动作是从一个场景映射到另一个场景，一个系列动作则是将一个场景映射到另一个场景，然后再映射到另一个场景。这需要函数组合，你必须能够组合这些概念。

我认为猿类所使用的工具并不涉及工具制造，它们并没有真正做到这一点。它们可以稍微改进一下工具，但实际上它们不能从零开始，它们必须从其他地方得到它。它们需要类型提升，因为类型提升将事物与它们所支持的行为联系起来。如果你看到一个锤子，你就在想着砸碎一个蛋。

（c）堆放箱子呢？

斯蒂德曼：猴子堆箱子是另一个例子。事实上，我们大脑的很大一部分是决定我们是否应该执行我们看到的某个物体。事实上，在额叶有障碍的时候，人们发现自己强迫性地使用他们看到的物体。举个例子，我亲眼看到一个病人，如果你在他面前的桌子上放一副眼镜，他就会戴上，即使他已经戴着眼镜；如果他看到一扇门，他也会穿过，当然这个可怜的家伙遇到了可怕的麻烦，因为在他做这些事情的时候，这些事情对他来说大部分都不是有成效的行动。发生在我们身上的事情，提供了我们所能进行的高阶组合，我认为这是最神秘的事情，这是我接触到的想法，如合作行动，如赫迪的合作育儿。我不知道那是什么。

（d）您是说 B[①] 还是 S[②]？

斯蒂德曼：我们不仅有 B 或 S，我们还有更高阶的 B 和 S。我不认为动物有这样的（高阶算子），因为你需要高阶的 B 和 S 来制订涉及几个未知的计划，而动物我不认为有任何证据表明它们会这样做，但是如果你想制订一个计划，让某人帮你做晚餐，你必须考虑找到一个，他会找其他人帮你做饭。计划好了。让你的孩子打电话给你丈夫，让他过来帮你

[①] 组合算子。
[②] 替换算子。

做晚餐，这涉及多个未知的想法。

（问题8）我们将CCG和组合子的思想应用于语法、进化和语言，我还注意到您将其应用于语言的不同层次，首先是韵律，然后是句法。这是否意味着语言在各个层面上都是范畴性的，在语义上也是如此吗？

斯蒂德曼：这实际上与你自己在信息结构和话题性方面的工作有关。我自己一直秉承的信念（直到你能说服我放弃）是，实际上只有一个层次。组合子既是句法的，也是语义的。词汇中的事物既有句法上的，也有语义上的，因此"eat"在句法上和语义上都是一个带两个论元的及物动词。组合子在句法和语义上也是组合的。无论何时应用任何组合规则，都会应用该规则的语义方面。所以在派生的每一个阶段，你都会产生指导进一步派生的句法类型，还有一个表达其意义的语义类型。在英语中，我相信韵律单位与句法和语义单位是相同的。换句话说，这里我们有一点技术性，但是你知道，组合范畴语法允许你对同一个及物句"I ate the cake"有两个派生，其中一个我们先把"ate"和"cake"放在一起，然后把它和主语结合起来。另一个，因为主语被类型提升，所以它与及物动词组合，给出"I ate"，然后与宾语结合。我的主张是，这两个派生从韵律上并不常常进行区分。句子的信息结构就是意义，如果我们处理"I ate the cake"，那么由韵律表征的信息结构就是 $\lambda x. \text{I ate } x$，这是英语中的话题或类似的东西，而不是汉语中的话题意义。这是既定的，"the cake"是新的。我认为派生过程中语义成分与信息结构语用同构，我认为这才是真正的同构。我会很有兴趣跟踪你的工作，这表明事情是有点不同，我对各种可能都保持开放的心态。但在我所研究的语言中，实际上只有一个层次的派生和一个层次的意义表征，既包括语用又包括语义。

（问题9）2009年约翰霍普金斯大学暑期学校中基于维基百科的CCG测试表明，与其他句法形式相比，CCG在句子分析方面相当成功。但测试主要是句法上的。它的语义上有什么进展吗？

斯蒂德曼：语义研究中最显著的发展是由约翰·博斯（Johan Bos）完成的，他是我的兼职博士后。他已经意识到句法推导和语义表征之间的并行性，我们最初使用树库开发的语法具有逻辑形式语义。他在汉斯·坎普的理论 DRT（话语表征理论）的框架下发展了这种语义。自从与我一起工作以来，他把它发展为一个意义库，它是一个多语种的，主要是句子、派生以及 DRT 逻辑形式的平行语料库。这是一项令人印象深刻的工作成果。它被放在互联网上，你可以使用它。如果你愿意的话，你甚至可以做一些标注工作。

（问题 10）CCG 语法对 Lambda 演算是透明的。从理论上讲，CCG 能够描述自然语言的逻辑语义，但是当我们看到真实的句子数据/语料库时，自然语言的语义并没有严格地对应于它的句法结构，因此存在很多问题。

（a）您认为用语义标准/Lambda 项标记句法树的主要问题是什么？

斯蒂德曼：我认为真正的问题在于我们目前可用的语义理论，因为它们都是基于一个假设，即我们需要谈论所有有关 φ 的语义是 φ′。尽管我们想做一些聪明的事情并解构语义，但我们还没能做到。我们用于语义学的模型是一堆的逻辑，它们其实是为完全不同的目的而发明的逻辑。逻辑往往是为了这样的目的而被发明的，一方面表征时态，另一方面也表征可判定的系统，你可以证明它的可靠性和完全性，这通常意味着它们还有其他少量的逻辑原语。我认为，作为一个事实，不太令人惊讶的是，这意味着它们实际上没有很好地适应自然语言的需要，这不是它们的发展目的。我认为我们必须发展自己的逻辑，为自然语言本身的语义。在贯彻这一思想的过程中，组合子起源于行为规划，起源于人类之前的行为规划。我一直有兴趣尝试设计适合于规划行为的线性逻辑版本，而不是证明规划系统的可靠性和完全性，这是非常困难的，这也是为什么我在这个宏大的项目中工作，用我们开发的纯语法解析器挖掘大量文本的部分原因，我们用更简单的语义组合，比如 DRT 语义，我认为它继承了我们所讨论的逻辑的所有优点和缺点。只是想让它更动态。我们要做的是，因为解析器速度很快，有数以百万计的文本，我们要找出真正的原语是什么，并试图找到更好的东西。当我们这样做的时候，我想你会发现语法和语义的契合会更好。在我们这么做之前，我认为乔姆斯基是对的，语法是最好的指南。我要告诉你一件我一直在看的事情，辖域和间隙的语义非常复杂。这是一个基于逻辑语义的经典例子，它迫使人们把自己绑在一个结上，以产生从语法到语义的组合映射。这些都是非常有趣的例子。我们谈论的是一对夫妇和他们的生活安排。他们结婚了，我们认为他们是夫妻，我对你说：

(c-2) He can't live in Bosten and she in LA.

在这个意义上，模态下否定的辖域是非常奇怪的，因为在我看来，不可能是她住在波士顿，他住在洛杉矶，但对合取词的标准解释不允许这种类型，我目前正在探讨合取的可能不仅仅是逻辑合取词，也许合取有时就是析取。特别是当有极性项时。还有一种可能，我们正在处理一些不寻常的事情，因为这句话的意思是必须给出一些东西。

(c-3) Either she can't live in LA, or he can't live in Boston

一个或另一个。它确实有析取力。我想这正是我们需要探索的想法。

(b) 我们必须手动标记语义吗？

斯蒂德曼：我认为手工标注语义是非常困难的，我认为你可以为语义关系做标注，我认为你考虑的是主语或者施事之类的关系。当你开始讨论这个问题时，"施事"除了论元$_1$之外没有什么意义，或者有时它被标记为论元$_0$，因为有些人从 0 开始编号，问题是说这是第一个论元，甚至说它是施事，并不能真正地为它的主语添加信息，这是句法信息。事实上，在你看动词之前，你不能说出任何语法角色或者语义角色。如果句子是：

(c-4) They play tennis.

"tennis"是第二个论元，但它的语义角色是什么？在你知道它的动词是"play"之前，你真的不能说出来，那么它就是动词"play"的第二个论元。所以我不知道语义方面，人类标记会有多大帮助，任何更深层次的东西，我想我们只是对语义了解不够，不能告诉标注者如何做。所以我认为用一些机器学习来推断一些潜在的事实，把它们当作机器学习中的隐藏变量。我想这会是一种有效的方法。

(c) 我之前和塞姆·波扎欣（Cem Bozşahin）谈过，他建议从依存关系入手。

斯蒂德曼：是的，但是依存关系仍然是句法关系。我们目前用于标注的通用依存关系对于标注器的可靠性非常好，因为它是确定的和二元的，对于我们想要使用它的许多目的来说，它不是那么好，因为它在语法方面不完整。事实上，我认为使用语义角色标记和通用依存性可以做得更好，但人们主要最常使用的时手边可以拿到的东西。所以我同意塞姆的观点，但我仍然认为这非常困难。

（d）华盛顿大学首先对 CCG 库进行语义角色标注，然后将其转换为事件语义表示。

斯蒂德曼：这是一个非常好的工作，我仍然有点怀疑语义角色本身解决了多少语义问题。因为这是非常不明确的，但这是一个伟大的工作，我很高兴看到这一点。

（e）我们正试图跟踪华盛顿大学的工作，但我们没有看到任何进一步的后续工作，除了语义标记。

斯蒂德曼：嗯，我认为这有一个很好的理由，语义角色非常接近表层语法，人们对它们有很强的直觉。但大多数语义并非如此。大多数语境语义不是这样的。我认为依存是一个很好的方法，让通用依存感到沮丧的是标注器约定太多了，我认为它们不需要，因为我认为如下语句：

（c-5）John cooked and ate stew.

我认为标注者会很善于说"John"既是"cooked"的主语，又是"ate"的主语，"stew"是动词的宾语。我认为他们这样做是非常可靠的，但是他们没有这样做，因为依存图中有一个约定（我可能涉及了一些技术性问题，但正是这种约定）说不能对同一事物有任何双重依存，在我看来，这在语义上既不真实，又对标注者不公平，因为他们对此非常清楚。

（问题 11）CCG 分析能在某种程度上帮助全世界的计算语言学家建立语料库吗？有什么实际用途吗？

斯蒂德曼：如果你给我们一个任何语言的依存树库，那么把它转换成 CCG 解析器并交付 CCG 树库就相对简单了。你要做的是遍历依存关系图，从一个新的集合开始，比方说一个 S，你遍历树库，然后你说（我又开始讲技术）你可以像处理上下文无关树一样处理依存关系图。你可以识别依存叶子的范畴。实际上，我们有一个团队在做这件事。我们为土耳其语和印地语做过。我相信其他人也为其他语种做过。通用依存的出现让我们深受鼓舞，因为这意味着我们有标准的树来为所有语言，当涉及重入依存时，通用依存是如此难以穿透，这使得图成为树下的有向剖分图，我们对此感到沮丧。我们将大部分时间花在处理依存关系图上的权限和填补空白上。但从这个意义上说，我想这就是我想要的，为世界上的语言建立依存树库，实际上是依存图，因为我相信你可以让人们标注依存，我知道你可以让人们非常可靠地标注依存，因为在语法与语义两个论域中是同构的。所以我不认为以任何数量中，以任何其他方式提供特定的 CCG 树库是容易的，因为我认为 CCG 标注是非常困难的，有多个派生。CCG 树库方面的英雄当数朱莉娅（Julia）和马克（Mark），他们做了大量工作，而迈克（Michael）通过将树库/乔姆斯基树转换成 CCG 派生，使得解析成为可能，即使这样也很难。

（问题 12）CCG 在学习理论（机器学习）中的应用是什么？如果有的话。

斯蒂德曼：我们在各种适合的场景下都在使用机器学习，我们的解析器正是因为机器学习才有效，因为语法太大了，我们实际上是从带标注的树以及统计模型中提取语法。语法是如此之大，以至于任何语法形式化的搜索库都是如此之大。但是我们必须有统计模型，我们必须通过各种机器学习技术来归纳统计模型。朱莉娅做了一个生成模型，非常漂亮，容易理解。但我们也使用区分模型。我们最快的解析器使用 RNN，因为神经网络对范畴序列进行了大量的消歧。因此，单词通常可以有几个，有时几百个范畴，但是通过机器学习所学习的语言模型是在特定上下文中消除歧义的一个非常好的方法，这样你就可以找到它们。事实上，这是一个如此强大的方法，以至你可以通过穷尽搜索解决其他问题。我们的快速解析器就是这样工作的。因此，我们完全致力于机器学习及其与 CCG 的集成，而语义挖掘项目，也就是我的新项目，完全依赖于非常大量的计算时间，非常大量的机器学习模型计算，只是为了提取"buying"和"running"之间的一致关系，提取"being elected a president"和"running for president"之间的关系，以及我们试图提取的所有意义上的关系。所以机器学习将继续存在。我们再也不能没有它了。

（问题13）有两个方向。一个是语法驱动，它非常注重语法，还有另外一个方向。我们应该从四个层面来思考语言，即语音层面、句法层面、语义层面和语用层面。语法好吗？我同意，但是我们可以把这四个层次放在一个框架中吗？例如，你提到了动态理论，比如DRT，你还提到了满海霞的工作，它涉及了语用学。我们可以用动态理论如DRT和动态蒙太格语法来把动态理论作为CCG的语义层次吗？那么这项工作应该是动态的，如果我们考虑语用情，我们可以使用另一个论元。我的意思是，我们可以考虑两个因素，决定的CCG或句子的语义层次的意义。一个是词意，第二个是组合词的方式，我们可以加一个，就是语境。所以这个框架非常强大（真的），是动态的，是实用的。我们能用这个吗？

斯蒂德曼：这是正确的思考方式。我认为，一旦你掌握了语言中依赖于语境的任何方面，你就需要一个动态的理论来讨论它。你不能简单地使用大量可能的词语来与之竞争。你需要一个变化的逻辑，你需要一个模型中事物出现和消失的逻辑，我认为逻辑方面的动态逻辑，和动态语义学，比如DRT，作为第一个思考变化逻辑的框架，有很多要告诉我们的。尽管如此，我认为形式主义仍然继承了逻辑的所有不好的品质，或者说不是不好的品质，它们还不是特别适合自然语言语义学本身和自然语言交际的美的品质，所以我认为我们需要做的仍然是从动态逻辑和线性逻辑以及从DRT语义学，和inquistive语义学，以及所有这些东西。我们可能以一种更经验性的方式来制作它们，这种方式反映了我们头脑中的本体论，而不是某种本体论，这种本体论使得证明可靠性和完整性变得简单而优雅。我认为还有很长的路要走，你知道，我为那些动态操作挖掘语义原语的工作将是其中的一部分。我们将会发现，这些原语中的一些是动态的。例如，我们发现"arriving"某处蕴含着"being there"，但很明显，到达和在那里之间的关系不仅仅是蕴含，它实际上是因果关系和表始关系（inchoative），所有这些术语，所以我希望我们也能挖掘这些关系。这会给我们带来更多的语言,比如动态语义学。

(问题 14)我们有一些形式语法,如 CCG、HPSG、LFG、LTAG,但它们没有一个好的或统一的形式语义。您认为 CCG 适合于普遍语法和普遍语义吗?

斯蒂德曼:是的,我认为是的。我认为 CCG 用来表示远距离依存关系的组合子没有合一那么富有表达力。合一,你知道,除非你非常强地约束它,否则它是非常有表达力,本质上它会做任何事情,所以它不会给你一个解释性的理论,CCG 用更少的表达力做了同样的工作,我认为这是通用语法的一个很好的基础。我知道,这其中缺少的是语义方面,我再重复我自己的话,但是普遍语法的语义方面却没有得到很好的解决,这就是我们在这个项目中要做的。

(问题 15)事件语义学、情境语义学对比 Lambda 项如何?

斯蒂德曼:λ 只是胶合剂,λxλy. eat′ x y,当你化简 x 和 y 时,你就化简了 λ 项,所以只是留下了简单的命题公式。关于情境语义学的问题是,它的模型是不同的,所以你可以用 λ 项来做完全相同的黏合技巧,所以我们可以为 CCG 做一个情境语义,但是情境语义学的优点是模型理论方面,用它来证明是相当好的。因为模型只是局部的,我认为这里面有一个很深的道理。但我不认为这对证明方面有多大帮助,你仍然在用有趣的模态理论处理一阶逻辑,推理仍然是完全残废的。我之前提到是说我们提到了约翰·博斯所用的 DRT 语义。约翰试图用它来解决问答问题,他发现,他试图把句子解析成 DRT,把 DRT 表示交给定理证明器,让定理证明者从前提到结论。这是一个蕴含测试,句子 A 蕴含或不蕴含句子 B,他发现当他从定理证明器得到反馈时,他得到了一个非常好的答案,他得到了大约 75% 的准确率,但是他一次只从定理证明者那里得到大约 5% 的反馈,所以召回率很糟糕。原因是 DRT 并不是出了什么问题,只是推理问题太难了,以至于定理证明的搜索基础对于所有的定理证明来说都是压倒性的。他经常把它送到 6 个证明器那里,但他们都不能处理这些东西。我试图用这个蕴含语义来做很多最频繁的推论,所以或多或少地在词典或一些非常有限的蕴含图中，允许非常小的搜索空间，非常频繁的常识直觉，我认为这将与情境语义、动态语义，所有的我们知道的事情兼容。但我认为这会减轻很多推理负担，但实际上这是一个证明理论而不是模型理论的问题。所以我怀疑这些理论之间的模型理论差异并不重要。

（问题 16）说到范畴语法，我们已经讨论了很多语法和语义。我想知道你对第三部分：语用学的看法。我很好奇范畴语法对语用学研究是否有希望？

斯蒂德曼：所以我们在语用学的一个非常狭窄的角落里做了一些事情，那就是语用学需要支持共指，这与话题-评论相关，也与某件事是不是对比的有很大关系。因此，如果话题不是对比的，那么他们在英语中的音调往往较低，如果话题是对比的，那么它会有一个特定的音调，它会有一个相当后高口音。还有一些关于地点的边界词，我已经做了我认为是一个完整的语义学方面的语用学，这是很难评估。但我相信我已经做到了。这对格赖斯含意所涉及的语用学也有影响。因为格赖斯的含意常常伴随着相当夸张的韵律，所以举个例子，格赖斯的一个例子是：

(c-6)

I say that: "you return my library book late and I got a fine."

and I say to you: "you are a fine friend."

Now I didn't say to you: "you are fine friend"

I say to you: "your fine friend."

我把各种奇怪的口音放在上面，我做的一件事就是随着我的音调提升，我把信念传递给你。你以为，我不相信我是个好朋友，但我使得你认为我想让你认为如此，你对我一直不礼貌。所以我认为在语用学上的巨大进展，是关于你的思想的假设状态，与我的思想相比，我认为这就是我的韵律研究所做的事情。

语用学的另一部分是世界知识，如果我说：

(c-7) It is cold in here.

我可能想关上窗户。我认为这是一个完全不同的领域。我不认为这是真正的语言学的,我认为这是关于一个人如何对待冷的事物和人类普遍的合作本能的推理,我也把它归因于语言的优秀,我们什么也没做,或者至少,我们寄希望于我们人工智能学院,希望他们做得更好。我们可能会发现,在我们的蕴含中,我们可能会发现,当人们在这里说冷的时候,人们经常关上窗户,我其实很怀疑,因为我认为这些知识大部分是常识,不需要提及,但它可能来自这个语义原始的冒险,我不确定。

我不认为它只属于语言学。